Wikinger

Die Geschichte der Nord-Männer

Martin J. Dougherty

Wikinger

Die Geschichte der Nord-Männer

tosa

Erstveröffentlichung unter dem Titel:
„Vikings – A History of the Norse People"
© 2013 Amber Books Ltd.

Genehmigte Lizenzausgabe
tosa GmbH
Industriestraße 19
64407 Fränkisch-Crumbach 2017
www.tosa-verlag.de

ISBN 978-3-86313-305-4

Bildrecherche: Terry Forshaw
Übersetzung: Elisabeth Liebl
Layout, Satz und Umschlaggestaltung:
design cat GmbH

Inhalt

EINLEITUNG

Nur wenige alte Völker sind in der Kultur unserer Tage noch so präsent wie die Wikinger. Auf ihren Siedlungen gründen moderne Städte und selbst die Helden von Filmen inspirieren sich an ihrem Leben. Ihre Fahrten ließen so manche Insel erst auf der Landkarte erscheinen, aber natürlich sind auch ihre Raubzüge legendär.

Und doch ist das Wikingerbild, das die Volkskultur unserer Tage beschreibt, meist nichts weiter als Legende. Die Wikinger, wie wir sie uns gewöhnlich vorstellen – also das Seefahrervolk mit den gehörnten Helmen, das aus Schädelkelchen Met trinkt und sich danach sehnt, siegreich in der Schlacht zu sterben – haben so nie existiert.

Selbst der bekannte Ausruf „Oh Herr, schütze uns vor dem Zorn der Nordmänner" ist reine Erfindung. Man hat ihn diversen religiösen Gestalten in den Mund gelegt, und sicher hat ihn die eine oder andere auch voll Bangen ausgestoßen, doch eine belegte Quelle dafür gibt es nicht.

Das Leben der Wikinger war sicher vielschichtiger als das stereotype Bild, das man sich von ihnen macht. Einesteils war es simpler, andernteils noch viel spannender als in all den Sagen von blutdürstigen Kriegern. Die Wikinger befuhren den gefürchteten Nordatlantik in Segelschiffen, sie trugen ihre Schiffe über Land, um an russische Flüsse zu gelangen. Die sie dann hinuntersegelten, um neue Handelspartner zu gewinnen oder neue Orte zum Plündern aufzutun. Sie waren Entdecker, Siedler und Händler, also längst nicht nur Krieger. Ihr Erbe prägte die gesamte moderne Welt.

LINKS: Das Langschiff der Wikinger ist zum Symbol für dieses Volk geworden. In diesen kleinen, aber hochseetüchtigen Schiffen segelten die Wikinger zu ihren berühmten Raubzügen. Sie schoben die Grenzen der bekannten Welt weiter hinaus.

Historische Quellen

Was wir über die Wikinger wissen, entstammt den unterschiedlichsten Quellen, die durchweg nicht unhinterfragt bleiben dürfen. Die Archäologie hat einzelne Artefakte zutage gefördert, Grabstätten und Siedlungen freigelegt. So können wir das Erbe erforschen, das uns die Wikinger hinterlassen haben – doch leider ist das Wenigste gut erhalten. Natürlich können wir daraus unsere Schlussfolgerungen ziehen, doch ob sie auch den Tatsachen entsprechen, kann nicht mit letzter Sicherheit entschieden werden. Dies gilt für so einige vermeintliche „Fakten", zum Beispiel wenn versucht wird, die Kleidung der Wikinger nach Abbildungen auf Grabbeigaben zu rekonstruieren, denn die Gewänder selbst sind natürlich längst vermodert. Auch wenn diese Schlussfolgerungen von Gelehrten getroffen werden, die sich seit Jahrzehnten mit dem Thema beschäftigen, sind

sie doch nicht mit harten Tatsachen zu verwechseln.

Der experimentellen Archäologie verdanken wir ebenfalls neue Erkenntnisse. Durch sie erfahren wir, wie die Wikinger ihre Häuser und Schiffe gebaut haben und wie sie kämpften. Doch auch hier muss man unterscheiden: Manche angeblichen „Experimental-Archäologen" tun nichts anderes, als das Wikingerbild aus dem Hollywoodfilm nachzustellen. Nur wenigen geht es tatsächlich um die Erforschung der materiellen Kultur der Wikinger. Dennoch kann uns gerade auf diesem Gebiet die experimentelle Archäologie neue Erkenntnisse liefern, denn es ist sehr wahrscheinlich, dass ein Mensch, dem bestimmte Materialien an einem bestimmten Ort zu einem bestimmten Zweck zur Verfügung stehen, die eine konkrete Aufgabe ähnlich löst wie die historischen Völker.

Natürlich gibt es über die Wikinger auch zahlreiche schriftliche Quellen,

Oben: Vieles von dem, was wir heute über die Wikinger wissen, stammt aus Ausgrabungen. Hier eine Grabstätte in Aalborg in Dänemark. Die Befunde dort erfordern allerdings eine korrekte Interpretation.

doch diese sind gleichfalls mit Vorsicht zu genießen. Die Schriftzeugnisse über die Wikinger stammen meist aus der Feder von Kirchenmännern oder den Historikern jener Länder, die von den Wikingern gebrandschatzt wurden. Doch selbst wenn sie kein negatives Wikinger- bild zeichnen, so ist die Perspektive der Texte doch eine andere, als ein Wikinger selbst sie einnehmen würde. Wer nicht diesem Volk angehörte, kann ihr Leben nur von außen schildern. Dazu kommt, dass sie die Wikinger meist nur in einer Funktion kennenlernten – als Händler, Krieger oder Plünderer. Und als solche verhielten sie sich an fremden Gestaden sicher anders als zu Hause.

Eine direkte Quelle ist uns jedoch erhalten geblieben: die Dichtungen und Sagen der Nordmänner. Diese wurden über Jahrhunderte in mündlicher Über- lieferung weitergegeben, was natürlich die geschilderten realen Ereignisse

ebenfalls verzerrt. In vielen Fällen kann der historische Bezug ermittelt werden, mitunter wird er auch von anderen Quel- len bestätigt. Doch letztlich sind die Sagen fiktionale Abenteuergeschichten, die historisch genauso zuverlässig sind wie ein moderner Abenteuerroman.

Alles in allem aber geben diese Quel- len uns ein umfassendes Bild davon, wer die Wikinger waren und was sie so trie- ben – mitunter erklären sie sogar, warum sie taten, was sie taten. Die Vorstellung von Horden haariger, schmutziger Männer, die mutwillig Zerstörung bringen, ist in Teilen durchaus gerechtfertigt. Die Wikin- ger plünderten ganze Landstriche und ver- nichteten viel, was schön und kostbar war. Ihre Raubzüge ließen die Opfer verarmen und stürzten ganze Regionen in wirtschaft- liche Not. Und offensichtlich litten darun- ter auch gebildete Menschen, die in der Lage waren, davon für spätere Generatio- nen Zeugnis abzulegen.

Die christliche Kirche fürchtete die Wikinger, weil diese ihre Klöster brandschatzten. Bekannte Historiker haben diese Schandtaten der Nachwelt überliefert. Ihr Zorn war verständlich, doch ist dies nur eine Seite der Medaille. Kurz gesagt hatten die Wikinger seinerzeit eine „schlechte Presse" und vieles von dem, was ins volkstümliche Wikingerbild eingeflossen ist, fußt auf diesen tendenziösen Berichten.

Richtig ist, dass die Wikinger ein gewalttätiges Volk waren. Stärke und Kampfkraft waren für das Überleben dieser Entdecker und Händler wichtig. Ein Mann musste sein Heim, seine Familie und Gemeinschaft gegen jene verteidigen können, die versuchten, ihm sein gesamtes Hab und Gut abzunehmen.

Aus Wikingersicht ist ihr Handeln also durchaus sinnvoll. Und obwohl sicher einige der Wikingerkrieger diesen Gewaltrausch auch genossen, gab es doch gewichtige wirtschaftliche, politische und soziale Gründe für ihr Tun. Auf jeden Fall waren die Wikinger keine mordlüsterne Bande, die wahllos alles abschlachtete, was ihr in die Quere kam. Ihre Raubzüge und Siedlungen folgen einem bestimmten Muster. Sie machten Profit, indem sie andere bestahlen, aber das war zu jener Zeit nicht unüblich. Der Starke nahm vom Schwachen, und das Glück war mit dem Tapferen.

Die „Wortberühmten"

Die Wikinger waren stark und sie waren tapfer. Ihre Kultur fußte auf der Vorstellung der „Wortberühmtheit": Wenn die Taten eines Mannes ins kollektive Gedächtnis eingingen, wurde er auf diese Weise sozusagen unsterblich, denn dann sprachen die Lebenden noch jahrhundertelang über ihn. Ein kurzes Leben, das für immer Gegenstand der Erinnerung wurde, war mehr wert als eine Existenz im beruhigenden Mittelmaß. Und „Wortberühmtheit" erlangte man nur durch Tapferkeit in der Schlacht, spektakuläre Heldentaten auf See, Sieg in Turnieren und dergleichen. Der „Zorn" der Nordmänner war eine Folge der Konkurrenz unter den Kriegern, die im Kampf von ihren Nebenmännern nicht übertroffen werden wollten. Kein Wunder also, dass diese Kämpfer die Grenzen der damaligen Welt deutlich hinausschoben. Wenn sie die Gelegenheit hatten, nahmen sie sich, was sie wollten. Und wer schwächer war, verdiente in ihren Augen keine Gnade.

Links: Informationen aus erster Hand stammen aus den nordischen Sagen, die jahrhundertelang in mündlicher Überlieferung weitergegeben wurden, bevor man sie viel später endlich schriftlich aufzeichnete.

Kernland der Wikinger
- Dänemark (oder unter dänischer Herrschaft)
- Schweden
- Norwegen
- Verteidigungswälle
- Handelswege

KARTE: Das Volk, das man heute als „Wikinger" bezeichnet, kam ursprünglich aus Dänemark, Schweden und Norwegen. Sie siedelten in anderen Landstrichen und verbreiteten so ihre Kultur.

Polarkreis

Borg

N

Trondheim

TRONDHEIM

NORWEGEN

HORTHA-
LAND

SVEAR

SCHWEDEN

FINNEN

Borre
Oslo

Uppsala
Sigtuna
Aland

Birka

BOTTNISCHER MEERBUSEN

FINNISCHER MEERBUSEN

GÖTAR

GOTLAND

Vastergarna

RIGAISCHER
MEERBUSEN

Kopingsvik

SKAGERRAK

OLAND

BALTISCHE VÖLKER

Viborg

KATTEGAT

DÄNEMARK

Jelling
Ribe
Odense
Roskilde
Lund

OSTSEE

BORNHOLM

Hedeby

RÜGEN

ABODRITEN

POLEN

KÖNIGREICH
DEUTSCHLAND

0   100 km
0   100 Meilen

68°
64°
60°
56°
0°
8°

Das Zeitalter der Wikinger

Die Wikinger beherrschten die Bühne der Weltgeschichte nur für einen begrenzten Zeitraum. Das Zeitalter der Wikinger begann mit dem blutigen Raubzug in Lindisfarne 793 n. Chr. und endete 1066 mit der Schlacht bei Hastings. In den 300 Jahren dazwischen veränderte sich die Wikingerkultur beträchtlich. Umgekehrt waren es auch die Wikinger, die den Lauf der Weltgeschichte beeinflussten und deren Einfluss mitnichten zu hoch veranschlagt werden kann.

Wenn wir herausfinden wollen, wie sehr wir heute noch von den Wikingern geprägt sind, müssen wir ihre Kultur und ihre Taten untersuchen. Wir müssen verstehen, wer sie waren und woher sie kamen. Ihre Geschichte ist nicht einfach nachzuzeichnen. Sie wurde uns über Jahrhunderte überliefert und floss ein in eine Legende, die in dieser Form vielleicht nicht ganz richtig ist, uns aber trotz alledem eine der wichtigsten „Storys" der Weltgeschichte liefert.

Die ersten Wikinger, die 793 n. Chr. in Lindisfarne ankamen, wären sicher begeistert ob der „Wortberühmtheit", die sie mit ihrer Tat erlangt haben. Sie sind lange tot, das geplünderte Gut ist verloren und ihre Gesellschaft ausgelöscht. Doch von ihren Taten wird noch im 21. Jahrhundert geredet. Nur wenige haben mehr erreicht.

UNTEN: Dieses Relief in Lindisfarne zeigt eine Gruppe bewaffneter Plünderer. Mehr sahen die Zeitgenossen von der vielschichtigen Wikingergesellschaft nicht.

1

Die Ursprünge der Wikinger

Die Welt nahm zum ersten Mal Notiz von der Existenz
des Volkes, das wir heute als „Wikinger" bezeichnen,
als diese 793 n. Chr. Lindisfarne Island überfielen.
Sie waren mit ihren Segelschiffen über die Nordsee
gekommen und plünderten das Kloster auf der Insel,
das ein Hort keltisch geprägten Christentums war.
Doch es war nicht das erste Mal, dass Wikingerschiffe
an der Küste Northumberlands landeten.

Die Plünderer wussten ganz offensichtlich über das Kloster Bescheid. Sie
wussten, dass es leichte Beute sein würde.
Woher die Räuber kamen, ist jedoch
nicht restlos geklärt. Die meisten Historiker sind sich einig, dass es sich um skandinavische Völker handelte, doch gibt es
auch die These, dass es sich um ein Frie-
senvolk gehandelt habe. Die Wahrscheinlichkeit, dass sie aus Dänemark oder Norwegen kamen, ist jedoch höher. Vielleicht
hatten sie Siedlungen auf den Orkneys
oder den Shetland-Inseln. In zeitgenös-
sischen Quellen heißt es, sie seien „von
Norden" gekommen oder „aus dem Land
der Räuber". Dies ist ein Hinweis darauf,

dass es schon früher Raubzüge gegeben haben muss. Die plündernden Seefahrer hatten sich also bereits einen gewissen Ruf
erworben, ehe sie in Lindisfarne einfielen.

Der Raubzug im Kloster war ein drama-
tisches Ereignis, mit dem man heute den
Beginn der Wikingerzeit in Verbindung
bringt. Doch natürlich wachten die Nordmänner nicht eines Tages auf und entschieden sich, in den nächsten 300 Jahren
die Küsten Europas auszu-
plündern. Warum aber gingen
sie überhaupt auf Raubzug?
Woher kamen sie und was
war der Grund für ihre schier
unmenschliche Brutalität?

GEGENÜBER: Da die Wikinger jederzeit
wiederkommen konnten, verließen
die Mönche das Kloster Lindisfarne im
Jahr 875 n. Chr. Erst um 1150, als die
Wikinger-Ära sich dem Ende zuneigte,
wurde die Abtei, deren Ruinen wir heute
sehen, neu aufgebaut.

In der Jungsteinzeit (4000 bis 1500 v. Chr.) kam es dann zu landwirtschaftlichen Aktivitäten, vor allem zur Viehhaltung. Die Siedlungen wurden zahlreicher. Zwischen 2000 und 1500 v. Chr. wurden Gerätschaften aus Bronze geschmiedet, wodurch sich Ackerbau und Viehhaltung wesentlich vereinfachten. Allerdings machten die Waffen aus dem neuen Material auch kriegerische Konflikte tödlicher.

Die bronzezeitlichen Skandinavier lebten in kleinen Gruppen. Einige Menschen waren schon damals wohlhabend genug, um sich reich gefüllte Grabstätten leisten zu können. Man gab ihnen Bronzewerkzeuge und -waffen mit ins nächste Leben. Diese Waffen zeigen deutliche Gebrauchsspuren, was annehmen lässt, dass Konflikte damals an der Tagesordnung waren. Auch Fernhandel wurde schon betrieben, so mussten zum Beispiel die Metalle zur Bronzeherstellung importiert werden.

OBEN: Nephritwerkzeuge aus der Zeit von 7500 bis 5500 v. Chr. Damals waren Jütland und die dänische Halbinsel von kleinen Gruppen Bauern bewohnt.

Frühe Wohnstätten

Skandinavien ist vermutlich schon seit mehr als 200 000 Jahren besiedelt, jedenfalls lebten dort schon vor der letzten Eiszeit Menschen, die aber durch die klimatischen Veränderungen vertrieben oder getötet wurden. Erst um 9000 bis 8000 v. Chr. wurde die Region neu besiedelt. In Dänemark finden wir Anzeichen für altsteinzeitliche Wohnstätten, die zwischen 8000 und 4000 v. Chr. bestanden haben müssen, zum Beispiel bearbeitete Steine.

Die Eisenzeit

Das skandinavische Klima war in der Bronzezeit milder als heute, obwohl eine Kälteperiode um 500 v. Chr. die Lebensbedingungen beträchtlich erschwerte. Um etwa diese Zeit begann sich das Eisen als wichtigstes Metall für Waffen- und Werkzeugherstellung zu verbreiten. Anfangs wurde es nur von Bronzeschmieden benutzt, die daraus Werkzeuge machten, doch schließlich stellte man sämtliche Geräte aus Eisen her. Dadurch war es nicht mehr nötig, Kupfer und Zinn in solch großen Mengen zu importieren, denn Eisenerz war

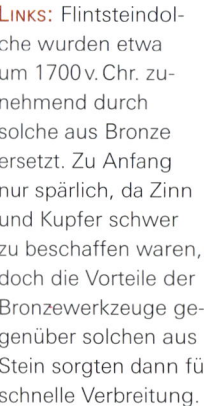

LINKS: Flintsteindolche wurden etwa um 1700 v. Chr. zunehmend durch solche aus Bronze ersetzt. Zu Anfang nur spärlich, da Zinn und Kupfer schwer zu beschaffen waren, doch die Vorteile der Bronzewerkzeuge gegenüber solchen aus Stein sorgten dann für schnelle Verbreitung.

vor Ort verfügbar, und das in großen Mengen.

Das Römische Reich reichte nie bis nach Skandinavien, doch es kam zu intensiven Handelsbeziehungen mit den von Rom kontrollierten Gebieten. So fanden römische Elemente Eingang in die Kultur Skandinaviens. Zumindest zeigen römische Schriftquellen aus jener Zeit, dass man mit skandinavischen Namen und Ideen vertraut war. Allerdings sprechen diese Quellen von Männern mit Hunde- oder Geierköpfen. Es ist daher fraglich, ob auf diese Quellen tatsächlich Verlass ist.

Archäologische Funde lassen vermuten, dass die Skandinavier der Eisenzeit ebenfalls Raubzüge von See her durchführten und dass sie Hügelfestungen und andere Befestigungsanlagen bauten. Vielleicht dienten diese dem Schutz vor den Plünderungszügen anderer Völkerschaften. In dieser Zeit schwang sich die Schmiedekunst zu neuen Höhen auf. Verschlungene Goldmuster fanden sich plötzlich auf vielen Objekten, vor allem zu der Zeit, als das im Untergang begriffene Römische Reich dazu überging, seine Grenzen nicht mehr aktiv zu verteidigen, sondern die Barbarenstämme mit Gold zu bestechen, um sie von Einfällen abzuhalten. Diese Kostbarkeiten fanden ihren Weg auch nach Skandinavien. Die soziale Elite dort kann man zwischen 400 und 600 n. Chr. getrost als reich bezeichnen.

Bis zu dieser Zeit sprachen die Skandinavier dieselbe Sprache wie andere Germanenstämme. Zwischen 550 und 750 n. Chr. aber entstand das *Dönsk Tunga* oder die „dänische Zunge", wie man heute das Altnordische nennt.

Dieses wurde bald in allen „Wikingerländern" wie Dänemark, Norwegen, Schweden, Britannien, Island und den dazwischen liegenden Inseln gesprochen.

Später differenzierten die Sprachen sich weiter aus. Es kam zu strukturellen Unterschieden zwischen dem Nordischen in den östlichen Gebieten (Schweden und Dänemark) und der westlichen Region (Island). Zu der Zeit, als die ersten Nordmänner in Lindisfarne einfielen, sprachen sie alle dieselbe Sprache. Auch das macht es schwierig, zwischen den Völkern zu unterscheiden, die die ersten Plünderungen durchführten.

UNTEN: Die Eisenbearbeitung war in Skandinavien eine wichtige Neuerung, da für Eisenwaffen keine Metalle eingeführt werden mussten. Skandinavien besaß auch damals schon wichtige Eisenerzdepots.

Germanische Königreiche um 500 n. Chr. –
Wanderungsbewegungen der Völker

— Hunnen
— Slawen
— Germanen
— Kelten

KARTE: Europa stürzte nach dem Fall des Römischen Reiches ins Chaos. Der Hunneneinfall aus dem Osten war der Auslöser der Völkerwanderung, da die ansässigen Völker vor diesen nach Westen auswichen. Skandinavien war davon nicht betroffen und entwickelte in einer relativ stabilen Zeit einigen Wohlstand.

Die Vendelzeit

Die Jahrhunderte zwischen 400 und 800 n. Chr. verliefen im Großteil Europas chaotisch. Die Hunnen stürmten aus dem Osten heran, was ganze Völkerschaften zur Flucht veranlasste. Diese zogen westwärts, weil sie einen neuen Platz zum Leben suchten, und so kam es zu Konflikten mit der eingesessenen Bevölkerung.

Wir kennen diese Epoche als die Völkerwanderungszeit, die einige Jahrhunderte andauerte. Erst im 8. Jahrhundert n. Chr. bildete sich allmählich eine neue Ordnung in Europa heraus. Das Königreich der Merowinger herrschte über den Großteil des einstigen Gallien. Skandinavien aber war von den Hunneneinfällen weniger betroffen und besaß eine stabile Gesellschaftsordnung, die Handel und damit Wohlstand ermöglichte.

Vor allem Schweden war zu jener Zeit ein ausgesprochen reiches Land. Die Vendelzeit, die nach dem wichtigsten Ausgrabungsort in der Nähe von Stockholm benannt wurde, ist durch Bootsgräber gekennzeichnet, bei denen die Toten in Booten beigesetzt wurden. Diese Gräber enthielten außergewöhnlich kostbare Goldschmiedearbeiten, Waffen, Rüstungen, Schmuck und andere Luxusgüter, die nach Skandinavien eingeführt worden waren.

Die Funde im Distrikt Vendel lassen annehmen, dass Skandinavien damals eine Phase der Stabilität und des Wohlstands erlebte – nicht jedoch des Friedens, wenn man den Sagen aus dieser Zeit glauben darf –, die zwischen 500 und 800 n. Chr. andauerte. Seine Völker schickten Handelsdelegationen nach

OBEN: Die Vendelzeit hat ihren Namen von einer großen archäologischen Fundstätte im schwedischen Distrikt Vendel. Dieser Helm stammt aus einem Bootsgrab. Seine Machart zeigt, wie geschickt die Schmiede waren, die ihn angefertigt haben.

Europa und erforschten die östlichen Lande, die heute zu Finnland und Russland gehören. Außerdem erkundete man die Nordsee. Die Nordmänner gründeten Siedlungen auf den Orkney-Inseln, wo sie haltmachen und sich verproviantieren konnten, bevor sie weitersegelten.

Wikingerdämmerung

789 n. Chr., also nicht lange vor dem Überfall auf Lindisfarne, legten drei „Wikinger"-Schiffe (vermutlich aus Norwegen) bei Weymouth an der Südküste Englands an. Man nimmt an, dass sie auf einer Handelsexpedition unterwegs waren. Doch es kam zum Streit mit dem lokalen Vogt, der schließlich zu einer handgreiflichen Auseinandersetzung ausartete. Obwohl man heute von einem Wikingerüberfall auf den Hafen spricht, war dies vermutlich nicht mehr als ein „diplomatischer Zwischenfall". Konflikte mit fremden Seeleuten waren zu jener

OBEN: Die Burg des Riesen Cubbie Roo auf der Insel Wye wurde nach dem Ende der Wikingerzeit von Siedlern der Nordmänner gebaut, die schon seit Jahrhunderten auf den Orkney-Inseln lebten. Vorher lebten während der Mittel- und Jungsteinzeit einzelne Menschengruppen hier, die jedoch die Inseln verlassen hatten, lange bevor zwischen 600 und 700 n. Chr. die Wikinger kamen.

Zeit nicht selten. Piraten und Raubüberfälle auf Siedlungen waren gang und gäbe. Die Piraten segelten durchaus flussaufwärts, um weiter im Landesinneren Siedlungen zu überfallen. Die „Händler", die in den Vorfall in Weymouth verwickelt waren, schienen hier in friedlicher Absicht zu sein, doch heißt das nicht, dass sie bei anderer Gelegenheit nicht auf Raubzug gingen. Dieses Muster sollte sich von nun an während der gesamten Wikingerzeit wiederholen. Scharen harter, wohlbewaffneter Kämpfer in seetüchtigen Schiffen konnten zwar friedlich Handel treiben, aber sie konnten eben auch auf Raubzug gehen. Wann man was machte, war möglicherweise den Grillen der Kommandierenden geschuldet. Mitunter wurde die Entscheidung auch einfach danach getroffen, was am meisten Gewinn versprach.

Woher der Name „Wikinger" stammt, ist ungeklärt. Man nimmt an, dass er sich von dem Begriff *viking* herleitet, was so viel bedeutet wie „Expedition", also eine Reise zur See, bei der die Ruderer in Schichten arbeiteten. Das war auf allen langen Fahrten nötig, also war jede lange Reise, ob nun zu Plünderungs- oder Erkundungszwecken, ein „Viking-Zug".

Woher der Begriff auch stammt, später wurde er jedenfalls für jene Krieger gebraucht, die von Skandinavien aus in einer bestimmten Art von Schiff zu langen Seefahrten aufbrachen. Teilweise wurde er auch zum Synonym für Seeräuber oder Krieger, die Barbarengottheiten anbeteten. Einige Male wurde er auch für die Skandinavier der Wikingerzeit gebraucht, also auch für Bauern, die nie den Fuß auf ein Schiff setzten. Doch Nicht-Wikinger kannten von der Kultur dieser Seefahrer ohnehin nur, was sie zu sehen bekamen: furchterregende Krieger.

FÜRCHTE NICHT DEN TOD, DENN DIE STUNDE, IN DER DAS SCHICKSAL DIR SCHLÄGT, IST SCHON FESTGESETZT UND DU KANNST IHR NICHT ENTKOMMEN.*

Plünderungen und Profite

Die Wikinger waren also ein kühnes, kriegserprobtes Volk, das einen hohen technologischen Standard erreicht hatte. Sie waren ausgezeichnete Waffenschmiede, geschickt in der Metallbearbeitung allgemein und großartige Schiffsbauer. Wenn der Handel mehr Gewinn versprach als eine Plünderung, dann operierten sie nicht mit Gewalt. Und sie zerstörten nicht aus Lust an der Zerstörung – das hätte ihnen ja schließlich nichts eingebracht. Die Wikinger wurden vom selben Wunsch getrieben, der ihrem Volk seit jeher eigen war: dem nach Reichtum und Wortberühmtheit. Eine erfolgreiche Expedition – ob Raubzug oder Handelsfahrt – trug den Beteiligten eben diese kostbaren Güter ein. Die triumphale Rückkehr auf einem mit Beute reich beladenen Schiff und Hunderten Geschichten von Kampfesmut waren vielleicht aufregender als ein neues Handelsabkommen mit einem fernen Volk, doch Erzählungen von Reiseabenteuern fanden nicht minder Bewunderung.

*Dieser und die weiteren Moralsprüche stammen aus alten nordischen Sagen.

Eine lukrative Expedition brachte Ruhm und einen Status, der sich mit Geld allein nicht erkaufen ließ.

Die Entscheidung, Lindisfarne zu plündern, war daher nur logisch. Das Kloster war nicht befestigt und versprach reiche Beute. Jeder, der an diesem Raubzug teilnahm, kam reicher nach Hause zurück, als er losgezogen war. Genau das zählte bei einem Volk, das glaubte, jeder

BESSER KÄMPFEN UND FALLEN, ALS OHNE HOFFNUNG ZU LEBEN.

Mann dürfe sich nehmen, was er sah, wenn er stark und mutig genug war. Aus Sicht der Seefahrer jener Zeit war Lindisfarne nichts weiter als eine gute Gelegenheit, das zu tun, was sie schon seit Jahrhunderten taten.

OBEN: Das Wikinger-Langschiff war ein Meisterwerk der Schiffsbaukunst, ganz darauf ausgelegt, lange Fahrten auf offener See zu unternehmen. Mit diesen Booten setzten die Wikinger regelmäßig nach Island über.

Insofern markiert der Beginn des Wikingerzeitalters nicht die Abkehr von alten Gepflogenheiten. Die Wikinger unternahmen seit Jahrhunderten solche Raubzüge. Das Einzige, was sich änderte, war das Ausmaß dieser Aktivitäten und die Aufmerksamkeit, die sie fanden, weil plötzlich die Opfer Menschen waren, die fähige Chronisten hatten. Das Wikingerzeitalter begann also nicht mit plötzlich einsetzenden Raubzügen der Nordmänner, sondern mit den Aufzeichnungen darüber.

Wikinger-Raubzüge in Europa nach 814

← Wikinger-Raubzüge ab 780

KARTE: Die frühen Wikinger-Raubzüge waren nicht strategisch geplant. Man segelte mit dem Schiff die Küste entlang, bis ein geeignetes Objekt in Sicht kam.

ISLAND
Besiedelt seit 825

EUROPÄISCHES NORDMEER

ATLANTIK

NORWEGER

SCHWEDEN

Kaupang

NORDSEE

KÖNIGREICH DER PIKTEN

STRATH-CLYDE

PIKTEN

Lindisfarne

NORTHUMBRIA

York

IRISCHE KÖNIGREICHE

DÄNEMARK

Ribe

Hedeby

Hamburg

Bremen

SLAWEN

SACHSEN

WALISISCHE LÄNDER

Lichfield

MERCIA

Ipswich

London

WESSEX

Winchester

WEST-WALES

Portland

789 erster in angelsächsischen Erzählungen überlieferter Wikingerüberfall

Dorestad

Köln

Aachen

Frankfurt

Quentovic

Rouen

Bayeux

Paris

BRETONEN

FRANKENREICH

Salzburg

Orléans

Nantes

Tours

Besançon

Zürich

Limoges

Genf

Lyon

Mailand

Verona

Venedig

Turin

Bordeaux

BUCHT VON BISKAYA

Polarkreis

N

2

DIE ALTNORDISCHE RELIGION

Die Wikinger sollen blutrünstige Gottheiten verehrt haben, die von den Gläubigen Menschenopfer forderten. Doch dieses Bild ist mit einiger Sicherheit von der christlichen Kirche geprägt worden. Opferhandlungen allerdings scheint es tatsächlich gegeben zu haben, was den Glauben der Wikinger in ein düsteres Licht rückt.

Die altnordische Religion sah den Kosmos in drei Bereiche unterteilt: Die von Menschen bewohnte Welt wurde *Midgard* genannt, „Mittelerde", und war von einem weiten Ozean umgeben. Jenseits dieses Ozeans, der zwar groß, aber nicht unüberwindbar war, lag *Utgard*, die „äußere Welt", die auch *Jötunheim* umfasste, die Heimstatt der Riesen. Nördlich von Midgard lagen *Nidavellir*, die Heimat der Zwerge, und *Svartálfheim*, die Heimat der dunklen Elfen. Unter dem Ozean lebte *Jörmungandr*, die „Weltenschlange" oder „Midgardschlange".

Unterhalb von Midgard lagen *Niflheim*, das Land der Toten, und *Muspelheim*, das Land der Feuerriesen. Wo Muspelheim liegt, darüber lässt die nordische Mythologie sich nur spärlich aus, möglicherweise südlich von Midgard und nahe an Niflheim, aber vielleicht auch an einem völlig anderen Ort. Oberhalb von Midgard und mit diesem durch die Regenbogenbrücke *Bifröst* verbunden liegen *Vanaheim* und *Asgard*, die Heimatländer der Götter, und ein weiteres Land namens *Alfheim*, wo die Lichtelfen hausen.

Die Welten der nordischen Mythen sind durch den Weltenbaum verbunden, *Yggdrasil*, dessen Wurzeln in Jötunheim, Asgard und Niflheim liegen. Yggdrasil war eine Esche, die scheinbar älter war als das Universum selbst. Der Baum würde auch *Ragnarök* überleben (die „Götterdämmerung" – eine Katastrophe, die zum Tod vieler Götter und zum Untergang

GEGENÜBER: Odins achtbeiniger Hengst Sleipnir war das beste Pferd überhaupt. Es trug seinen Herrn in die Unterwelt und wieder zurück. Sleipnir wurde von Loki geboren, der sich in eine Stute verwandelt hatte, um den Göttern zu helfen.

BAXTERS Patent Oil Printing 11 Northampton Square.

LINKS: Die Weltenesche Yggdrasil spielt in der nordischen Mythologie eine zentrale Rolle. Ihre Wurzeln reichen tief in die verschiedenen Welten hinein. Yggdrasil überlebt selbst Ragnarök, die Götterdämmerung, und bietet einem Menschenpaar Schutz vor der Zerstörung der Welt.

würde das Universum zerstören. Das altnordische Wort *jøtnar*, das ähnliche Wurzeln haben könnte wie „Titanen" im Griechischen, wird in die modernen Sprachen aber meist mit „Riese" übersetzt. Die Asen stammen von den Riesen ab. Einige Götter ehelichten Sprösslinge der Riesen, was zeigt, dass es irgendeine Verbindung zwischen diesen Gruppen gegeben haben musste.

Götter im Streit

Als wäre der Dauerkrieg mit den Riesen nicht genug, lagen sich auch Asen und Wanen ständig in den Haaren. Die Asen waren Krieger, die Wanen Fruchtbarkeitsgottheiten. Anfangs lebten sie während des goldenen Zeitalters friedlich zusammen. Sie spielten mit goldenen Bällen auf blühenden Wiesen. Doch schließlich kam es zum Streit zwischen den Asen und den Wanen.

Er begann damit, dass Odin, der Führer der Asen, einen Speer in die Reihen der Wanen schleuderte. Dieser erste Speerwurf wurde zur Tradition in der Kriegsführung der Wikinger. Gelang er, galt er als gutes Omen für die Schlacht. In diesem Fall allerdings missglückte er. Die Wanen brachten durch Zaubersprüche die Mauern von Asgard, dem Heim der Asen, zum Einsturz. Diese rächten sich, indem sie die Wälle von Vanaheim einrissen.

der Welt führen würde, die danach jedoch erneut auferstehen sollte). Diesen Weltuntergang würden zwei Menschen überleben, die sich in der Esche Yggdrasil verstecken könnten.

In den nordischen Mythen sind Konflikte ein immer wiederkehrendes Motiv. Es gab zwei Gruppen von Göttern, die Wanen und die Asen. Diese führten ständig Krieg mit den *Jötnar*, den Riesen. Ihr letzter Kampf

WER EINE TÖDLICHE WUNDE EMPFÄNGT, HAT NICHT SELTEN GELEGENHEIT, SICH DAFÜR ZU RÄCHEN.

Als sich zeigte, dass keine der beiden Seiten einen entscheidenden Vorteil erringen konnte, kam man überein, dass beide Seiten falsch gehandelt, doch im Kampf bewundernswerte Tapferkeit bewiesen hatten. Man schloss Frieden, wobei die Asen sich besser stellten als die Wanen, doch die Übereinkunft wurde von beiden akzeptiert. Von nun an würden die Götter des Krieges und jene der Fruchtbarkeit zum Vorteil aller zusammenarbeiten.

Sobald die Streitigkeiten zwischen Asen und Wanen beigelegt waren, lebten sie in Frieden zusammen – abgesehen von gelegentlichen Reibereien. Die Götter pflegten ihre persönlichen Konflikte, die häufig auf ihre unterschiedliche Abstammung zurückgingen. Im Grunde kann man die nordische Mythologie als Geschichte einer großen, rauflustigen Familie betrachten, deren Zweige oft, wenn auch nicht ständig, gewisse Händel auszutragen hatten.

Elfen, Zwerge und die Nornen

Die Geschöpfe, die neben Göttern und Riesen diese Welt bevölkerten, besaßen – anders als die Menschen – ebenfalls ganz eigene Kräfte. Dies galt vor allem für die Lichtelfen, die mit den Asen verbunden waren und ganz in der Nähe lebten. Die dunklen oder Schwarzelfen hingegen hausten in einem eigenen Reich unter der Erde. Die Elfen waren mächtige Geschöpfe, wenn sie auch seit Anbeginn der Zeiten viel von ihrer Kraft eingebüßt hatten. Die Menschen brachten den Elfen manchmal Opfergaben dar, denn diese konnten sich gleichermaßen

großzügig wie böse zeigen. Doch am meisten Hilfe erwartete sich das Menschengeschlecht zweifelsohne von den Göttern.

Zwerge verehrten die Menschen nicht, doch sie erkannten an, dass auch sie über magische Fähigkeiten verfügten. Sie lebten unter der Erde, weit weg vom Sonnenlicht, das sie zu Stein verwandeln würde, und hüteten dort große Geheimnisse. Auch den Riesen wurde keine Verehrung von den Menschen zuteil, doch auch diese Geschöpfe hatten offenkundig besondere Fähigkeiten. Und noch mehr Geschöpfe wie die Untoten oder die Geister gingen auf der Welt um. Manche wurden verehrt, weil sie den Menschen Gaben verliehen, wenn man ihnen Opfer darbrachte. Wer sie verärgerte, musste mit Schaden rechnen.

Das Schicksal eines jeden Menschen wurde von den *Nornen* bestimmt. Das waren drei Frauengestalten, die Zukunft, Gegenwart und Vergangenheit überschauten. Andere Sagas erzählen von Nornen, die Neugeborene besuchten, um ihnen ihr Schicksal zu bringen. Nicht wenige dieser Nornen waren böse und verhängten über das Kind ein grausames Schicksal, andere hingegen brachten ihm Glück und Reichtum.

ES IST GUT, DAS GUTE ZU LIEBEN, WENN ALLES NACH DEM WUNSCH DEINES HERZENS VERLÄUFT.

Die Walküren waren ebenfalls übernatürliche Wesen. Sie tragen die „ehrenvoll Gefallenen" vom Schlachtfeld. In jüngster Zeit werden sie meist als schöne Schildjungfrauen auf geflügelten Rössern dargestellt. In einigen Sagas sind sie Königstöchter. Ursprünglich aber

OBEN: Die moderne Vorstellung von der Walküre als schöner Schildmaid, die sich menschliche Liebhaber nimmt und von Königen abstammt, findet sich auch in einigen nordischen Sagas wieder. Ursprünglich aber waren die Walküren vermutlich Hexen oder mythische Überhöhungen der Tiere, die das Schlachtfeld abgrasten wie Raben oder Wölfe – das allerdings macht sie wenig attraktiv als Braut eines Kriegers.

wurden sie deutlich weniger attraktiv beschrieben als in den romantischen Darstellungen heutiger Tage, denn es hieß, sie hätten Rabengestalt und ritten auf Wölfen.

Die Walküren

Die Walküren stehen den Helden im Kampf bei, in anderen Sagas beginnen sie Liebesbeziehungen mit ihnen, aus denen auch Kinder hervorgehen. Manche Walküren haben einen sterblichen und einen übernatürlichen Aspekt. Dieser scheinbare Widerspruch löst sich auf, sobald wir uns die Stellung der Götter in der nordischen Welt ansehen. Die Götter und anderen übernatürlichen Wesen sind Teil dieser Welt, in der sie sich auch viel bewegen. Gibt es immer wieder Berührungen zwischen Göttern und Menschen, wird die Grenze zwischen dem Weltlichen und dem Übernatürlichen fließend.

Wenn die Walküren nicht aktiv in die Schlacht eingreifen, tragen sie die Gefallenen vom Feld. Ein Teil kommt nach Walhalla, der andere nach Folkwang. Beide Orte erfüllen eine ähnliche Funktion, doch herrscht über Walhall Odin, über Folkwang Freyja. Dort bereiten die Krieger sich auf die große Schlacht der Ragnarök vor und trainieren miteinander. Wenn sie nicht kämpfen, tragen die Walküren ihnen ein Festessen und Met auf. Auch hier verschwimmen die Grenzen zwischen Menschen und Göttern – Sterbliche, die in der Schlacht gefallen waren, würden am Ende aller Tage Seite an Seite mit den Göttern gegen die übernatürlichen Feinde antreten.

Frauen waren die Pforten von Walhall oder Folkwang verschlossen. Ihr Schicksal nach dem Tod ist nicht klar. Möglicherweise fanden sie einen Ort der Zuflucht am heiligen Berg Helgafjell. Dort erlebten all jene, die nicht im

Kampf gestorben und nicht zur Hel in die Unterwelt geschickt wurden, eine ewige Version ihres sterblichen Lebens. Helgafjell war daher kein schlimmer Ort, vor allem gab es dort keine Gewalt. Die meisten Quellen beschreiben es als Ort, an dem man auf ewig behaglich auf dem Altenteil sitzt.

Wer hingegen zur Hel in die Unterwelt musste, hatte es weniger gut getroffen. Die Göttin Hel führte ein hartes Regiment und aus ihrem Reich gab es kein Entkommen. Krieger, die nicht in der Schlacht fielen, waren ihre künftigen Untertanen, aber auch alle anderen, die eines natürlichen Todes starben – etwas, was alle Nordmänner fürchteten. Dies erklärt die berühmte Kampfeswut der Wikinger, die Berserkerwut. Der Tod in der Schlacht war in manchen Fällen weniger erschreckend als der natürliche Tod.

Odin sah auch, dass die Welt in einer großen Schlacht untergehen würde, Ragnarök. Während dieser Schlacht würde der Fenrirwolf den Göttervater verschlingen. Doch sein Sohn Vidar würde ihn rächen. Odin kannte das Schicksal sämtlicher Götter. Er wusste, wer Ragnarök überleben würde und wer nicht. Er wusste, dass das Universum fast vollkommen zerstört werden würde. Seine Kenntnis des Schicksals passt zum Fatalismus der Nordmänner: Der Tod ist unvermeidlich, doch der Ruhm währt ewig.

Odin hatte zwei Frauen: Frigg und Jord. Frigg war eine der Asen und Muttergöttin, die für die Rolle der Mutter im Haus steht. Tatsächlich war sie Mutter mehrerer Gottheiten im nordischen Pantheon und (nicht in allen Überlieferungen) Thors Schwester. Jord hingegen war Thors Mutter und die Erdgöttin. Sie wird manchmal auch Fjörgyn genannt oder ganz einfach Erde.

Die Wikingergötter

Die Wikinger verehrten eine ganze Reihe von Göttern, deren Führer Odin war, der „Allvater", der die Menschen geschaffen haben soll und Vater so mancher Asen war. Er war ein Krieger, hatte aber innerhalb der nordischen Mythologie noch andere Funktionen inne. So geleitete er beispielsweise die Seelen ins Leben nach dem Tod. Odin war eine Weisheitsgottheit, die für ihr Wissen einiges an Opfern gebracht hatte. Bei einer solchen Gelegenheit wurde ihm zum Beispiel gezeigt, wie er selbst einmal den Tod finden würde. Seine beiden Raben Hugin und Munin berichteten ihm alles, was auf der Welt vor sich ging.

LINKS OBEN: Odin ist wie alle nordischen Götter eine komplexe Gestalt. Der Allvater, der die Asen führt, ist eine dezidiert männliche Gestalt, wendet aber trotzdem Zaubertricks an, die seine Zeitgenossen wohl als „weibisch" eingeschätzt hätten.

Der wohl berühmteste der nordischen Götter ist Thor, der Donnergott, der in vielerlei Hinsicht der Kriegsgott der Wikinger war. Thor brachte seine Zeit damit zu, gegen die Riesen zu kämpfen. In den Legenden um Ragnarök heißt es, dass er und die Midgardschlange Jörmungandr sich gegenseitig töten würden. Er war ein stolzer, zorniger Gott, der sich aber nicht gerade durch Intelligenz auszeichnete. So ließ er sich eines Tages auf ein Schimpfduell mit dem verkleideten Odin ein. Nun wäre es wohl keine Schande gewesen, in einem Wettstreit, bei dem es auf Wortgewandtheit ankam, gegen den Gott der Weisheit zu verlieren, doch Thor merkte nicht einmal, dass er besiegt worden war.

Heimdall war ebenfalls ein Kriegsgott, obwohl seine Rolle nicht so klar gezeichnet ist. Sein Vater war Odin und er hatte nicht weniger als neun Mütter, alle Riesinnen. In einigen Geschichten heißt es, Heimdall sei der Urvater der Menschen gewesen. Auf jeden Fall war er für seine scharfen Sinne berühmt. Er war der

LINKS: Eine Darstellung von Heimdall, dem Wächter von Bifröst, der Brücke zu Asgard, wie er sein Gjallarhorn bläst, um die Götter vor den herannahenden Feinden zu warnen. Dies ist der Beginn von Ragnarök, der apokalyptischen Endzeitschlacht, mit der sich das Schicksal der Götter und der Welt erfüllt.

GEGENÜBER: Ymir, hier bei seiner Begegnung mit Thor, war der erste der Eisriesen. Er sollte von Odin und seinen Söhnen getötet werden. Die Götter schufen aus seinem Leib die Welt, aus seinem Blut die Flüsse und Meere, aus seinem Fleisch das Land.

Die Wikingergötter

Wächter von Bifröst, der Regenbogenbrücke, die Midgard mit Asgard verbin-
det, und hörte in Midgard selbst das Gras
wachsen. Wenn der Tag von Ragnarök
anbrechen würde, sollte er die Asen vor
dem Herannahen der Riesen warnen und
die Götter zum letzten Kampf rufen.

Doch waren natürlich nicht alle nordischen Götter Kriegsgötter. Freyr und
seine Schwester Freyja zum Beispiel
waren Fruchtbarkeitsgötter, die den
Sterblichen Wohlstand brachten. Sie
wurden als Garanten des Friedens verehrt. Sie gehörten zu den Wanen, durften aber bei den Asen leben, weil sie
nach dem Krieg zwischen den Göttern
als Geiseln gestellt wurden. Das war
eine vorteilhafte Regelung, denn sie

brachten magische Schätze mit sich, die
den Asen gute Dienste leisteten.

Njord, der Vater von Freyr und Freyja,
war ebenfalls eine Geisel, die die Wanen
nach Asgard geschickt hatten. Er war ein
Meeresgott, der denen, die ihn anbeteten, eine sichere Fahrt über den Ozean
und damit Wohlstand schenkte, da solche Fahrten sehr einträglich waren.
Doch als Seefahrervolk kannten die
Wikinger noch weitere Meeresgötter
wie Aegir, ein gastfreundlicher Gott,
der für die anderen Götter Bier braute.

UNTEN: Aegir, der Mee-
resgott, wacht über ein
Wikingerschiff. Unter
dem Meeresspiegel
wartet seine Frau Ran
auf die Seeleute, die im
Meer umkommen. Die
Töchter der beiden sind
die Wellen.

Seine Frau Ran war weniger nett. Ihre Aufgabe war es, tote Seemänner mit dem Netz aufzufischen und sie ins Leben nach dem Tod zu geleiten. Ran und Aesir hatten neun Töchter, die meist als Wellen dargestellt werden.

Loki, der Ränkeschmied

Waren die Asen in Streitigkeiten verwickelt, so war der Urheber gewöhnlich einer der Ihren: Loki. Loki war das Kind von Riesen, aber Stiefbruder (oder Blutsbruder) von Odin. Er war ein Lügner, berühmt für seine Streiche, von denen einige recht grausam ausfielen. Doch er half seinen Genossen auch in der Gefahr – in die sie erst gar nicht gekommen wären, hätte er sie nicht zuvor heraufbeschworen. Er war wenig vertrauenswürdig und verursachte so manchen Streit. Lokis schillernde Persönlichkeit spiegelt seine Natur wider: Die anderen Götter waren verlässlich und unwandelbar. Er aber konnte sich vom schwierigen Zeitgenossen zum erbitterten Feind wandeln.

Zu Lokis berühmtesten Streichen zählt der Diebstahl der goldenen Äpfel, die die Götter jung erhielten. Die nordischen Götter waren nicht unsterblich, sie mussten sich durch den regelmäßigen Genuss dieser Äpfel verjüngen. Der Riese Thiassi trug in Gestalt eines Adlers Loki mit sich fort. Da dieser sich fürchtete, versprach er dem Riesen Hilfe bei der Entführung von Idun, der Göttin, die die goldenen Äpfel hütete. Ihrer Äpfel beraubt, begannen die Asen zu altern und schwach zu werden. Als sie merkten, dass Loki dafür verantwortlich war,

zwangen sie ihn, Idun zu befreien. Loki nahm die Form eines Falken an, fand Idun und ihre Äpfel wieder und brachte sie nach Asgard, verfolgt von Thiassi, der von den rachsüchtigen Göttern getötet wurde.

Ebenso war Loki für den Tod des Gottes Baldur verantwortlich, auch wenn er sich dabei einer List bediente. Baldur hatte nachts schlechte Träume. Ihm träumte von seinem Tod. Da nahm seine Mutter Frigg, um ihn zu schützen, jedem Wesen auf Erden einen Eid ab, ihrem Sohn keinen Schaden zuzufügen. Jedes Wesen schwor, bis auf den Mistelzweig. Baldurs Unverwundbarkeit war bald legendär, und so ersannen die Asen ein Spiel: Die Götter schleuderten Waffen nach ihm, nur um zu sehen, wie sie unweigerlich abprallten. Loki aber kam dahinter, was Baldur verletzen konnte. Er machte einen Pfeil aus einem Mistelzweig und legte ihn Baldurs Bruder Hödur auf den Bogen. Dieser schoss und Baldur sank tot zu Boden.

Nach seiner feierlichen Bestattung trat Baldur den Weg in die Unterwelt an. Seine Mutter Frigg flehte Hel an, ihn

OBEN: Eine Speckstein-Ritzzeichnung, die das Antlitz Lokis darstellt. Loki führt bei der letzten Schlacht die Riesen gegen die Götter. Er ist für den Tod der meisten Götter verantwortlich. Doch diese komplexe Gestalt hat keineswegs nur negative Züge, sondern hilft den Göttern mehr als einmal aus einer Notlage.

weinte, musste Baldur bei der Herrin der Unterwelt bleiben.

Loki wurde am Ende ein feindseliger und rachedürstender Gott. Allerdings wurde er für seine Rolle bei der Ermordung Baldurs und der Verhinderung von dessen Rückkehr in die Welt der Lebenden auch hart bestraft. Er wurde in einer Höhle angekettet und das ätzende Gift einer Schlange tropfte auf sein Gesicht. Seine Frau Sigyn schützte ihn, indem sie das Gift in einer Schale auffing, doch wenn sie diese leeren musste, tropfte das Gift ungehindert auf Lokis Antlitz und dieser wand sich in Schmerzen, wobei die ganze Erde bebte. Dort sollte Loki bleiben, bis Ragnarök anbrach.

Loki war der erklärte Feind Heimdalls und sollte sich in der Götterdämmerung den Riesen anschließen. Heimdall sollte die Götter vor deren Ansturm warnen. Die beiden hatten vorher schon miteinander gekämpft, doch ihre Begegnung bei der Ragnarök sollte für beide tödlich verlaufen. Auch dies ist in der wikingischen Mythologie ein wiederkehrendes Thema – Helden und Götter, die im Kampf sterben oder kurz nachdem sie ihren größten Feind überwunden haben. Aus unserer Sicht wirkt das tragisch, für die Wikinger aber war der Tod im Kampf gegen den schlimmsten Feind die beste Art, aus dem Leben zu scheiden, denn was bleibt einem mutigen Krieger noch, wenn sein Erzfeind tot ist? Alle weiteren Taten könnten sich an „Wortberühmtheit" nicht mit dieser messen und möglicherweise würde ihn sogar das schlimmste aller Schicksale ereilen: Er würde an Altersschwäche sterben, sein Ruhm in den Schatten gestellt von jüngeren Kriegern.

OBEN: Zur Strafe für seine Rolle bei Baldurs Tod wird Loki in einer Höhle angekettet, wo das Gift einer Schlange auf ihn herabtropft. Lokis getreues Weib Sigyn versucht, ihn zu schützen, doch jedes Mal, wenn sie die Schale leert, windet er sich vor Pein, was wir Menschen als Erdbeben erleben.

doch wieder freizulassen. Hel stimmte zu, aber nur unter der Bedingung, dass die ganze Schöpfung, alles, was tot und lebendig war, um Baldur weinen würde. Und tatsächlich stand Baldur in so hohem Ansehen, dass alle ihn beweinten – bis auf Loki, der sich in eine Riesin verwandelt hatte. Da die Riesin nicht

Loki aber verschaffte mehreren nordischen Göttern einen würdigen Abgang. Insofern ist Loki einer der wichtigsten nordischen Götter, denn jeder Held bemisst seinen Wert an der Größe der Aufgabe, die ihm gestellt wird. Heimdall zum Beispiel stirbt, indem er gegen einen Gott kämpft, der die Seiten gewechselt hat. Loki war der Vater dreier schrecklicher Ungeheuer: Hel, die Herrin über das Totenreich, Jörmungandr, die Midgardschlange, und Fenrir, der Wolf, der bei der letzten Schlacht Odin töten sollte. Und Loki ist es auch, der in den Tagen der Ragnarök die Riesen gegen Asgard führt.

Das berühmteste Ungeheuer-Kind Lokis ist zweifellos der Fenrir-Wolf, der sich bald als ernsthafte Bedrohung für die Welt herausstellte. Nachdem die Götter zweimal vergeblich versucht hatten, ihn zu fangen, mussten sie die Zwerge mit ihren magischen Künsten um Hilfe bitten. Sie wetteten mit Fenrir, dass er ein Seil, das die Zwerge aus sechs verschiedenen magischen Bestandteilen gewoben hatten, nicht würde zerreißen können. Der mutige Gott Tyr legte als Faustpfand seine Hand in den Rachen des Wolfes. Die Götter versprachen, sie würden Fenrir freilassen, wenn er sich nicht selbst befreien könne, und Tyrs Hand war dafür das Pfand. Fenrir konnte sich nicht befreien, die Fesseln aber wurden nicht gelöst und so biss der Wolf Tyrs Hand ab. Der gefesselte Wolf aber ließ solch ein Geheul ertönen, dass die Götter ihm entnervt das Maul mit einem Schwert aufspannten. So würde Fenrir bis ans Ende der Welt gebunden bleiben. Kurz vor Ragnarök aber sollte er entkommen, um Odin zu töten.

Magie

Die nordischen Götter besaßen so manches magische Fortbewegungsmittel. Odin beispielsweise nannte ein Zauberschiff mit Namen *Skidbladnir* sein Eigen. Wenn alle Götter dieses Schiff bestiegen hatten, ließ es sich zusammenklappen und praktisch in der Tasche verstauen. Thors Wagen wurde von Ziegenböcken gezogen, der Freyjas von Wildkatzen. Doch die Fruchtbarkeitsgöttin ritt manchmal auch auf einem Eber. Odins Ross Sleipnir hatte acht Beine und war schnell wie der Wind. Sleipnir war ein Kind Lokis und wurde bei einer

UNTEN: Der Gott Tyr opfert seine rechte Hand, um den Fenrirwolf zu binden. Dieser lässt sich von den Göttern zu einer Wette überreden. Doch sobald er merkt, dass er das magische Seil der Zwerge nicht zerreißen kann und die Götter ihn nicht mehr losbinden werden, beißt er die als Faustpfand gegebene Hand ab. Tyr hat damit ein großes Opfer gebracht – ein immer wiederkehrendes Thema in der nordischen Mythologie.

OBEN: Nur die mäch-
tigsten Gottheiten be-
saß ein magisches
Fortbewegungsmittel.
Freyja zum Beispiel
besaß einen Wagen,
der von Wildkatzen
gezogen wurde. Mög-
licherweise ist ihre Fä-
higkeit, die Katzen dazu
zu bringen, gemeinsam
in eine Richtung zu ge-
hen, ein Indiz für die
dominierende Rolle der
Frau im Wikingerhaus-
halt.

mit den Göttern ihm keine weitere Hilfe erlaubte. Aber er schien es zu schaffen, was die Götter misstrauisch machte. Tatsächlich stellten sie fest, dass der Baumeister zu den Riesen gehörte. Das brachte sie nun in eine schwierige Lage: Die Vereinbarung war bindend, doch die Götter wollten sie nicht erfüllen. Und so holten sie Loki, den Meister des Betrugs.

Loki verwandelte sich in eine Stute und lockte Svadilfari fort. Der Hengst jagte hinter der Stute her und der Riese hinter dem Hengst. Schließlich war der erste Sommertag angebrochen und die Arbeit nicht vollendet. Laut Abmachung hatte der Riese aber damit seine Ansprüche eingebüßt. Thor tötete ihn. Loki aber, der vom Hengst eingeholt worden war, brachte ein Fohlen zur Welt. Dieses nannte er *Sleipnir*, den Gleitenden, und schenkte es Odin.

Auch magische Waffen kannte man in Asgard. Odin nannte den Zauberspeer Gungnir sein Eigen, der nie sein Ziel verfehlte und immer zu seinem Herrn zurückkam. Genauso wie Thors Hammer Mjölnir (der ursprünglich eine Streitaxt war). Mjölnir ließ sich leicht unter dem Mantel verbergen, ebenso wie der Gürtel Meginjörd, der seine Kraft verdoppelte. Damit er Mjölnir schleudern konnte, musste er die Eisenhandschuhe Jarngreipr tragen.

Ein Großteil dieser magischen Artefakte war von den Zwergen hergestellt worden. Zum Beispiel als Loki aus Gründen, die nur einem zu Streichen aufgelegten Gott einleuchten mochten, beschloss, das goldene Haar der Göttin Sif abzuschneiden. Thor, Sifs Gatte, war darüber so erbost, dass er sich Loki vorknöpfte. Dieser gab klugerweise nach

der seltenen Gelegenheiten gezeugt, bei denen Loki den Asen half.

Nach dem Krieg zwischen Wanen und Asen waren die Wälle von Asgard geschleift. Das Heim der Götter war schutzlos jedem Angriff preisgegeben. Ein wundersamer Baumeister bot ihnen nun an, die Wälle noch vor dem ersten Sommertag wieder aufzubauen und sie uneinnehmbar zu machen. Dafür aber wollte er die Göttin Freyja zur Frau und darüber hinaus Sonne und Mond zum Geschenk. Das war ein hoher Preis, doch die Aufgabe war dementsprechend schwierig.

Der Baumeister arbeitete mit seinem Hengst Svadilfari, da die Vereinbarung

und begab sich zu einem Zwergenschmied, um diesen zu bitten, doch einen gleichwertigen Ersatz für Sifs goldenes Haar zu fertigen. Der Zwerg war großzügig und packte noch den Speer Gungnir und das Schiff Skidbladnir darauf.

Diese großzügige Gabe aber rief unter den anderen Zwergenschmieden Neid hervor. Sie wetteten mit Loki, dass sie ebenso schöne Geschenke für die Götter würden herstellen können. Da der Verlierer seinen Kopf einbüßen sollte, war die Motivation groß. Natürlich trieb Loki wieder seine Späßchen, doch er konnte nicht verhindern, dass der goldene Eber Gullin-Borsti und der magische Armreif Draupnir, zwei vollkommene Objekte, entstanden. Einen der Schmiede allerdings konnte er ablenken, sodass Mjölnir nicht ganz so perfekt wurde wie beabsichtigt. Er war zwar so stark, wie der Schmied gehofft hatte, doch sein Stiel blieb erstaunlich kurz. Die Zwerge hatten also die Wette gewonnen und Loki hatte es wieder einmal geschafft, sich aus dem Deal herauszuwinden und trotzdem seinen Kopf zu behalten. Doch zur Strafe nähte man ihm den Mund zu.

Ragnarök

Ragnarök, das Ende der Welt, wird übersetzt mit „das Schicksal der Götter" oder (nicht ganz richtig) „Götterdämmerung". „Schicksal" heißt in diesem Fall nicht unbedingt etwas Schlechtes, sondern einfach nur das Los, das ihnen bestimmt ist – und dem sie nicht entkommen können. Das Ende beginnt mit *Fimbulvetr* oder *Fimbulwinter*, einer Zeit, in der es immer Winter ist und die Welt im Streit

liegt. Wölfe fressen Sonne und Mond, alle Bündnisse werden gebrochen, alle Fesseln gehen auf (auch die von Fenrir und Loki), die Toten kehren von der Hel zurück. Loki führt sie an zur Schlacht gegen die Götter. Die Eis- und Feuerriesen ziehen in den Kampf und Fenrir und die Midgardschlange schließen sich an.

Heimdall bläst in sein Horn, um die Asen zu warnen, die Götter treten an zum letzten Kampf. Ihnen zur Seite stehen die mutigen Krieger aus Walhall und Folkwang, die besten Kämpfer der Geschichte. Bei dem folgenden Kampf finden viele Götter den Tod, ebenso ihre Feinde.

Ragnarök überleben nur wenige. Götter, Menschen und Ungeheuer werden

LINKS: Thor ist als Gottheit recht eindimensional. Er ist ein geschickter und tapferer Krieger, dessen Geistesgaben aber nicht an seinen Mut heranreichen. Er herrscht über Stürme und Donner. Mit Kraft und Kühnheit überwindet er jedes Hindernis.

getötet, nur zwei Menschen, die sich
im Weltenbaum, in der Esche Yggdrasil, versteckt haben, überleben die Feuersbrunst, die der Feuerriese Surtr legt.
Dann versinkt das Land im Ozean, alle
Länder von Menschen, Göttern und Riesen gehen unter.

Ragnarök ist ein passendes Ende für
die nordischen Götter. Kein beschauli-
cher Ruhestand, nachdem ihre Feinde
das Ende gefunden haben, kein ewiges
Leben. Sie finden den Tod in einer letzten Feuersbrunst, einer letzten ruhmreichen Schlacht. Das Leben ist ver-
gänglich in den Augen der Wikinger,
der Ruhm aber bleibt. Thor ertrinkt im
Gift der Midgardschlange, die er vorher erschlagen hat, doch er hat die Welt
vor diesem Gift gerettet. Und was bleibt
einem Kriegergott nach solch einer Tat
noch zu vollbringen? Dem glorreichen
Leben als Krieger folgt der heldenhafte
Tod.

Nicht anders ergeht es den anderen
Göttern. Odin geht bewusst in das Ende,
das ihm aufgesetzt ist und das er kennt.
Er wird von Fenrir gefressen, doch sein
Sohn Vidar rächt ihn und reißt den Wolf
entzwei. Tyr und der Höllenhund Garm
zerfleischen sich gegenseitig. Heimdall,
der so lange auf Lokis Angriff warten
musste, kämpft mit ihm bis zum beider-
seitigen Tod. Er rächt die Zerstörung
der Welt, indem er den Anführer der
schrecklichen Schar tötet.

Ragnarök bringt die völlige Zerstörung, dann aber wird die Welt neu geboren. Das Land steigt wieder auf aus dem
Meer, schöner und fruchtbarer als je
zuvor. Das Getreide wächst ganz von
selbst, die Tochter der Sonne, nicht
weniger schön und warm als ihre Mutter, nimmt deren Platz ein und grüßt
die Welt mit ihrem Schein. Die Krieger
von Wallhall und Folkwang kehren ins
Leben zurück und mit ihnen Baldur, der

fortan ihr Führer sein wird. Die Söhne von Odin und Thor erben die Waffen ihrer Väter und genießen das goldene Zeitalter, das so ist wie jenes, das mit der Geburt der Götter entschwand.

Und so ist Ragnarök letztlich kein Ende, sondern die Wiedergeburt der Welt, wie sie sein sollte. Diejenigen, die bei der letzten großen Schlacht gefallen sind, haben sich ewigen Ruhm erkämpft, weil sie diese neue Welt durch ihr Leid und ihren Mut erst möglich gemacht haben. Die Überlebenden aber dürfen sich an der neuen Welt freuen. Die Zeit in Walhall oder Folkwang ist nicht das Schicksal der Krieger, sondern nur eine Zeit der Vorbereitung. Wer von den Walküren erwählt worden ist, der erhält die Chance, an der Seite der Götter zu kämpfen, um sich einen Platz in der neuen Welt zu erobern.

Das „Schicksal der Götter" ist in gewisser Weise das Schicksal des Wikinger-Kriegers. Auch sein Los ist schon lange vorherbestimmt und er muss sich ihm mutig stellen. Einzig das Wissen darum, an dem Odin schwer trägt, bleibt ihm erspart. Wenn seine Zeit gekommen ist, wird er sterben und auf die Tage der Ragnarök warten. Wenn nicht, dann darf er hoffen, dies an einem anderen Tag auf einem anderen Schlachtfeld zuwege zu bringen.

Ein solcher Glaube bringt vor allem eines hervor: furchtlose Krieger, die sich auf jeden Kampf einlassen und keine Bedrängnis fürchten. Selbst ein hoffnungsloser Kampf ist vor diesem Hintergrund noch wichtig, da er eine Gelegenheit darstellt, unsterblichen Ruhm zu erlangen – zuerst in der Welt und später im goldenen Zeitalter nach Ragnarök.

Bestattungsriten

Die Wikinger glaubten, dass eine Bestattung eine korrekte rituelle Form haben musste, wenn der Verstorbene Eintritt finden sollte ins Leben nach dem Tod. Eine angemessene Bestattung garantierte, dass die Geister der Verstorbenen nicht die Lebenden heimsuchten und im nächsten Leben den ihnen zukommenden Platz einnehmen konnten. Grabbeigaben waren dabei ein wichtiges Mittel. Archäologische Untersuchungen von Grabstätten haben viel zu unserem Wissen um die Lebensweise der Wikinger beigetragen.

Wir alle kennen die „Wikinger-Bestattung" aus Film und Fernsehen: der Krieger, der in einem brennenden Schiff voll mit kostbaren Gütern hinaus auf See geschoben wird. Doch war dies keineswegs die einzige Form der Bestattung.

LINKS: Thor erschlägt die Midgardschlange Jörmungandr mit seinem Hammer. Er rettet, was von der Welt noch übrig ist, vor ihrem Gift – zum Preis seines Lebens. Thor überlebt gerade lange genug, um zu merken, dass er seinen größten Feind getötet hat. Dann stirbt er an dem Gift der Schlange.

WENN EINE GESCHICHTE EIN GUTES UND EIN SCHLECHTES ENDE HAT, ZIEHEN DIE MEISTEN MENSCHEN DAS SCHLECHTE ENDE VOR.

In Skandinavien wurden die Toten bis zur Eisenzeit verbrannt, erst dann begann man, sie in die Erde zu legen. Es ist unbekannt, was diesen Wandel veranlasst hat. Die wahrscheinlichste Erklärung ist ein engerer Kontakt zu den Völkern in Osteuropa, die ihre Toten begruben. Eine Zeit lang wurden beide Bestattungsformen praktiziert, wobei in Norwegen das Verbrennen häufiger war. Doch man findet auch Gräber mit Erd- und Feuerbestattung nebeneinander, die zur selben Zeit angelegt worden sind. Wir dürfen also annehmen, dass dies auch eine Frage der persönlichen Vorlieben war.

Die Bestattung der Menschen spiegelt ihren Status und ihren Reichtum wider, allerdings auch den Wohlstand der Gemeinschaft als Ganzes. Vor Beginn der Wikingerzeit wurden manche Führer beinahe wie Fürsten bestattet, während andere Gräber im Vergleich fast ärmlich ausfielen. Dies lässt sich womöglich so interpretieren, dass Einzelpersonen enormen Reichtum anhäufen konnten, dass es andererseits in Zeiten der Not als Verschwendung galt, Dinge zu begraben, die die Lebenden gebrauchen konnten.

Es gibt Perioden, in denen die Gräber von Menschen, die im Leben sehr unterschiedliche Stellungen innehatten, gleichermaßen spärliche Grabbeigaben aufweisen. Das würde bedeuten, dass die Bedürfnisse der Lebenden höher eingeschätzt wurden als die der Toten.

Doch während der Wikingerzeit und in den vorangehenden Jahrzehnten waren Grabbeigaben häufig. Nur einem wirklich armen Mensch hat man so gut wie nichts beigegeben, die meisten jedoch wurden mit ihren Waffen und Werkzeugen

RECHTS: Schiffe spielten bei Wikinger-Bestattungen eine wichtige Rolle, ob sie nun in Brand gesteckt oder eingegraben wurden. Manche wurden angezündet und auf das Meer hinausgestoßen, andere ließ man an Land in Flammen aufgehen. Nur sehr bedeutende Persönlichkeiten konnten es sich leisten, ein so teures Objekt wie ein Schiff mit ins Grab zu nehmen.

LINKS: Heidnische und christliche Vorstellungen existierten in der Welt der Wikinger jahrhundertelang nebeneinander. Diese Gussform aus dem 10. Jahrhundert wurde sowohl zur Herstellung des christlichen Kreuzes als auch des Thor'schen Hammers benutzt. Viele Wikinger hatten vermutlich keine Probleme damit, sich beides zum Schutz um den Hals zu hängen.

bestattet, Frauen mit Schmuck und Haushaltsgeräten. Führungspersönlichkeiten erhielten reichhaltige Grabbeigaben, zu denen nicht selten Pferde oder Sklaven gehörten, die beim Tod ihres Herrn ebenfalls getötet wurden.

Bei vielen Grabstätten der Wikinger finden wir Hügelgräber oder Steindenkmäler. Diese waren nicht nur einfach Gräber, sondern sollten den Status der Familie bezeugen. Ein großer Grabhügel, in dem die eigenen Vorfahren ruhten, signalisierte, dass man es hier mit einflussreichen Leuten zu tun hatte. Dies hob auch das Ansehen der Nachkommen und war ein Teil des Ruhms, den der Wikinger zu erlangen hoffte. Grabdenkmäler stellten sicher, dass der Name des Verstorbenen auch nach seinem Tod nicht in Vergessenheit geriet.

In den Sagas der Wikinger finden sich Geschichten über all die schrecklichen Dinge, die passieren, wenn man die Grabriten nicht korrekt ausführt. Wenn der Tote nicht auf angemessene Weise ins nächste Leben gesandt wird, kommt er als *draugr*, als Wiedergänger, zurück. Diese Untoten müssen dann auf ähnliche Weise beseitigt werden wie Vampire – man köpft sie oder treibt ihnen einen Pfahl ins Herz.

Schiffe und Scheiterhaufen

In manchen Bestattungsritualen spielen Boote eine wichtige Rolle. So konnte das Boot zum symbolischen Fahrzeug für den Übergang ins nächste Leben werden, aber auch einfach eine wichtige Grabbeigabe darstellen. Ein Boot war teuer, weil seine Herstellung viel Zeit erforderte. Wer es sich leisten konnte, ein reich beladenes Schiff mit sich ins Grab zu nehmen, musste wirklich reich sein. Lässt Hollywood tote Wikinger auch gern auf einem brennenden Schiff hinaus auf die See treiben, wurde in Wirklichkeit das Boot meist zusammen mit dem Verstorbenen bestattet.

Vorbereitungen für die Bestattung vor Kummer gestorben war. Man opferte das Lieblingsross des Gottes und legte es ebenfalls auf den Scheiterhaufen, damit Baldur in der anderen Welt ein Reittier hatte. Dann zündete man den Scheiterhaufen an und schleppte das Schiff auf die See hinaus.

Doch nicht nur Baldurs Eigentum wurde aufs Schiff gebracht. Sein Vater Odin verehrte ihm ein kostbares Objekt, den Armreif Draupnir, der alle paar Tage einen ebensolchen Armreif hervorbrachte und zu Odins meistgeschätzten Besitztümern gehörte. Dass der Göttervater diesen Reif seinem Sohn überstreifte, zeigt, wie hoch Baldurs Ansehen in den Augen der Götter war. Dem Toten Geschenke zu machen war nicht üblich, sondern unterstreicht hier, dass ein besonders lieber Verwandter oder hoch geschätzter Führer gestorben war.

Odin soll Baldur etwas zugeflüstert haben, bevor man seinen Scheiterhaufen in Brand steckte. In manch einer der Sagas heißt es, Odin habe dem Gott die Wiederauferstehung versprochen. Ein Hinweis also auf den Versuch, Baldur aus dem Reich der Hel zurückzuholen? Oder auf die Wiedergeburt nach Ragnarök, denn im goldenen Zeitalter würde Baldur über die Sterblichen herrschen. Wie auch immer, Odins Versprechen weist darauf hin, dass die Wikinger glaubten, wer einen guten Tod sterbe und in der letzten Schlacht alles gebe, würde hinterher wieder zum Leben erwachen und ein goldenes Zeitalter erleben. Doch dazu mussten die Vorbereitungen für die Feuer- oder Erdbestattung nach bestimmten Regeln erfolgen, die einen mythischen Hintergrund hatten. So schnitt man zum

Bei einer Feuerbestattung musste das Feuer stark genug sein, um nicht nur den Körper des Toten, sondern auch die Grabbeigaben zu verbrennen, weil sie ihm sonst im nächsten Leben nicht zur Verfügung gestanden hätten. Die Asche wurde dann entweder beigesetzt oder auf See verstreut. Verbrannte die Leiche auf einem Boot, übernahm die Natur den Rest. Die verkohlten Überreste würde die See verschlingen.

Die Bestattung des Gottes Baldur, der durch Lokis Ränke starb, zeigt uns, wie eine traditionelle Bestattung bei den Nordmännern ablief. Man baute auf Baldurs Schiff Hringhorni einen großen Scheiterhaufen auf. Obenauf legte man seinen Leichnam zusammen mit dem seiner Frau, die während der

Beispiel den Toten die Nägel, weil es hieß, dass sie beim Anbruch von Ragnarök in einem Schiff in den Kampf gegen die Götter segeln würden, das von den Nägeln toter Männer zusammengehalten wurde. Auf diese Weise beraubte man den Feind also seiner Ressourcen – selbst die Bestattung der Toten war Teil des Kampfes zwischen Göttern und deren Feinden.

Sieben Tage nach dem Tod wurde ein Fest gefeiert, das man *Sjaund* nannte – wie das Bier, das bei Beerdigungen getrunken wurde. Die Erben des Toten trafen sich und regelten seine Angelegenheiten. Sie bezahlten seine Gläubiger und erledigten andere Dinge, die er nicht zu Ende hatte führen können. Das ging nicht immer ohne Streit ab, manchmal wurde sogar eine Fehde daraus. Andererseits wurde so manche Fehde beim Sjaund beigelegt. Danach war der Tote frei und ledig. Seine oder ihre Angelegenheiten galten als erledigt, die Erben konnten das Erbe aufteilen.

Religiöse Riten: Opfer und Feiertage

Vor der Verbreitung des Christentums war die Religion der Wikinger eine recht persönliche Angelegenheit und hatte nicht den formellen Charakter, den sie später annahm. Man weiß nur wenig über die religiösen Riten der Wikinger, und dieses Wenige stammt meist aus den voreingenommenen Berichten christlicher Chronisten. Da und dort ist von Menschenopfern die Rede, aber das könnte auch dem Wunsch nach einer guten Geschichte geschuldet sein. Wie viel davon tatsächlich Wikingeralltag war, muss dahingestellt bleiben.

Auf jeden Fall brachte man Göttern und Geistern Opfergaben dar, zu denen bei bestimmten Gelegenheiten auch Tier- und Menschenopfer zählten. In einfachster Form wurde zum Beispiel das Pferd eines Mannes getötet, wenn dieser das Zeitliche gesegnet hatte, damit es ihm als Grabbeigabe dienen konnte. Der islamische Gelehrte Ibn Fadlan wohnte einem Wikingerbegräbnis bei und berichtet von den komplexen Riten rund um das Opfer einer jungen Frau.

Die Opferriten waren sexuell gefärbt. Außerdem wurde dabei Branntwein getrunken. In einem eigenen Ritual verabschiedete sich das Mädchen, dem höchste Ehren zuteil wurden, von seinen Freunden und der Familie. Ibn Fadlan schreibt, dass sie bei dem Fest am Vorabend der Opferung glücklich schien. Am nächsten Tag hob man sie während

UNTEN: Ein Stammesführer der Wikinger auf dem Weg ins nächste Leben: Sein Schiff und sein treues Pferd begleiten ihn. Rüstung, Waffen und Schild liegen bereit und vermutlich hat man ihm noch weitere kostbare Grabbeigaben ins Schiff gelegt, damit er im nächsten Leben seine Stellung beibehalten kann. Bestattungen wie diese erinnern an die des Gottes Baldur, der durch Lokis schändliche Streiche fiel.

einer feierlichen Zeremonie über einen Türrahmen hinaus, um sie einen Blick in die kommende Welt tun zu lassen. Dort sah sie ihre Familie, die auf sie wartete, und ihren Herrn, zu dessen Beerdigung sie geopfert wurde. Das Mädchen sagte, dass diese Menschen ihr zuwinkten und sich auf ihre Ankunft freuten.

Bevor sie getötet wurde, hatte sie Sex mit mehreren Männern nacheinander. Dann wurde sie erwürgt. Um sicher zu gehen, dass sie auch wirklich tot war, stieß man ihr ein Messer bis zum Heft in die Brust. Offensichtlich war ihr Tod die Voraussetzung dafür, dass ihr Herr ins nächste Leben eingehen konnte. Ihr Körper diente als Gefäß für seine Lebenskraft. Dieses komplexe Ritual war keineswegs alltäglich. Vermutlich hängt die Durchführung mit dem hohen Stand ihres verstorbenen Herrn zusammen.

Selbst die Götter waren nicht gefeit gegen Opferungen, auch wenn es Selbstaufopferungen waren. Odin zum Beispiel spießte sich mit seinem eigenen Speer an den Weltenbaum, wo er neun Tage und neun Nächte hängen blieb, um Weisheit zu erlangen. Menschenopfer waren jedenfalls genauso akzeptiert wie Tieropfer. Adam von Bremen, ein christlicher Chronist aus dem 11. Jahrhundert, schreibt, dass im schwedischen

LINKS: Die Wikinger tranken gewöhnlich nicht aus Hörnern, doch bei zeremoniellen Anlässen fanden diese durchaus Verwendung. Für den Alltag allerdings ist das Horn eher ein unpraktisches Trinkgefäß.

Uppsala alle neun Jahre ein großes Opferfest gefeiert wurde, bei dem neun Männer getötet wurden. Allerdings stützte Adam sich auf reines Hörensagen.

Die Zahl Neun war den Wikingern heilig, und so soll, schreibt Adam, an neun aufeinanderfolgenden Tagen jeweils ein Mann geopfert worden sein und mit ihm einige Tiere. Man hängte die getöteten Geschöpfe in Bäume, weil auch Odin an einem Baum gehangen hatte. Dieses Fest wurde zu Beginn des Sommers gefeiert, der traditionellen Zeit für Odin-Opferungen. Gewöhnlich rekrutierten sich die Menschenopfer aus den Reihen der Verbrecher, manchmal waren es auch Sklaven. Doch die Sagas erzählen auch, dass die Hungersnot im Wikingerland einmal so groß war, dass man den König opferte, um sie zu beenden. Dies geschah, nachdem die Opferung anderer Menschen und Tiere nicht das gewünschte Ergebnis gebracht hatte. Diese Ereignisse lassen sich nicht datieren, fanden aber, so sie tatsächlich stattfanden, vermutlich vor Beginn der Wikingerzeit statt.

Andere Opferungen waren eher weltlicher Natur und nahmen bald den Charakter von Fest- und Feiertagen an, die sowohl religiöse als auch soziale Bedeutung hatten. So feierte man den Beginn, die Mitte und das Ende des Winters. Zu Beginn bat man um die Hilfe der Götter, damit der Winter gut überstanden würde. Das Mittwinterfest (Julfest) sollte günstige Umstände bei der Aussaat des neuen Getreides schaffen. Das dritte Fest hingegen war eine Bitte um Glück in den Unternehmungen des neuen Jahres. Dazu gehörten

AUCH WER LANGSAM GEHT, ERREICHT AM ENDE SEIN ZIEL.

auch Handels- und Raubzüge, aber natürlich auch die folgende Ernte. Wenn die Umstände es erforderten, hielt man weitere Feiertage ab, zum Beispiel, um in schwerer Zeit um Unterstützung zu bitten.

Solch ein Fest war eine ganz pragmatische Angelegenheit: Man opferte den Göttern einige Tiere, die man später aß. Beides war Teil des religiösen Brauchs. Gewöhnlich wurden die Tiere mit einer Axt enthauptet, nach Möglichkeit mit einem einzigen kraftvollen Schlag. Dazu war nicht nur enorme Körperkraft nötig, die ganze Angelegenheit war sicher auch sehr blutig. Doch der Blutschwall, der sich ergoss, wenn die Halsschlagader durchtrennt wurde, gehörte zur Zeremonie. Man fing das Blut auf und bestrich Statuen damit oder die Armreifen, die zum Eidschwur angelegt wurden. Möglicherweise las man aus dem langsam gerinnenden Blut der Opfertiere auch das Schicksal. So schuf man eine symbolische Verbindung zu den Ahnen des Opfernden, die ihm auf diese Weise halfen, Unglück abzuwenden.

Man trank, den Göttern und den Verstorbenen zu Ehren, Unmengen Bier. Wenn der eigene Name bei solchen Festen Erwähnung fand, war dies ein Teil der „Wortberühmtheit", die Wikinger-Krieger zu erlangen hofften. Gesegnet wurde das Bier vom Hausherrn, der hier eine Doppelfunktion hatte: als Gastgeber und als Priester.

Tempel und heilige Stätten

In den Wikinger-Sagas finden sich Beschreibungen üppig geschmückter Tempel, doch dafür gibt es kaum archäologische

LINKS: Ein Gedenkstein aus dem 8. Jahrhundert, der sowohl mythologische Szenen als auch Motive aus den Heldensagen darstellt. Tote zu ehren und vorschriftsmäßig zu bestatten hatte bei den Wikingern eine besondere Bedeutung: Wer nicht richtig bestattet wurde, kehrte als Wiedergänger zurück und vergrößerte bei der Ragnarök die Reihen der Feinde.

Belege. Meist wurden religiöse Riten zu Hause abgehalten oder in der freien Natur, an heiligen oder Glück verheißenden Orten. Ein solcher Ort war eine Insel im Schwarzen Meer, auf der man traditionell den Göttern dankte, wenn man unbeschadet den Dnjepr bis zur Mündung hinabgereist war.

Viele heilige Orte der Wikinger sind mit Bäumen verknüpft, was möglicherweise eine Anspielung auf den Weltenbaum Yggdrasil ist. Aber auch an besonders geformten Felsen oder Quellen errichtete man solche heiligen Haine. Diese waren nicht immer nur den Göttern heilig, manche „gehörten" auch den Geistern des Landes, den *Landvaettir*, dem *spiritus loci* der Wikinger. Diese Geister schützten jene, die ihnen Verehrung zollten, und gewährten die Gaben der Natur wie gute Jagdbeute oder reiche Ernte. Manchmal aber verließen die Geister einen Ort auch, zum Beispiel, wenn man sie beleidigt hatte. Das konnte geschehen, wenn es irgendwo zu ungerechtfertigtem Blutvergießen kam. Solche Orte mussten die Menschen dann meiden, um dem Zorn der Ortsgeister zu entgehen.

Die Wikinger kannten auch Götterbilder, zum Beispiel Statuen. Manche Gottheiten aber wurden eher abstrakt dargestellt, zum Beispiel durch Runen. Ibn Fadlan beschrieb dies genau in seinen Berichten über die Wikinger (Waräger) in der osteuropäischen Rus. Er beschreibt, dass sie Opfergaben vor geschnitzten Holzfiguren mit Gesichtern niederlegten, die vielleicht ihre Götter darstellten. Sie baten dabei um günstige Umstände vor allem im Handel, im Besonderen um Kontakt zu Händlern, die zu viel Geld hatten und nicht um den Preis feilschen würden.

Die Wikinger, so Ibn Fadlan, sähen ihre Götter als Freunde und Verwandte und beschimpften sie leidenschaftlich, wenn sie versagt hätten. Doch sie würfen sich auch längs vor ihnen nieder, um sie zu Großzügigkeit und Güte zu bewegen. Dies passt gut zu dem, was wir bereits von den Wikingern und ihrer Beziehung zu den Göttern wissen – überschwängliche Ehrerbietung, wenn man etwas wollte,

Links: Eine Statue von Ingolf Arnarson, der die ersten wikingischen Siedler nach Island führte. Hier mit dem Tragepfeiler seines Hochsitzes, der ihm den Ort zeigt, wo die Ortsgeister eine Ansiedlung zu dulden bereit sind. Wo einst sein Haus stand, liegt heute Reykjavík.

aber wüste Beschimpfungen, wenn man das Gewünschte nicht bekam.

Ohnehin boten sich mehrere Wege, wenn man den Kontakt zum Übersinnlichen suchte. Seher nutzten ihre dichterischen Gaben, um Zaubersprüche zu ersinnen und den Blick in die andere Welt zu richten. In der Egils-Saga, einer der großen Versdichtungen der Wikinger, verfasst Egil ein Gedicht, um die Landgeister dazu zu bringen, ihm in seinem Rachefeldzug gegen Erich Blutaxt, den König von Norwegen, beizustehen. Ein Fluch hätte wohl ähnliche Wirkung gehabt. Später versucht Egil erneut, die Geister zur Mithilfe zu bewegen, indem er einen Runenstein errichtet, der sie beleidigt. Er verflucht sie, auf dass sie keine Ruhe finden oder nicht in ihr Heim zurückfinden sollen, solange sie ihm nicht geholfen haben, Rache zu nehmen.

Flüche dienten auch dazu, Unglück abzuwenden und mit ihm die Missgunst der Götter oder anderer übernatürlicher Wesen. Einige der ersten Siedler in Island wollten die Landvaettir nicht herausfordern und suchten mit magischen Mitteln einen Ort, an dem sie siedeln konnten. Der erste Siedler war Ingolf Arnarson. Er warf die drei Pfeiler, die seinen Hochsitz in seiner Heimat gestützt hatten, über Bord und wollte dort siedeln, wo sie an Land gespült wurden. Da er sie nicht mehr finden konnte, baute er anderswo ein Haus, während er seine Diener nach den Pfeilern suchen ließ. Als sie sie gefunden hatten, verlegte Ingolf sein Heim dorthin. Das war zwar nicht das beste Land, doch Ingolf glaubte, dass die Götter ihn dorthin geführt hatten und dass die Ortsgeister ihn dort willkommen heißen würden. Er sollte recht behalten: An dieser Stelle steht heute Reykjavík, die Hauptstadt Islands.

Lodmund der Alte hatte weniger Glück. Auch er fand seine Hochsitzpfeiler nicht mehr, nachdem er sie über Bord geschleudert hatte, und erbaute wie Ingolf an anderer Stelle sein Haus. Später erfuhr er, dass man seine Hochsitzpfeiler in einem der entlegenen Teile Islands gefunden hätte. Sofort machte er sich auf den Weg. Gerade rechtzeitig, wie es schien, denn nach seiner Abreise zerstörte ein Erdrutsch sein Haus.

Da Lodmund nicht wollte, dass ihm das Unglück folgte, verbat er es sich, dass jemand seinen Namen aussprach. Er versteckte sich also vor den Landvaettir und verfluchte den Ort, an dem sein erstes Haus gestanden hatte: Kein Schiff, das von dort aus in die Welt segelte, sollte je ans Ziel gelangen. Das hielt den Zorn der Ortsgeister wohl ab, ihm zu folgen. Lodmunds neues Haus wurde an jener Stelle errichtet, an der die Pfeiler angespült wurden, und blieb von weiterem Unglück verschont.

Der Hochsitz hatte bei den Wikingern eine ganz eigene Bedeutung. Er war der Platz des Haushalts- und Familienvorstandes, der auf jeder Seite von zwei Holzpfeilern gestützt wurde. Es ist gut möglich, dass diese mit Schnitzereien von Göttern geschmückt waren, doch darüber wissen wir relativ wenig. Jedenfalls liefen dort die Fäden der weltlichen und religiösen Macht zusammen. Der Hausherr war ja gleichzeitig politischer Führer und religiöse Autorität.

Heilige Stätten, ob nun Tempel oder Haine, zeichneten sich dadurch aus, dass das Betreten mit der Waffe als Sakrileg

betrachtet wurde. Wer an einem solchen Ort einen Menschen tötete, hatte doppelt Schuld auf sich geladen, weil er das Gesetz der Menschen ebenso gebrochen hatte wie das der Götter. Wer an einem heiligen Ort Gewalt anwandte, wurde zum Ausgestoßenen. Das galt natürlich nicht für die heiligen Orte anderer Religionen.

Tempel und heilige Stätten waren andererseits Orte, an denen auch Handel getrieben und Bündnisse geschlossen wurden. Jeder dieser Orte war durch Gesetz verpflichtet, einen gedrehten Armreif aus Silber zu besitzen, der von einem lokalen Stammesführer oder *Godi* getragen wurde. Dieser Reif wurde immer dann angelegt, wenn es galt, Schwüre zu leisten, die auch jeden Handel besiegelten. Die Goden standen irgendwo zwischen König oder Stammesführer und Priester. Sie hatten sowohl die religiöse als auch die politische Macht inne. Ihre Aufgabe war es, über die Anbetung der Götter zu wachen, Gesetze zu erlassen und Amtsträger zu ernennen.

UNTEN: Armreifen wie dieser waren ein gern getragener Schmuck, weil sie Reichtum und Ansehen signalisierten. Auch der Drachenkopf war ein beliebtes Symbol bei den Wikingern und zierte häufig den Bug ihrer Schiffe. Allerdings wurde kein einziges Exemplar dieses Bugschmucks gefunden.

3

Rechtliche und soziale Ordnung der Wikinger

Die Wikinger werden häufig als gesetzlose Wilde dargestellt, deren einziger Lebenszweck darin bestand, ihre Feinde (bzw. jeden, der ihnen vors Messer lief) niederzumetzeln und zu stehlen, was es zu stehlen gab.

Würde dieses Bild zutreffen, so wären sie außerhalb ihres unmittelbaren Umfeldes wohl kaum zu der massiven Bedrohung geworden, die sie in Wirklichkeit darstellten. Nur gut organisierte Gesellschaften können Entdeckungsfahrten ausrüsten oder seetüchtige Kriegsschiffe über (fast) alle Weltmeere schicken. Gab es auch innerhalb der Wikingergesellschaft regional und zeitlich bedingt Unterschiede – Gesetzlose oder Wilde waren die Wikinger zu keinem Zeitpunkt. Von den isländischen Wikingern hieß es sogar, dass sie nur einen König kennen: das Gesetz. Die Gesetze der Wikinger bildeten die Grundlage des isländischen Rechts und übten vermutlich auch einigen Einfluss aus auf die Entwicklung des Rechtssystems in Skandinavien und den Ländern, in denen sich Nordleute ansiedelten.

Ohne ein Minimum an „Rechtsstaatlichkeit" hat keine Gesellschaft auf Dauer Bestand. Im kleinen Rahmen genügen vielleicht schon die eingespielten gesellschaftlichen Gepflogenheiten und ein befehlsgewaltiger Anführer, doch je größer der soziale Verband wird, desto notwendiger braucht man verbindliche Gesetze und Instrumente, um diese Gesetze durchzusetzen. Eine Gesellschaft, die sich nicht auf dergleichen stützen kann, wird in Chaos, Egoismus und Gewalt versinken, einer Welt, in der der Stärkere den Schwächeren dominiert.

Nun könnte man vorschnell den Schluss ziehen, dass bei den Wikingern als Kriegergesellschaft tatsächlich das Faustrecht herrschte, doch braucht auch der Krieger Menschen hinter sich, die ihn mit Nahrung versorgen und, was noch wichtiger

GEGENÜBER: Der Ort, wo das ursprüngliche Althing gehalten wurde, ist heute ein Nationalpark. Hier versammelten sich die alten Isländer, um Gesetze zu machen und Streitfälle demokratisch und zivilisiert beizulegen.

ist, Handwerker, die ihn mit Waffen und Ausrüstung versehen. Kein Schwertschmied aber kann seinem Handwerk nachgehen, wenn er ständig Angriffen auf sein Hab und Gut ausgesetzt ist oder sich um die Nahrungsbeschaffung kümmern muss. Umgekehrt ist ohne geschickten Schmied der Krieger machtlos, weil er ungerüstet und mit bloßen Händen kämpfen müsste.

Gesetzestreue Bürger

Die gesellschaftlichen Abläufe, an deren Ende der Wikingerkrieger sein Schwert in die Hand bekam, waren vielschichtig und wurden durch Recht und Gesetz geregelt. Mit den Einnahmen aus seiner Arbeit kaufte der Schwertschmied Essen und Kleidung. Dieses Essen stammte aus dem Überschuss, den ein Bauer erwirtschaftet hatte und gegen Geld an den Schmied und andere verkaufte. Doch damit der Bauer überhaupt ein Interesse daran hatte, seine Erzeugnisse gegen Geld einzutauschen, musste dieses Geld einen Wert haben.

Gesetze, die betrügerische Kaufleute bestraften, stellten sicher, dass sich die Menschen nicht wieder vom Handel abwandten und die Gesellschaft zum Prinzip der Selbstversorgung zurückkehrte. Gesetze, welche die Interessen von Bauern, Händlern und Schmieden gleichermaßen schützten, erlaubten jedem, seiner Tätigkeit ungehindert nachzugehen. Auf diese Weise blieb das soziale Netz intakt.

Natürlich hatten die Wikinger noch keinen Polizeiapparat, wie wir ihn kennen. Das Befolgen der Gesetze überwachten Männer mit Schwertern, die kraft

Gesetzes dazu berechtigt waren. Recht und Gesetz garantierten stabile soziale Verhältnisse, und stabile soziale Verhältnisse schlugen sich gewöhnlich in Wohlstand nieder. Wohlhabende Gesellschaften wiederum konnten es sich leisten, sich zu bewaffnen und Stärke zu zeigen. Solange diese Stärke nur in einer Form gebraucht wurde, welche das soziale Gefüge nicht störte, trugen und erhielten sich solche Systeme quasi von selbst. Die Funktion des Gesetzes war es nun, diese Rahmenbedingungen so weit als möglich zur Norm zu machen.

Der Wohlstand ermöglichte ferner, dass die Wikinger große Erkundungs-, Plünderungs- und Handelsexpeditionen durchführen konnten, die die Wikinger schließlich in der alten Welt bekannt machten. Die meisten „Krieger" waren jedoch keine Berufssoldaten, sondern gingen gewöhnlich der Landwirtschaft oder anderen nicht-kriegerischen Aktivitäten nach. Jede Gesellschaft kann nur einen kleinen Prozentsatz ihrer Mitglieder für Tätigkeiten freistellen, die nicht direkt der Erzeugung der lebensnotwendigen Güter dienen, und so griffen auch die meisten Wikinger nur dann zu den Waffen, wenn ökonomische oder andere Gründe dies geboten.

Auf Plünder- oder Handelsfahrt zu gehen konnte mehr einbringen, als in derselben Zeit seinen Acker zu bestellen, und so erlaubte das Gesetz jedem Hausherrn, sein Feld eine Weile zu verlassen und auf große Fahrt zu gehen, während die Daheimgebliebenen seinen Besitz bewahrten. In einer von Recht und Gesetz bestimmten stabilen sozialen Ordnung konnte ein Wikinger darauf zählen, dass er für seinen Anteil an der

Beute jene Dinge kaufen konnte, die er brauchte, sobald er wieder zurück war.

In jeder Gesellschaft hat der Großteil der Gesetze den Zweck, Handlungsweisen unter Strafe zu stellen, die entweder der Gesellschaft als Ganzem oder ihren einzelnen Mitgliedern schaden könnten. Ist der Einzelne ständig Übergriffen ausgesetzt, so schädigt dies letztlich die ganze Gesellschaft. Gesetze, die den Einzelnen und sein Eigentum schützen, wirken sich daher positiv auf die soziale Ordnung aus. Ebenso dienen Gesetze, die Streitigkeiten zwischen Einzelnen entscheiden und die streitenden Parteien zwingen, sich dieser Entscheidung zu beugen, dem gesamtgesellschaftlichen Wohl und verhindern, dass die Gesellschaft auseinanderfällt.

Die Existenz solcher Gesetze bietet aber auch dem Einzelnen, der in ihrem Geltungsbereich lebt, enorme Vorteile. Das Urteil in einem Streitfall mag vielleicht nicht so ausgefallen sein, wie ein Betroffener sich das vorgestellt hat, doch zumindest haben sich seine Chancen verbessert, von der gegnerischen Partei nicht einfach umgebracht zu werden. Fortgesetzte Streitigkeiten können zudem auch negative soziale und ökonomische Effekte haben, die das gesamte nähere Umfeld vergiften. Die Wikinger profitierten von einem funktionierenden Rechtssystem, das dem Einzelnen einen beträchtlichen Grad an Mitwirkungsmöglichkeiten bot. Diesbezüglich wissen wir am besten über die Verhältnisse in Island Bescheid, doch da Island von Skandinavien aus besiedelt wurde, ist es nicht unwahrscheinlich, dass dort ein vergleichbares System existierte. Viele Gesetze wurden in *thing* genannten Versammlungen beschlossen, die (gewöhnlich) einmal im Jahr abgehalten wurden.

Das Althing

Thinge fanden auf örtlicher und regionaler Ebene statt, das Althing in Island aber war eine nationale Angelegenheit. Ein Thing war ein bedeutendes soziales „Event", währenddessen strikte Waffenruhe herrschte. Der Ort, an dem das Althing stattfand,

OBEN: Die meisten Wikinger lebten in kleinen Bauerndörfern wie dem hier rekonstruierten. Die Hausherren waren oft lange abwesend, weil sie auf Plünder- oder Handelsfahrt gingen, kehrten aber regelmäßig auf ihre Höfe zurück, um ihre Pflichten zu erledigen.

GEGENÜBER: Das Schwert war Statussymbol und Waffe zugleich. Nur die erfolgreichsten und mächtigsten Männer konnten sich ein Schwert leisten. Manche Krieger wurden auch von ihrem *Jarl* (ein Fürstentitel) mit einem Schwert beschenkt oder verschafften sich ein solches bei einem Raubzug bzw. einer Fehde.

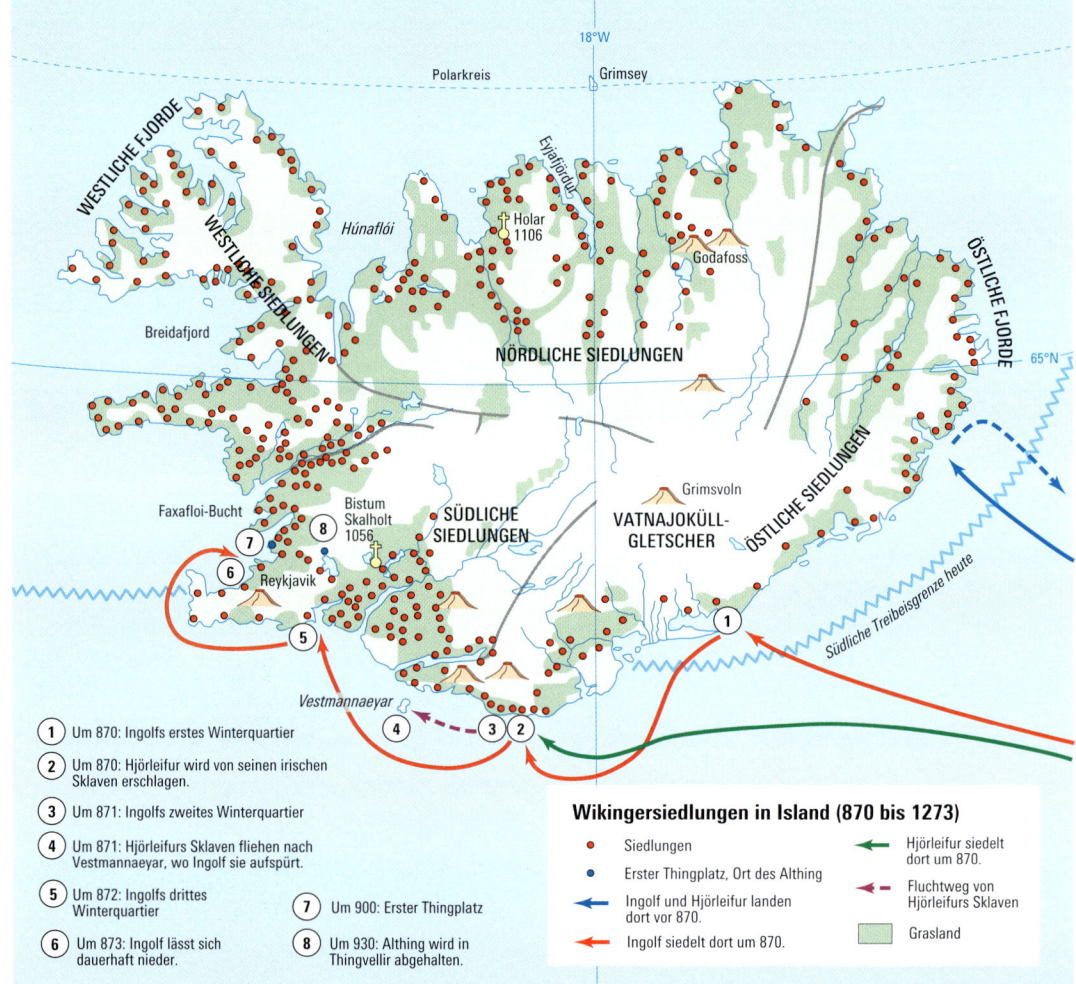

18°W

Polarkreis   Grimsey

WESTLICHE FJORDE

WESTLICHE SIEDLUNGEN

Húnaflói

† Holar 1106

Eyjafjördur

Godafoss

ÖSTLICHE FJORDE

Breidafjord

NÖRDLICHE SIEDLUNGEN

65°N

Grimsvoln

ÖSTLICHE SIEDLUNGEN

Faxafloi-Bucht

Bistum Skalholt 1056 †

SÜDLICHE SIEDLUNGEN

VATNAJÖKÜLL-GLETSCHER

⑦   ⑧

⑥   Reykjavik

Südliche Treibeisgrenze heute

⑤

①

Vestmannaeyar

④   ③ ②

Wikingersiedlungen in Island (870 bis 1273)

① Um 870: Ingolfs erstes Winterquartier

② Um 870: Hjörleifur wird von seinen irischen Sklaven erschlagen.

③ Um 871: Ingolfs zweites Winterquartier

④ Um 871: Hjörleifurs Sklaven fliehen nach Vestmannaeyar, wo Ingolf sie aufspürt.

⑤ Um 872: Ingolfs drittes Winterquartier

⑥ Um 873: Ingolf lässt sich dauerhaft nieder.

⑦ Um 900: Erster Thingplatz

⑧ Um 930: Althing wird in Thingvellir abgehalten.

● Siedlungen
● Erster Thingplatz, Ort des Althing
→ Ingolf und Hjörleifur landen dort vor 870.
→ Ingolf siedelt dort um 870.
→ Hjörleifur siedelt dort um 870.
→ Fluchtweg von Hjörleifurs Sklaven
▨ Grasland

---

galt als heilig, sodass es nicht nur ein Verstoß gegen die guten Sitten, sondern ein Angriff gegen die Götter gewesen wäre, dort mit Waffen zu erscheinen. Bei einem Thing wurden Gesetze erörtert und beschlossen und, sofern dies möglich war, Streitfälle entschieden. Das Thing war eine demokratische Einrichtung, in der alle freien Männer, wenn sie gewisse Voraussetzungen (nämlich an Körper und Geist einigermaßen gesund zu sein) erfüllten, ihre Meinung äußern konnten und ein Mitspracherecht bei allen Entscheidungen hatten. In Island, wo die Siedler weder einen König noch einen anderen Anführer wollten, kam den Gesetzen, die auf dem Althing beschlossen wurden, die höchste Autorität im Land zu.

Zu einem Althing hatten alle freien Männer Zutritt, auch wenn es in der Hauptsache eine Versammlung der Goden (Häuptlinge) war. Island war in vier Viertel aufgeteilt, und jedes Viertel hatte neun Goden, welche zugleich Vertreter und Schutzherren ihrer Gefolgsleute waren. Gefolgsleute hatten aber das Recht, sich einen anderen Goden zu wählen. Trug ein Gode Verantwortung für die Interessen seiner Leute, so mussten diese für ihn kämpfen, wenn es notwendig wurde.

Gewöhnlich hielten die Goden einer Gegend einmal im Frühjahr ein Thing ab und brachten größere Entscheidungen vor das Althing im Sommer. Jeder Gode hatte zwei oder auch mehr Ratgeber und konnte eine beträchtliche Anzahl Bewaffneter mit sich führen, um sich zu schützen oder seiner Position

ES GIBT KEINE ENTSCHULDIGUNG FÜR DEN MANN, DER DIE WAHRHEIT LEUGNET, WENN SIE EINMAL ERWIESEN IST.

mehr Gewicht zu verleihen, falls er in ernsthafte Auseinandersetzungen verwickelt werden sollte. Bei jedem Althing rezitierte ein gewählter *lögsögumaðr* oder Gesetzessprecher jeweils ein Drittel der geltenden Gesetze. Er hatte diese Stellung für drei Jahre inne, musste also während seiner Amtszeit sämtliche Gesetze seines Volkes auswendig lernen.

Dass das Amt des Gesetzessprechers, das übrigens eine bezahlte Position war, alle drei Jahre neu besetzt wurde, verhinderte, dass eine Person sozusagen an ihrem Stuhl klebte und dadurch zu mächtig wurde. Zudem stellte man auf diese Weise sicher, dass nicht das gesamte Rechtskorpus im Kopf von nur einer Person „aufbewahrt" wurde. Stieß dem amtierenden Gesetzessprecher etwas zu, so bestanden gute Chancen, dass seine Vorgänger noch greifbar waren.

Ex-Gesetzessprecher konnten zudem ihrem lokalen Goden das Gesetz in Erinnerung bringen, auch wenn sie es nicht mehr auf dem Althing vortrugen.

Obwohl jeder Freie das Recht hatte, auf dem Althing gehört zu werden, so waren es die Goden und ihre Ratgeber, die beschlossen, was Gesetz werden und wie dieses Gesetz angewendet werden sollte. Dieser Versammlung war auch die Macht verliehen worden, wenn nötig mit fremden Mächten Vereinbarungen zu treffen. Allerdings trat diese Notwendigkeit selten ein, da die Isländer aufgrund der abgeschiedenen Lage ihrer Insel meist unter sich blieben. Es waren in der Regel nur die Wikinger auf den Schiffen, die in einem kleinen und sehr persönlichen Maßstab mit Fremden zu tun hatten und diese Begegnungen nach ihrem Gutdünken gestalteten.

OBEN: Das Althing war das wichtigste soziale Ereignis, doch es ging nicht nur um Gemeinsamkeit, sondern auch um Gesetze und Regierungsgeschäfte. Diese alljährliche Versammlung, zu der Menschen aus allen Landesteilen strömten, ließ in Island eine gemeinsame Kultur entstehen, an deren Entwicklung alle Regionen teilhatten.

Rechtsstreitigkeiten

Streitfälle wurden auf dem Althing von einer Versammlung von 36 Richtern, die von den Goden ernannt wurden, entschieden. Diese Richter waren in mancherlei Hinsicht so etwas wie Geschworene. Damit ein Rechtsstreit entschieden werden konnte, mussten 30 Richter dem Urteilsspruch zustimmen oder zumindest kein Veto einlegen. Diese Bestimmung wurde später geändert, damit festgefahrene Fälle einem neuen Gremium vorgelegt werden konnten, welches dann mit einfacher Mehrheit entschied.

Streitfälle wurden in gewisser Weise ähnlich den heutigen Zivilklagen verhandelt. Es gab in diesem Sinne keine Verhandlungen des Staates gegen den Angeklagten. Straftaten wurden verhandelt, als handele es sich um einen Streit zwischen Geschädigtem und Schädiger. Andererseits durfte jedermann auch Fälle vor Gericht bringen, in die er gar nicht verwickelt war. So konnte manches Unrecht gesühnt werden, auch wenn der Geschädigte aus Angst oder anderen Gründen nicht gewillt war, die Sache vor Gericht zu bringen.

WÄHLE DEINE WORTE WEISE, DENN MORGEN MÖGEN SIE DIR ÜBEREILTER SCHEINEN ALS HEUTE.

Wer als Zeuge aufgerufen war, musste nicht nur schwören, dass er die Wahrheit sagte, sondern dass er auch willens sei, die gerichtlichen Spielregeln zu achten. Jeder, der in den Streitfall in irgendeiner Form verwickelt war, war durch Eid gebunden, und es standen schwere Strafen auf Meineid. Streitfälle konnten gewonnen oder verloren werden, wenn man die formalen Vorgaben, die man einzuhalten geschworen hatte, befolgte bzw. verletzte. Dieser Umstand gereichte skrupellosen Parteien nicht selten zum Vorteil.

So erzählt eine Saga, wie ein Beschuldigter vor Gericht gerufen wird, um sich zu verteidigen. Unterwegs versuchen Freunde des Anklägers, ihn aufzuhalten, doch seinen Leuten gelingt es, deren Blockade zu durchbrechen, sodass er noch rechtzeitig vor Gericht erscheinen kann. Wäre er zu spät gekommen, hätte das Gericht ihn verurteilt, aber nicht, weil er schuldig war, sondern weil er die „Verfahrensvorschriften" verletzt hätte.

In Acht und Bann

Die Gerichtsversammlung konnte den Angeklagten dem Geschädigten als Sklaven zusprechen oder ihn ganz für rechtlos erklären. Dies war eine sehr schwere Strafe, denn wenn damit auch keine unmittelbare Bestrafung verbunden war, so verlor der Verurteilte doch jeden rechtlichen Schutz. Er konnte von jedermann straflos getötet werden, und es war bei Strafe verboten, ihm Hilfe oder Schutz zu gewähren.

In den meisten Fällen war so eine Ächtung auf drei Jahre beschränkt, und wenn es dem Verurteilten gelang, so lange zu überleben, konnte er seinen Platz in der Gesellschaft wieder einnehmen. Seine Überlebenschancen waren jedoch gering, und selbst dann brauchte er dafür ein paar sichere Zufluchtsorte. Einem befristet Geächteten wurden drei solcher Zufluchtsorte zugestanden, wo er nicht angegriffen werden durfte, solange er sich nicht weiter als einen Pfeilschuss von ihnen entfernte. Auch auf dem Weg, der zwei solche Refugien verband, war er sicher, doch musste er anderen die Straße frei machen und durfte sich ihnen nur bis auf Speerlänge nähern.

Wer allerdings dauerhaft geächtet worden war, hatte keine sicheren Zufluchtsstätten. Er wurde auf immer verstoßen und sein Hab und Gut wurde eingezogen. Dies kam mehr oder weniger einem Todesurteil gleich, denn außerhalb der Gemeinschaft war ein Überleben kaum möglich. Es gab keinen Ort mehr, an dem der Verurteilte seines Lebens sicher gewesen wäre; andererseits gab es genug Leute, die nach dem Ruhm trachteten, einen Geächteten getötet zu haben, um ihr eigenes Ansehen zu mehren. Jemand zu ächten war somit in gewisser Weise eine gesetzlich abgesegnete Aufforderung an den Geschädigten bzw. dessen Freunde oder Familie, Rache an ihrem Widersacher zu nehmen. Wer geächtet war, sah sich also nicht nur mit den Härten der Natur konfrontiert, sondern auch mit den Nachstellungen seiner Feinde und den gelegentlichen Angriffen von Leuten, die Jagd auf Vogelfreie machten.

Völlige Ächtung war eine Strafe, die den schwersten Straftaten wie Verwandtenmord vorbehalten war. Einen Angehörigen zu töten galt als schlimmes Verbrechen, vermutlich weil es das traditionelle Vertrauensverhältnis innerhalb einer Familie verletzte. Selbst drei Jahre können sehr lang sein, wenn man den Schutz des Gesetzes entbehrt, und die wenigsten Rechtsbrecher überlebten diesen Zeitraum.

Meist aber waren die Richter vorsichtig mit dem Instrument der Ächtung und verhängten über den Schuldigen eine Geldstrafe. Durch Gesetz und Gewohnheit waren für jedes Verbrechen Strafen

in einer bestimmten Höhe festgelegt. Wurde also jemand eines Verbrechens für schuldig befunden, stand damit automatisch auch die Höhe seiner Strafe fest. Allerdings war die Zahlung dieser Strafe nicht formal geregelt und wurde auch nicht vom Gericht durchgesetzt. Der Sieger in einem Streitfall musste also selbst zusehen, wie er zu seinem Geld kam.

Eine verhängte Geldstrafe nicht zu bezahlen konnte Grund für einen neuerlichen Gang vor Gericht werden. Dann wandelten die Richter entweder die Strafe um oder verhängten eine weitere Geldstrafe, die vermutlich ebenso wenig bezahlt wurde. Wer seine Strafe nicht zahlte, musste damit rechnen, dass man ihn scheel anschaute und die Strafaktionen des Geschädigten gegen ihn als gerechtfertigt betrachtete, ob es sich nun um bloße Drohungen handelte oder um konkrete Gewaltanwendung. Häufig endete so etwas in einer fortgesetzten Fehde.

Sich an ein Gericht zu wenden war natürlich nicht die einzige Möglichkeit, einen Streitfall beizulegen. Oft kam man auch ohne den Schiedsspruch einer dritten Partei zu einer gütlichen Einigung, indem man die Angelegenheit

OBEN: Innerhalb der Wikingergesellschaft war es tabu, Frauen anzugreifen. Anders sah es aus, wenn fremde Völker überfallen wurden. Ebenso galt Diebstahl als höchst ehrlos, doch jemanden zu töten, um an seinen Besitz zu kommen, wurde als rechtens betrachtet unter der Voraussetzung, dass der Beraubte die Möglichkeit hatte, sich zu wehren.

miteinander besprach und sich auf eine Lösung verständigte. Manchmal forderte auch eine Seite die andere auf, ihre Bedingungen für die Beilegung eines Streits zu nennen. Es gab mehrere Gründe, so vorzugehen, nicht nur, wenn man ohnehin am kürzeren Hebel saß. Dass man klar verkündete, man würde die Bedingungen der anderen Seite akzeptieren, war in gewisser Weise eine Herausforderung an das Ehrgefühl des Kontrahenten. Allzu hohe Forderungen würden einen Mann, der innerhalb seiner Gemeinschaft als großzügig gelten wollte, womöglich in einem schlechten Licht erscheinen lassen. Der soziale Druck sorgte dann dafür, dass der so Herausgeforderte Fairness walten ließ.

Erbitterte Fehden

Die harte Form, einen Streit beizulegen, war der Kampf. Die Fäuste waren bei Streitfällen ohnehin häufig im Spiel, gerade wenn schon eine Fehde bestand. Manchmal wurden Auseinandersetzungen auch schlicht mit roher Gewalt beendet. Solche Prügeleien, bei denen neben den Fäusten gelegentlich auch die Waffen sprachen, hatten abgesehen von den Verwundungen, welche die Streithähne davontrugen, meist keine nennenswerten Konsequenzen, doch manchmal konnte daraus eine dauerhafte Blutfehde entstehen. Dazu genügte mitunter schon eine kleine Beleidigung.

So berichten isländische Sagas von Männern, die mit einer an sich kleinen Beschwerde zu ihren Häuptlingen kommen, die ebenfalls verfeindet sind. Diese Klagen bringen die Häuptlinge dann in

einen direkten Konflikt, und was bisher eine Lappalie war, wird zu einer blutigen Auseinandersetzung zwischen zwei bewaffneten Parteien.

Fehden waren eine sozial akzeptierte (und häufig als notwendig erachtete) Möglichkeit, die eigene Ehre nach einer Beleidigung wiederherzustellen oder Rache für ein erlittenes Unrecht zu nehmen. Eine Fehde war im Prinzip ein Krieg im Kleinen, den die verfehdeten Seiten einander erklärten. Es gab aber bestimmte Regelungen darüber, wer sich einer Fehde anschließen durfte, um zu verhindern, dass kleinere Zwischenfälle so weit eskalierten, dass schließlich sämtliche Angehörigen, Freunde, Nachbarn und wer sich sonst noch den Streitenden anschließen wollte, in den Streit verwickelt wurden.

Fehden konnten lange Zeit vor sich hin schwelen, besonders wenn die verfeindeten Parteien gleich stark waren und daher bei den Angriffen Vorsicht geboten war. Wenn man nicht eindeutig überlegen war, wäre es riskant gewesen, die Gewalt eskalieren zu lassen. Selbst wenn die Wikinger um die eigene Sicherheit nicht übermäßig besorgt waren, so konnte es doch mehr als das Leben kosten, aus einer Fehde als Unterlegener hervorzugehen.

Fehden waren immer mit Gewaltanwendung verbunden, selbst wenn die Ursache so banal war wie eine schlichte Beleidigung. Sobald die Fehde erklärt war, waren Familie, Freunde und Verbündete der feindlichen Partei Freiwild, das jederzeit angegriffen oder getötet werden durfte. In diesem Rahmen kam es auch zu Viehdiebstählen, weil diese den Feind mittelbar verletzten. Wurde jemand bei einer Fehde getötet, so musste wenigstens ein Mitglied der anderen Seite getötet werden, um Rache zu nehmen und die eigene Ehre wiederherzustellen.

Auf diese Weise konnten sich Fehden sehr lange hinziehen, und auch wenn das Austragen von Fehden gesetzlich reglementiert war (Frauen anzugreifen war zum Beispiel absolut ehrlos), so bestand doch die reale Gefahr, dass ein Stamm seine besten Kämpfer durch langandauernde Fehden verlor. Da diese zudem oft auch wohlhabende Hausherrn waren und wirtschaftlich eine wichtige Rolle spielten, konnte die Gesellschaft durch ihren Tod tatsächlich Schaden nehmen.

Zweikämpfe und Rache

Eine Möglichkeit, eine Fehde zu verhindern, war der Zweikampf. Die Urform des Wikingerduells war das sogenannte *Einvigi*, ein freier Kampf ohne jede Regeln. Die Kämpfer traten mit den Waffen, die sie gerade am Leib trugen, gegeneinander an, und es gab keine Sekundanten im eigentlichen Sinn. In anderen Gesellschaften, speziell im Europa späterer Jahrhunderte, waren Duelle an ein strenges Reglement geknüpft: vergleichbare Waffen, Vorschriften, was gestattet war und was nicht, usw. Die Wikinger hingegen trafen sich einfach zu einem vereinbarten Zeitpunkt und versuchten, ihren Gegner zu erledigen.

Bemerkenswert dabei ist, dass ein Wikinger vor einem Zweikampf die Götter wohl um Kraft oder Beistand bitten mochte, das Duell selbst aber keinerlei religiösen Charakter hatte. Es war kein Gerichtskampf oder geregelter

Zweikampf. Der Sieger verdankte seinen Sieg seiner Stärke, seiner List und seinem Waffengeschick. Sein Sieg bewies lediglich, dass er ein besserer Kämpfer war als sein Gegner, und galt nicht als Zeichen seiner Unschuld oder seiner Erwähltheit durch die Götter. Doch der Streit war damit auf ehrenvolle Weise beigelegt und so auch die Fehde.

Trotzdem war es erlaubt, Rache am Sieger eines Zweikampfes zu nehmen. Tötete man seinen Gegner innerhalb einer Fehde, musste man mit einem Vergeltungsschlag rechnen. Fand der Gegner aber bei einem ordentlich erklärten Duell den Tod, so lagen die Dinge anders. Natürlich endeten nicht alle Zweikämpfe tödlich, falls aber doch, so hatten die Hinterbliebenen Anspruch auf eine Entschädigung. Diese konnte in Form des sogenannten Wergelds, einer Sühnezahlung, erfolgen, sofern die Familie des Getöteten bereit war, dies zu akzeptieren.

Nahm die Familie die Zahlung an, die sie für ihren Verlust entschädigen sollte, so war damit die Angelegenheit beigelegt. Durch solche Sühnezahlungen ließ sich also verhindern, dass ein einfacher Zweikampf sich zur Fehde auswuchs, so wie sich durch ein Duell Beleidigungen

OBEN: Ein Einvigi war insofern ein fairer Zweikampf, als die Regeln für alle die gleichen waren – die Kämpfer konnten jede Form von Waffen und Rüstung verwenden, die sie besaßen. Was freilich im Einzelfall bedeuten konnte, dass der besser gerüstete Kontrahent auch bessere Chancen hatte.

sühnen ließen, ohne dass sich gleich ganze Sippen gegenseitig ausrotten mussten. Durch die Zahlung eines Wergeldes konnte nicht nur die Tötung eines Menschen gesühnt werden. Sühnezahlungen gab es auch bei anderen Delikten, wobei die Höhe des Wergeldes gesetzlich festgelegt war und sich nach dem sozialen Status des Getöteten bzw. nach dem Wert des geschädigten Eigentums richtete. Die Höhe des Wergeldes stand also nicht zur Debatte, nur ob man bereit war, es zu zahlen oder nicht.

Der eine oder andere Krieger fand vielleicht auch Gefallen an der Idee, sein Leben in einem Zweikampf zu lassen und direkt nach Walhall versetzt zu werden. Es ist gut vorstellbar, dass so mancher alternde Nordmann loszog, um Streit zu suchen und auf diese Weise dem grausamen Schicksal, an Altersschwäche sterben zu müssen, zu entgehen. Solche Trends allerdings konnten der Gesellschaft schaden, und so wurde, um derartige Fälle von freiwilliger Euthanasie zu verringern, in Norwegen und Island eine neue Form des Zweikampfs eingeführt: der *Holmgang*.

Im Gegensatz zum Einvigi, wo es recht haudraufmäßig zuging, verlief ein

Holmgang um einiges geregelter. Die Kämpfer traten gegeneinander auf einer Fläche an, die durch einen am Boden ausgelegten Kampfteppich gekennzeichnet war. Es war ihnen nicht gestattet, diesen markierten Bereich zu verlassen. Jeder war mit einem Schwert bewaffnet, das möglicherweise speziell als Duellwaffe gestaltet war. Den Kämpfern war zudem ein zweites Schwert erlaubt, das um die Hüften gegürtet wurde. Dazu hatten sie einen eher schwachen Schild. Neben dem Kampfplatz standen Schildträger mit zwei Ersatzschilden, die sie dem Kämpfenden reichten, wenn sein Schild zerbrochen war.

Die Kontrahenten hieben abwechselnd aufeinander ein, wobei dem Herausgeforderten der erste Schlag zustand. Das Duell verlief nun so, dass die beiden Kämpfer so lange aufeinander einschlugen, bis der letzte Schild zersplittert war. Dann verteidigten sie sich mit dem Schwert und hatten hoffentlich im eigenen Interesse daran gedacht, eine zweite Waffe mitzubringen, die sich nun als höchst nützlich erwies. Der Holmgang war – zumindest theoretisch – so gedacht, dass er für die Kontrahenten nicht tödlich verlief, und wurde abgebrochen, sobald Blut auf den Kampfteppich tropfte. Verloren hatte, wer schlimmer zugerichtet war.

Holmgänge fanden an festen Orten statt, und manche Gemeinden hatten regelrechte Duellplätze. Wurde die Aufforderung zu einem Holmgang angenommen, so galt damit als ausgemacht, dass der Verlierer dem Sieger eine Zahlung zu leisten hatte, mit der die Angelegenheit dann erledigt wäre. Starb ein Mann allerdings bei einem solchen Zweikampf, so

UNTEN: Im Vergleich zum Einvigi war der Holmgang die ausgewogenere Form des Zweikampfs, da die Kontrahenten sich über Waffen und Ausrüstung einigen mussten, ehe sie aufeinander losgingen. Die Chancen, lebend aus einem Zweikampf hervorzugehen, standen beim Holmgang besser als beim Einvigi, doch auch hier konnte ein geübter Kämpfer einen tödlichen Schlag anbringen, ehe der Kampf abgebrochen wurde.

ging sein ganzer Besitz an den Gewinner. Da aber der Kampf abgebrochen wurde, sobald einer der Kontrahenten ernsthaft verletzt war, kam es selten so weit. Dazu hätte ein Kämpfer seinen Gegner mit einem einzigen Hieb, den dieser ja vorhersehen konnte, töten bzw. ihm eine tödliche Wunde beibringen müssen. Aber um einen solchen Streich führen zu können, wäre beträchtliches Geschick im Umgang mit der Waffe – oder einfach Glück – nötig gewesen.

Varianten des Zweikampfs

Der Holmgang erfolgte nicht immer wie eben beschrieben. Die Sagas erzählen auch von Zweikämpfen, bei denen die Kontrahenten statt Schwertern Lanzen und Streitäxte verwenden. Diese Schilderungen müssen aber nicht unbedingt den Tatsachen entsprechen. Spätere Chronisten verwechselten manchmal Holmgang und Einvigi, sodass es sich möglicherweise nicht um einen ordentlichen Holmgang handelt, wenn von Zweikämpfen mit Lanzen oder Äxten die Rede ist. Und selbst wenn mit Schwert und Schild gekämpft wurde, wie es sich für einen Holmgang gehörte, so muss es deswegen noch lange nicht immer fair zugegangen sein. Schildträger durften zwar nicht angreifen, doch konnten sie ihren Kämpfer verteidigen. Steckte das Schwert nach einem Hieb im Schild fest, so konnte man es dem Angreifer mit einer Drehung des Schildes abnehmen und ihn so in nicht geringe Verlegenheit bringen. Um dem vorzubeugen, trachteten erfahrene Zweikämpfer danach, zumindest zwei der drei Schilde des

Kontrahenten so schnell wie möglich zu zerschlagen. So war der Gegner nicht nur seiner besten Verteidigungswaffe beraubt, sondern auch der Dienste des Schildträgers. Die ersten Hiebe bei einem Zweikampf zielten also weniger darauf, den Gegner zu verletzen, sondern seine Schilde unbrauchbar zu machen. Umgekehrt reagierte vielleicht ein Verteidiger, der seinen Schild schützen wollte, nicht schnell genug, um eine frühe Verwundung zu vermeiden.

Fand ein Kämpfer bei einem Holmgang den Tod, so hatte seine Familie im Gegensatz zum Einvigi nicht das Recht, ihn zu rächen, und auch keinen Anspruch auf eine Sühnezahlung, weil der Holmgang als fairer Kampf galt. Die wenigsten Holmgänge endeten tödlich, ermöglichten es den Kontrahenten aber, ihren

OBEN: Dieser Runenstein zeigt zwei Krieger beim Zweikampf, vermutlich einem Einvigi. Was der Anlass war, ist jedoch nicht vermerkt, und ob das am Fuß dargestellte Langschiff dabei eine Rolle spielte, bleibt ebenfalls offen.

RECHTS: Re-enactment-Veranstaltungen ermöglichen faszinierende Einblicke in das Alltagsleben der Wikinger. Heutige Beobachter sind oft erstaunt, wie hoch entwickelt die Gesellschaft der Wikinger war und welche fortschrittlichen Techniken sie benutzten, um ihre Kleidung auszubessern, Essen zuzubereiten und andere häusliche Tätigkeiten zu verrichten.

Streit auf verbindliche Weise beizulegen und dabei auch noch Mut und Ehre zu beweisen.

Es war den Zweikämpfern nicht gestattet, vor einem Schlag zurückzuweichen oder sich wegzuducken. Stattdessen hatten sie ihn mannhaft mit Schild oder Schwert zu parieren. Setzte ein Kämpfer einen Fuß außerhalb des Kampfteppichs, so wurde gerufen: „Er weicht!" oder „Er gibt Fersengeld!", womit man sagen wollte, dass er sich wie ein Feigling verhielt und sich etwas mehr ins Zeug legen musste, wollte er sich nicht lächerlich machen. Befand er sich mit beiden Füßen außerhalb des Kampfteppichs, dann hatte er mit Hohn und Spott zu rechnen, denn dies war gleichbedeutend damit, in einer Schlacht vom Schlachtfeld zu fliehen. Besser also einen Schlag einstecken statt als Feigling dastehen. Umgekehrt wurde gelobt und konnte sein Ansehen mehren,

wer energisch angriff und wacker vorwärtsdrängte. Verwundet zu werden und dem Sieger eine Prämie zahlen zu müssen, galt gewöhnlich als geringer Preis verglichen mit der „Wortberühmtheit", die in einem solchen Zweikampf errungen werden konnte.

Das Reglement des Holmgangs war gesetzlich verankert und bekam im Laufe der Zeit auch eine religiöse Dimension. Solche Duellplätze lagen oft in heiligen Hainen oder anderen sakralen Orten. Die Zweikämpfe waren von Opferriten und Ritualen begleitet, um die überweltlichen Kräfte zu bannen, die den Kampf etwa einseitig beeinflussen konnten. Die Berserker zum Beispiel waren dafür bekannt, dass sie mit einem Fluch das Schwert ihres Gegners stumpf machen konnten. Um gegen solcherlei Betrug zu schützen, wurden Zweikämpfe in religiöse Riten eingebettet, die sowohl eine soziale wie auch eine spirituelle Funktion erfüllten.

Die Grenzen des Gesetzes

Wie so viele andere Bestimmungen des Wikingerrechts diente auch die Regulierung von Duellen dem Zweck, die Gesellschaft vor Gesetzlosigkeit und blinder Gewalt zu schützen. Zwar galten Fehden, Überfälle usw. als akzeptables Tun, doch ohne jegliche gesetzliche Einschränkung hätten sie den Bestand der Gesellschaft gefährdet. In einer Gesellschaft, die vorzugsweise durch Blutrache Vergeltung übte, diente das Gesetz weniger der Abschreckung denn als Richtschnur, was tolerierbar war und was nicht.

Diebstahl zum Beispiel wurde als schweres Verbrechen und als zutiefst ehrlos angesehen, sodass ein Gericht einen Dieb durchaus dazu verurteilen konnte, dem Bestohlenen künftig als Sklave zu dienen. Andererseits war es in Ordnung, das Haus eines Mannes zu überfallen, ihn zu töten und sich seinen Besitz anzueignen, wenn dieser Angriff als „normaler" Überfall erfolgte. Das hatte seine Gründe zum Teil darin, dass ein Überfall als Herausforderung zu einem Kampf betrachtet wurde, bei dem dem Sieger die Beute zufiel. Die Zielscheibe des Angriffes hatte ja die faire Chance, sich und sein Eigentum zu verteidigen, und wenn er dafür zu schwach war, so war das sein Fehler und nicht des Angreifers.

Die Egils-Saga erzählt von einer Räuberbande, die gefangen genommen wird, aber mit ihrer Beute entfliehen kann. Auf dem Rückweg zu ihren Schiffen aber überkommen sie plötzlich Gewissensbisse, weil sie ihre Beute wie ehrlose Diebe gestohlen und nicht im Kampf gewonnen haben. Also macht man kehrt, überfällt die Opfer noch einmal und brennt ihr Haus nieder, nachdem man sie getötet hat. Nun ist der Ehre Genüge getan, und was man eingesteckt hat, darf als ehrliche Beute betrachtet werden.

Uns mag es heute seltsam anmuten, dass aus Sicht dieser Räuber eine Plünderung in Ordnung geht, wenn man nur vorher die Eigentümer umbringt, aber sozial ächtenswert ist, wenn man diese nur ausraubt und am Leben lässt. Doch die Kultur der Wikinger unterschied streng zwischen „stehlen" und „etwas nehmen, weil man der Stärkere war". Dazu passt, dass die meisten Götter der Wikinger ehrbare Krieger sind, während der größte Schuft im Universum ein Lügner und Dieb ist.

Auch Frauen zu verletzen war sowohl vor dem Gesetz wie auch in den Augen der Gesellschaft inakzeptabel. In einer Saga befiehlt ein Anführer seinen Männern, eine Frau zu töten, doch diese weigern sich, weil eine solche Tat sie entehren würde. Ehre und Ansehen sind zentrale Werte der Wikingergesellschaft, so überrascht es nicht, dass sie ihren Niederschlag in deren Rechtsordnung gefunden haben. Wer nicht rechtschaffen genug war, um bestimmte Dinge zu unterlassen, dessen Haupt beugte das Gesetz unter diese Werte.

WENN JEMAND VON SCHLIMMEN DINGEN SPRICHT, SIND DIESE SELTEN WEIT ENTFERNT.

Frauen waren durch Brauch und Gesetz geschützt, mussten aber auch gewisse Vorschriften befolgen. So durften sie keine Männerkleidung tragen, keine Waffen besitzen und durften sich das Haar nicht kurz schneiden. Das Gesetz statuierte klar, dass Frauen Nichtkombattantinnen und damit zu verschonen waren. Dafür durften sie an keinem Kampf teilnehmen oder sich an Orten aufhalten, wo man sie in der Hitze des Gefechts für Männer hätte halten können.

Zwar wurden Frauen bei einem Überfall durchaus vergewaltigt, getötet oder als Sklavinnen verschleppt, doch innerhalb der Wikingergesellschaft standen Frauen ausnahmslos unter dem Schutz des Gesetzes. Wer außerhalb stand, war auf sein Glück angewiesen. Anders ausgedrückt, war es erlaubt, Frauen zu vergewaltigen und zu töten, wenn sie zu Völkern „jenseits des Meeres" gehörten. Doch wurde bei einer lokalen Fehde eine Wikingersiedlung überfallen, so ließ man die Frauen und Kinder unangetastet.

4

DIE WIKINGERGESELLSCHAFT

Der soziale Aufstieg war für die Wikinger leichter zu erreichen, als dies in anderen Kulturen der Fall war. Die Wikingergesellschaft war im Grunde eine Dreiklassengesellschaft, in der die größte Gruppe die sogenannten *Karlar* waren, d. h. Freie, die Land und/oder nützliche Fertigkeiten besaßen.

Die Karlar konnten Bauern und Landbesitzer, Händler oder Handwerker wie Schmied und Schiffszimmermann sein. Wer zu den Karlar gehörte, konnte den Aufstieg in die herrschende Klasse der *Jarlar* schaffen, wenn er genug Besitz und Einfluss ansammelte.

Die Karlar selbst wiederum gliederten sich lose in mehrere Schichten. Am höchsten im Ansehen rangierten die Landbesitzer und reichen Händler. Danach kamen die Pachtbauern und Handwerker. Den geringsten Status hatten Fischer, Knechte und andere, die sich verdingen mussten. Nichtsdestotrotz standen sie über den freigelassenen Leibeigenen und Nichtsesshaften oder Vaganten.

Vaganten waren zwar freie Männer, genossen aber im Gegensatz zum Rest der Karlar nicht den vollen Schutz des Gesetzes. So war es zum Beispiel in Island vollkommen legal, einen Vaganten zu berauben oder sogar zu kastrieren. Das lag zum Teil daran, dass in der isländischen Wikingergemeinschaft großer Wert darauf gelegt wurde, dass ein Mann zur Rechenschaft gezogen werden konnte. Damit er also ein vollwertiges Mitglied der Gesellschaft sein konnte, musste er verfügbar sein, d. h., er musste einen festen Wohnsitz haben, wohin ihm zum Beispiel die Ladung vor das Thing zugestellt werden konnte. Nur so war es möglich, dass er vor dem Gesetz zur Verantwortung gezogen werden konnte. Damit hatte ein Nichtsesshafter zwangsläufig einen dubiosen Status. Noch weniger gesetzlichen Schutz als ein Vagant hatte nur, wer für vogelfrei erklärt worden war.

GEGENÜBER: Die Heimkehr der Schiffe von einer Plünder- oder Handelsfahrt wurde mit Bangen erwartet. Die Männer kehrten vielleicht nicht lebend zurück oder kamen mit leeren Händen. Eine einträgliche Exkursion war ein guter Grund zu feiern, da sie den Wohlstand einer Gemeinschaft oft beträchtlich steigern konnte.

Doch Geld und Grundbesitz waren nicht die einzigen Bedingungen, die erfüllt sein mussten, um Jarl werden zu können. Auch entsprechendes Ansehen war nötig, und das war durch Reichtum allein noch nicht garantiert. Ein Jarl konnte zwar auf Respekt und Loyalität seines Gefolges zählen, doch im Gegenzug hatte er ihnen gegenüber auch gewisse Verpflichtungen. Es wurde von ihm erwartet, dass er die Interessen seiner Leute schützte, sie gegebenenfalls in der Schlacht anführte und dafür sorgte, dass ihre Ehre gewahrt blieb. Ein Jarl, der sich als gerecht und großzügig erwies und die Belange seiner Leute vertrat, war und blieb bei allen beliebt und gewann vielleicht sogar noch an Einfluss dazu. Sah er hingegen nur aufs eigene Wohlergehen, riskierte er, dass seine Männer ihre Loyalität auf einen anderen übertrugen.

VERTRAUE KEINEM MANN SO SEHR, DASS DU IHM MEHR VERTRAUST ALS DIR SELBST. NUR WENIGE TAUGEN, DASS MAN IHNEN TRAUT.

Könige, Dichter und Sklaven

Die mächtigsten Mitglieder der Adelsschicht waren die Könige, auch wenn diese zu Beginn der Wikingerzeit über ein meist eher kleines Gebiet herrschten. Größere Königreiche entstanden erst später. Zur Zeit der ersten Wikingerüberfälle in Europa bestanden noch viele kleine Königtümer, von denen keines sonderlich mächtig war. Die Wikinger kannten kein Königtum von Gottes Gnaden. Sie sahen in den Jarlen und Königen lediglich Männer, die sich durch Reichtum, Macht und Tapferkeit auszeichneten. Vielleicht war ja einer durch die Gunst der Götter zum König geworden, das aber machte ihn noch nicht zum Stellvertreter Gottes auf Erden. Er blieb vielmehr ein Mensch wie alle anderen.

In Island lagen die Verhältnisse ein wenig anders. Dort gab es keine Könige oder Jarle. Diese Funktion erfüllten die Goden, obwohl sie den Karlar angehörten. Die isländischen Wikinger hatten selbst keine Könige, hatten aber offensichtlich mit der Institution des Königtums als solcher keine Probleme, da zum Gefolge skandinavischer Könige auch isländische Krieger gehörten. Das Ansehen, das sie in dieser Position erwarben, und die Abenteuer, die sie erlebten, verschafften ihnen einen höheren Status, wenn sie wieder in ihre Heimat zurückkehrten, doch nur, weil sie sich als Mann bewährt, und nicht, weil sie einem König gedient hatten.

Obwohl sie nicht im selben Maße über Macht oder Reichtum verfügten, gehörten auch die Dichter zu den Jarlen. Sie waren die Bewahrer der Überlieferung in Zeiten, in denen nur wenig schriftlich aufgezeichnet wurde, und besaßen die Fähigkeit, die Adligen zu beraten und die einfachen Menschen zu begeistern. Dichter standen ob ihres Wissens und Könnens in hohem Ansehen. Ein guter Dichter vermochte sein Publikum mit seinen Geschichten zu fesseln, die Menschen an rätselhafte Dinge und Ereignisse zu erinnern und in ihnen den Stolz auf ihr Volk und seine Helden, Götter und Ahnen zu wecken.

Ob nun Freie oder Jarle – jeder konnte sozial absteigen, wenn das Geschick ihm übel mitspielte. Die unterste Klasse der Gesellschaft waren die *Thrall*, die Sklaven und Leibeigenen. Sklaven erwarb man entweder bei Raubzügen oder durch Kauf, während es sich bei den Leibeigenen um Personen handelte, die ihre Schulden abarbeiteten, weil sie sie nicht bezahlen konnten.

In gewisser Weise genossen Unfreie mehr rechtlichen Schutz als Vaganten. Darin spiegelt sich möglicherweise ihre größere wirtschaftliche Bedeutung für ihren Besitzer wider, der für deren Tun und Treiben persönlich die Verantwortung trug. Ein Sklave konnte also leichter vor Gericht gebracht werden als ein Vagant, der sich notfalls einfach aus dem Staub machte.

Sklaven durften heiraten, ihre Familie schützen und Rache an denen nehmen, die ihre Frauen oder Töchter missbrauchten, und sie durften auch eigenen Besitz haben. Gelang es einem Sklaven, genug Geld auf die Seite zu legen, so konnte er sich auch freikaufen und gehörte fortan wieder zu den Karlar, wenn auch zur untersten Schicht. Wenn er starb, ohne einen Erben zu hinterlassen, fiel sein Hab und Gut seinem früheren Besitzer zu.

Sklaven hatten schwere körperliche Arbeit zu verrichten, vor allem auf den Höfen. Für das Wirtschaftsleben waren sie natürlich Gold wert, da sie Schwerstarbeit für den Eigentümer erledigen mussten und kaum Kosten verursachten. In vielen Gegenden verrichteten sie dieselbe Arbeit wie die Leibeigenen, nur waren ihre Arbeitsbedingungen schlechter. Wurde die Behandlung vollends unerträglich, kam es auch zu Aufständen. Um dies zu verhindern, hielt man es für geraten, sich nicht zu viele Sklaven zu halten, obwohl sie als billige Arbeitskräfte wirtschaftlich natürlich etwas einbrachten.

Großfamilien

Im Wikingerzeitalter waren große Siedlungen die Ausnahme, meist handelte es sich hier um Handelsstädte. Auch Dörfer gab es nur wenige. Die Wikinger lebten meist als Großfamilie auf einem Gehöft zusammen. Den Kern einer solchen Großfamilie bildeten mehrere verheiratete Paare und deren Kinder. Bei den meisten, wenn nicht bei allen dieser Paare war ein Partner mit einem oder auch mehreren Mitgliedern der Gemeinschaft verwandt. Neben diesen Paaren

UNTEN: Romantisierende Darstellung Rörik von Dorestads, der sich in Friesland sein eigenes Königreich absteckte. Vielleicht war seine bevorzugte Zweikampfwaffe die hier abgebildete Dornenkeule, wahrscheinlicher ist aber, dass dieses Requisit nur gewählt wurde, um ihn als „edlen Wilden" zu charakterisieren.

lebten auch noch Sklaven oder Leibeigene, die ebenfalls Familie haben konnten, auf dem Hof.

Die Älteren vermittelten den Kindern eines Gehöfts alle Fähigkeiten, die sie später als Erwachsene einmal brauchen würden. Die Jungen wurden manchmal zu jemandem in die Lehre gegeben, der ein Meister seines Faches war, damit sie darin besonders geschickt würden. Bisweilen kamen Kinder auch zu Pflegeeltern. Der Grund konnte der Tod eines oder auch beider Elternteile sein, umgekehrt kamen manchmal auch Kinder aus einer kinderreichen Familie zu einem Paar, dessen eigene Kinder gestorben waren. Dies war nicht ungewöhnlich – man schätzt die damalige Kindersterblichkeit auf etwa 50 Prozent.

Vereinzelt nahmen auch sozial schwächere Familien „überzählige" Kinder aus höhergestellten Familien auf, um das Familieneinkommen aufzubessern. Solche Arrangements trugen zur Bildung einer Art von Verwandtschaftsbeziehung zwischen nicht blutsverwandten Familien bei und bedeuteten für die niedriggestellte Familie eine Unterstützung.

Pflegekindschaft war oft die letzte Rettung für Kinder, die von ihren Eltern nicht unterstützt werden konnten. Manche Kinder wurden auch schlicht verstoßen, meist, weil sie missgebildet oder nicht kräftig genug waren. Hin und wieder haben Eltern ein Kind auch nur deshalb nicht behalten, weil sie keine Möglichkeit sahen, es zu versorgen. Dann wurde es ausgesetzt und seinem Schicksal überlassen.

Ein Neugeborenes galt dann als von den Eltern angenommen, wenn der Vater ihm einen Namen gab, es mit Wasser besprengte und die Mutter es stillte. Dadurch wurde das Neugeborene Teil der Gemeinschaft und stand unter dem Schutz des Gesetzes. Hatten die Eltern das Kind angenommen, so galt es der Gemeinschaft als Kind dieses Paares und war erbberechtigt.

Von Kindern wurde erwartet, dass sie auf dem Hof mitarbeiteten. Gewaltanwendung bei Kindern aber war im Allgemeinen tabu. So ließ man sie bei einem Kampf oder einem Raubüberfall weglaufen, ohne ihnen etwas anzutun. Die Vorstellungen, wer noch als Kind galt, gingen dennoch auseinander. Auf Island galt ein Junge mit zwölf schon als Mann und musste nötigenfalls als Geschworener zu Gericht sitzen. Viele Mädchen wurden in diesem Alter bereits verheiratet.

Heirat und Scheidung

Ehe und Familie waren in der Wikingergesellschaft wichtige Institutionen. Es gab scharf getrennte Geschlechterrollen für Mann und Frau. Für einen Alleinstehenden wären die Anforderungen des

Alltagslebens nur schwer zu bewältigen gewesen. Starb also einer der Ehepartner, so war es üblich, dass der andere sich schnell wieder verheiratete. Eine Heirat wurde als eine Art geschäftlicher Vereinbarung betrachtet und üblicherweise von den Familien arrangiert. Es war einem Mann sogar per Gesetz verboten, auf eine Frau Preisgedichte zu verfassen, und es wurde auch nicht gern gesehen, wenn einer Frau der Hof gemacht wurde.

Eine gute Ehe zu arrangieren war eine schwierige Angelegenheit. Packte man die Sache verkehrt an, wurde dies von der Familie der künftigen Braut möglicherweise als Beleidigung empfunden und schon kam es zur Blutfehde. Eine Werbung abzuweisen konnte wiederum als schlimme Kränkung für den potenziellen Bräutigam gedeutet werden. Mitunter ging die Eheanbahnung auch aus anderen Gründen schief: Eine isländische Sage berichtet, wie ein Vater herausfindet, dass seine Tochter von einem Verehrer Preisgedichte erhält. Seine Reaktion: Er schickt ein paar Knechte

RECHTS: Dieser Urnendeckel zeigt die Heirat zweier Fruchtbarkeitsgottheiten, was den Schluss nahelegt, dass die Wikinger Leben und Tod als Teil ein und desselben Zyklus betrachten. Die Vorstellung, dass nach der Ragnarök eine neue Welt entsteht, ist ein weiteres Beispiel für diesen Glauben.

los, um den Verfasser zu ermorden. Vorausgesetzt, die Brautwerbung endete nicht in einer Fehde bzw. mit Mord und Totschlag, wurden Braut und Bräutigam verlobt. Eine Verlobung war im Wesentlichen ein bindendes Eheversprechen, das im Normalfall die Väter des künftigen Paares abgaben. War einer der Väter (oder beide) tot, so übernahm diese Aufgabe ein Stellvertreter. Die Verlobung erfolgte in Form eines geschäftlichen Vertrages: Der Vater des Bräutigams entrichtete den Brautpreis, die Zahlung der Mitgift durch den Vater der Braut hatte bei Eheschließung zu erfolgen.

LINKS: Die Wikingersiedlung Jarlshof auf den Shetland-Inseln wurde über älteren Ansiedlungen errichtet, die bis in die Steinzeit zurückgehen. Die dort gemachten Funde machen Jarlshof zu einer der bedeutendsten nordischen Ausgrabungsstätten auf den Britischen Inseln.

Ehen wurden durchaus über die Köpfe von Braut und Bräutigam hinweg arrangiert, auch wenn dies im Einzelfall Ärger bedeuten konnte. Isländische Sagas sind reich an Geschichten von Bräuten, die unglücklich sind über die Wahl der Eltern und sich weigern, den ausgesuchten Bräutigam zu heiraten, wobei das nicht heißen muss, dass so etwas auch in Wirklichkeit häufig vorkam. Wahrscheinlich haben die meisten künftigen Paare diese Arrangements schlicht akzeptiert und versucht, das Beste aus der Situation zu machen – oder sich gegenseitig das Leben zur Hölle gemacht. Es lag aber im Interesse aller, akzeptable Ehen zu arrangieren, deswegen dürfte meist auch ordentlich gefeilscht worden sein.

Die Hochzeit selbst wurde mit einigem Aufwand begangen und die Feiern konnten sich über mehrere Tage hinziehen,

JE LÄNGER DIE RACHE HINAUSGEZÖGERT WIRD, DESTO BEFRIEDIGENDER IST SIE.

RECHTS: In der Wikingergesellschaft waren die Geschlechterrollen streng getrennt. Männer waren die „Macher", Frauen die „Unterstützerinnen", die die Familie fütterten und kleideten und den Haushalt führten. Durch derartige Partnerschaften bildeten sich spezifische Stärken heraus, die einander ergänzten, ganz wie es zwei Gruppen von Göttern gab, von denen eine für Fruchtbarkeit und die andere für den Krieg zuständig war.

während Scheidungen recht schnell und einfach über die Bühne gingen, da jeder Ehepartner nur vor Zeugen die Auflösung der Ehe erklären musste. Komplizierter wurde es, sobald es ums gemeinsame Vermögen ging. Die wikingischen „Rosenkriege" um die Aufteilung der Güter standen den heutigen in nichts nach – wobei man bei den Wikingern noch die aufgebrachte Verwandtschaft miteinrechnen muss, die nicht selten mit Blutrache drohte.

Bis zu ihrer Verheiratung stand eine Frau unter der Obhut ihres Vaters, dessen Rolle nach der Heirat der Ehemann übernahm. Frauen waren sowohl als Zeugin wie als Richterin von Gerichtsverhandlungen ausgeschlossen und hatten auch nicht das Recht, auf einem Thing zu sprechen. Sie konnten natürlich versuchen, auf subtile Weise über die männlichen Mitglieder ihrer Familie Einfluss zu nehmen, sodass diese ihren Einfluss im weiblichen Sinne geltend machten.

Die Zuständigkeiten waren so verteilt, dass die Frau für alles verantwortlich war, was innerhalb des Hauses passierte, und der Mann für das, was sich außerhalb abspielte. Doch da der Mann sich ab und an auch zu Hause aufhielt, war er in dieser Zeit dem Regiment der Frau unterworfen.

Lag die Schuld für eine Scheidung anerkanntermaßen beim Mann, so fielen Brautgeld und Mitgift zurück an die Familie der Frau, und sie bekam obendrein die Hälfte des gemeinsamen Besitzes. Mit Scheidung zu drohen war also durchaus ein probates Mittel der Durchsetzung. Doch führte im Allgemeinen ohnehin die Frau das Regiment in den häuslichen vier Wänden. Frauen durften nicht an Plünder- oder Handelsfahrten teilnehmen, führten aber die Familienfinanzen und

waren so ihren Männern häufig unentbehrlich. Witwen erbten den Besitz ihres Mannes und konnten, wenn sie nicht wieder heirateten, selbst zu großen selbstständigen Landeignerinnen werden.

Was den sonstigen Umgang von Freien miteinander anging, so wurde von einem Wikinger erwartet, dass er redlich, aufrichtig und großzügig war – Letzteres allerdings nur in Maßen. So heißt es in einem der Odin zugeschriebenen Sprüche:

Mache nicht zu groß die Gabe,
Kleine Gabe erwirbt schon großen Dank.
Ein halbes Brot und die Neige vom Trank
Gewann mir so manchen Freund.
Dem Freund sei Freund,
Vergelte Gabe mit gerechter Gabe,
Lächeln belohne mit Lächeln
Und Lügen mit Verstellung.

Jarle und Könige machten ihrem Gefolge oft Geschenke, die Be- und Entlohnung zugleich waren. Ein Mann, der wacker gekämpft oder sich seinem Herrn gegenüber loyal gezeigt hatte, durfte im Gegenzug mit einem Geschenk rechnen. Die Sagas berichten an so mancher Stelle, wie Anführer ihre Männer als Anerkennung für ihre guten Dienste beschenken bzw. demjenigen eine Belohnung versprechen, der eine schwere Aufgabe erfüllt.

Bei solchen Gelegenheiten wurde aber nicht über die Höhe der Entlohnung verhandelt. Der Anführer versprach, den zu belohnen, der die Aufgabe meisterte, und seine Männer vertrauten darauf, dass er Wort hielt. Ein Jarl oder König, der sich hier als zu knickerig erwies, riskierte nicht nur, die Loyalität seines Gefolges zu verlieren, sondern auch seine Ehre.

Dies ist im Grunde nur die logische Konsequenz der Vorstellung, dass ein Mann im Umgang mit anderen redlich und aufrichtig sein soll. Das Gebot der Loyalität galt in der Wikingerzeit für beide Seiten – ein Freier, der seinem Jarl treu ergeben war, durfte dafür eine Gegenleistung erwarten, und diese

UNTEN: Wikingerkleidung war einfach, wurde aber so gefertigt, dass so wenig Material wie möglich verbraucht wurde. Verschlüsse gab es nur wenige: ein Knopf, da oder dort eine Nadel, dazu ein Gürtel.

stillschweigende, aber sehr konkrete Vereinbarung zu brechen, konnte schwerwiegende Folgen haben. Wir befinden uns hier immerhin in einer Zeit, in der Blutrache die bevorzugte Form der Vergeltung war und aus kleinen Kränkungen große Fehden werden konnten.

Kleidung

Selbst die Krieger, die auf Plünderfahrt gingen, waren keine Berufssoldaten. Die meisten waren Bauern oder Handwerker. Hatte ein Wikinger trotz hoher Kindersterblichkeit überlebt, wurde er im Durchschnitt etwa 40 Jahre alt. Nur wenige erreichten damals das 60. Lebensjahr, aber wenn, wurden sie meist recht alt. Es gibt Aufzeichnungen über Menschen, die 80 und mehr Jahre zählten.

In dem kalten Wetter war die Kleidung ein wichtiger Faktor. Diese variierte bei den Wikingern je nach Zeit und Ort nur wenig. Sie ähnelte der ihrer „barbarischen" Verwandten, den Germanenstämmen in Nordeuropa – was nicht erstaunen kann, standen diesen Völkern doch mehr oder weniger dieselben Rohmaterialien zur Verfügung. Außerdem hatten sie wohl dieselben Bedürfnisse.

Die Wikinger stellten ihre Stoffe auf dem Webrahmen her und schnitten sie dann zu, um Kleidung zu fertigen. Wo nötig, trug man auch Pelze oder Häute. Die Kleidung bestand immer aus mehreren Teilen, die kunstvoll zusammengenäht wurden. So entstand wenig Verschnitt. Das fertige Produkt kennen wir aus Filmen, und es ist erstaunlich akkurat: Männer trugen lange Hosen und Tuniken, einen wollenen Umhang, möglicherweise eine Kopfbedeckung und Lederschuhe. Das gilt für alle „Barbarenvölker" im nördlichen Europa und westlichen Asien. Die Kleidung der Wikinger weist nur wenige Taschen oder Verschlüsse auf und wurde mit Bändern, Fibeln und hin und wieder Knöpfen zusammengehalten. So waren die Stücke leichter herzustellen und länger haltbar. Die Kleidung musste einigermaßen sitzen und genug Bewegungsspielraum lassen. Enge Sachen galten als „Spinnerei" von Dandys. Eine andere Spinnerei war der Verbrauch von allzu viel Stoff, wobei dies auch eine Frage des Standes war. Die Tunika eines reichen Mannes war vermutlich länger als üblich und reichte bis zu seinen Knien. Der arme Nachbar trug sie nur bis zur Hälfte des Oberschenkels.

Den Sagas können wir entnehmen, dass männliche Wikinger zumindest anfangs keine Unterwäsche trugen. Später finden sich dann immer wieder Erzählungen von Kriegern, die – aus welchen Gründen auch immer – plötzlich in der Unterwäsche dastanden. In manchen Geschichten trägt man Schlafgewand, in anderen wieder nicht. Das mag eine Sache der persönlichen Vorliebe gewesen sein, möglicherweise aber hat sich diese Gewohnheit auch erst mit der Zeit eingestellt.

Wo Unterhosen getragen wurden, dürfen wir annehmen, dass sie etwa bis zum Knie reichten und mit einem Band gehalten wurden. Gewöhnlich bestanden sie aus Wolle, reiche Wikinger aber trugen das bequemere Leinen. Unterhemden gab es auch, möglichst aus Leinen. Viele Wikinger, deren Hosen nicht bis zu den Füßen reichten, trugen Socken.

Denn die Hose war das Kleidungsstück, das bei den Wikingern regional die meisten Unterschiede zeigt. Manche hatten angenähte Füße, andere nicht. Manche wurden mit Bändern gehalten, andere hatten Gürtelschlaufen, manche sogar beides. Bei anderen Hosen finden sich Stege, die die Hose am Fuß halten sollen, ähnlich wie unsere Keilhosen. Wenn es doch zu kalt war, wand man Stoffstreifen um die Wade, die bis zum Fuß hinunterreichten. In Island und den westlichen Wikingerkolonien allerdings war dies unüblich, in den östlichen Kolonien hingegen eher häufig.

Wikingergürtel waren schmal und hielten nicht nur die Hose, sondern auch den einen oder anderen Beutel, ja sogar kleinere Messer. Da die Wikinger keine Kleidertaschen kannten, war der Beutel am Gürtel die einzige Möglichkeit, kleinere Objekte mit sich zu tragen, ohne die Hand zu beschweren.

Die langärmlige Tunika wurde über den Kopf gezogen und am Hals meist mit einem Knopf verschlossen. Sie bestand aus Wolle und ihr Dekor verriet meist, wie wohlhabend der Besitzer war. Dazu trug der Wikinger einen Umhang, den er mit einer Fibel zusammenhielt.

Die Kopfbedeckung bestand gewöhnlich aus einer Mütze, die aus einem dreieckigen Stoffstück gefertigt wurde. Es gab auch Pelzhauben mit oder ohne Ohrenklappen und eine *hottr* genannte Kapuze, die so geschnitten war, dass sie auch die Schultern schützte.

Schuhe waren normalerweise hoch. Sie reichten über den Knöchel, doch es handelte sich nicht um Stiefel. Man hielt sie mit Bändern oder Knebelknöpfen, was nicht immer klappte. Jedenfalls verlieren die Helden der Wikinger in den Sagas immer wieder während der Schlacht ihr Schuhwerk – Ogmunds Schuhe beispielsweise bleiben im Schnee stecken, doch sein Freund befreit ihn aus seiner misslichen Lage.

Frauen trugen ein Unterkleid, das bis zum Boden reichte und am Hals von einer Brosche gehalten wurde. Darüber wurde ein Oberkleid oder eine Rockschürze getragen, die an den Schultern mit Bändern befestigt war. Auch sie verwendeten Umhänge, wenn sie es wärmer haben wollten, und trugen Kopfbedeckungen. Das konnte ein einfaches Tuch sein, aber auch Hüte verschiedenster Machart. Die Schuhe waren denen der Männer gleich.

EIN MANN, DER GEWÖHNLICH NICHT TAPFER IST, LEGT HÄUFIG TAPFERKEIT AN DEN TAG, WENN NOT AM MANN IST.

Langhäuser

Natürlich brauchten die Wikinger in den nördlichen Breiten auch einen warmen, sicheren Platz zum Wohnen. Das typische Heim eines Wikingers war das Langhaus, in dem die Großfamilie wohnte. Zu einem Gehöft gehörten meist ein bis zwei Langhäuser. Zu Beginn der Wikingerzeit war das Langhaus das einzige Haus und diente als Wohnraum ebenso wie als Lager und Werkstatt. Später verlagerte man die Werkstätten und Lagerräume auf die Außengebäude.

Die Häuser wurden aus den verschiedensten Materialien errichtet: aus Stein, Holz, Torf, Flechtwerk, Putz. Gelegentlich wurden Holzwände mit Eisenleisten verstärkt. Bei manchen Häusern wölbte sich die Längsseite mittig nach außen, was innen mehr Raum schaffte. Man findet diese Eigentümlichkeit nicht bei großen Gebäuden, die ohnehin viel Platz boten, um die verschiedenen Lebensbereiche zu trennen. Die Dachbalken ruhten auf einer doppelten Reihe im Boden verankerter Pfosten in der Mitte des Raumes. So konnten die Wände vom Gewicht des Dachs nicht nach außen gedrückt werden. Das sicherte die Stabilität der Langhäuser.

Das Innere des Langhauses war in einzelne Räume unterteilt, wobei der mittige Raum zwischen den Dachbalkenstützen als Flur genutzt wurde. Dort legte man

auch die Feuerstelle an. Wo es keinen steinernen Herd gab, wurde das Feuer in einer Kuhle im Boden gemacht. Auf dem Herd wurde natürlich auch gekocht. Das Langhaus hatte gewöhnlich keine Fenster.

Damit sich der Rauch nicht im Haus sammelte, gab es Abzugslöcher im Dach, die auch ein bisschen Licht hereinließen. Andererseits kam dort auch die Kälte herein, man musste also gut abwägen, um genügend Löcher für die Lüftung zu lassen, andererseits nicht so viele, dass die Wärme abzog. Die Festlegung des Abzugsloches war eine wichtige Angelegenheit, da sie über den Komfort des Hauses wesentlich mitbestimmte.

In manchen Sagas gibt es Langhäuser, wo unter dem Dach noch ein Stockwerk eingezogen wurde. Dort zog man sich angeblich zum Schlafen zurück. Tatsächlich wurden einige solcher Langhäuser gefunden. Gemütlich kann es dort aber nicht gewesen sein, denn der Raum war vermutlich von Rauch erfüllt und vergleichsweise kalt.

UNTEN: Langhäuser wurden über einer hölzernen Balkenkonstruktion errichtet. Dazwischen zog man Wände aus Holz oder verputztem Flechtwerk hoch. Diese wurden gelegentlich mit Eisenleisten verstärkt. Das Gewicht des Daches ruhte auf einer doppelten Reihe von Pfosten im Innern des Hauses, also nicht auf den Wänden.

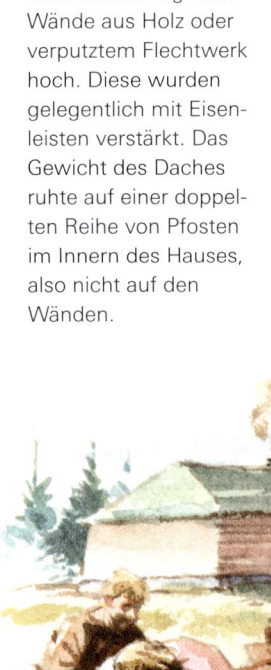

In der wärmeren Jahreszeit ließ man gerne die Tür offen, um mehr Licht zu haben. Die Türen bestanden aus Holz und hingen an Scharnieren aus Metall oder Holz. In manchen Langhäusern waren sie offensichtlich verschließbar, aber es ist kaum vorstellbar, dass dies oft geschah. Ein Langhaus war nie verlassen, wenn es nicht aufgegeben wurde. Die Menschen lebten und arbeiteten ja dort, und nachts schliefen sie darin. Und wer gewillt war, es mit einer Bande zorniger Wikinger aufzunehmen, ließ sich von einem Schloss vermutlich nicht aufhalten.

Möbel gab es nur wenige. Der Haushaltsvorstand besaß gewöhnlich ein Schrankbett und einen Hochsitz, der seinen Stand unterstrich. Alle anderen benutzten lange Bänke, die fest eingebaut waren. Diese zogen sich an den Längsseiten des Hauses entlang und bestanden aus Holz oder Erde in einem Holzgestell. Dorthin setzte man sich zum Arbeiten und zum Essen und legte sich nachts zum Schlafen darauf nieder.

Tische gab es nicht in jedem Haushalt, und wenn doch, dann bestanden sie aus einer Platte auf Böcken und konnten weggeräumt werden. Möglicherweise wurden sie an den Dachbalken aufgehängt, wenn man sie nicht brauchte. Meist gab es auch eine Truhe für Wertgegenstände, die gewöhnlich ein recht solides Stück war, das man mit Eisenbändern verstärkt hatte. Solche Truhen hatten natürlich ein massives Schloss. In anderen Truhen wurde Kleidung aufbewahrt. Diese konnten auch als Sitzplatz dienen. Wer es sich leisten konnte, besaß Hocker oder Stühle, meist aber finden sich nur Bänke in den Wikingerhäusern.

Die Außengebäude waren meist weniger massiv gebaut. Ihre Nutzfläche hatte man häufig unter Bodenniveau abgesenkt, was niedrigere Mauern erforderte. Solche Gebäude waren schnell zu errichten und dienten als Lagerräume oder Werkstätte. Möglicherweise lebten dort auch die Sklaven oder Leibeigenen, die keinen Zugang zum Langhaus hatten.

OBEN: Die meisten Langhäuser waren tagsüber einigermaßen hell, da Licht durch den Rauchabzug und die offene Tür einfiel. Abends erhellten das Feuer und ein paar Öllampen den Raum. Fenster gab es selten, obwohl sie uns in der Sagaliteratur gelegentlich begegnen.

Gehöfte

Das Leben war hart auf den Wikingerhöfen, aber vermutlich gesünder als in den Städten. Die Handelsstädte hatten gewöhnlich keinerlei Sanitäranlagen. Wenn dann viele Menschen an einem Ort zusammenkamen, wurde er schnell zum Krankheitsherd. Jedenfalls kam es in Städten häufiger zu Erkrankungen als auf dem Land, wo die Menschen in kaltem Klima draußen arbeiteten und meist genug zu essen hatten. Die typische Ernährung auf solchen Höfen unterschied sich natürlich von Region zu Region, doch bestand sie

meist aus Getreide, Gemüse, Milchprodukten und gelegentlich Fleisch und Fisch.

Als Vieh hielt man meist Kühe, deren Bedeutung man allein daraus ablesen kann, dass das Wort für Vieh und für Geld dasselbe war. Man maß den Reichtum damals am Viehbestand. Die Viehzucht lief im Grunde genauso wie heute: Stiere wurden geschlachtet (oder den Göttern geopfert). Für die Zucht wurden nur wenige ausgewählt.

Wenn Wohlstand herrschte, wurde viel Rindfleisch gegessen, aber ein harter Winter konnte einer Herde zusetzen. Gab es nicht genug Futter für alle Tiere, fütterte man zuerst die Milchkühe, die vermutlich im Winter im Stall lebten. Auch Schafe wurden häufig gehalten, da man sie für die Wolle brauchte. Sie durften draußen herumwandern und grasen. Am Winteranfang aber trieb man sie in ihren Pferch, wo es nur Unterstände gab. Ställe hatte man für Schafe nicht.

Auf vielen Gehöften wurden auch Ziegen und Schweine gehalten. Dass Letztere Probleme verursachten, sieht man daran, dass die Isländer versuchten, die Menge der herumwandernden Schweine per Gesetz zu begrenzen. Es wurde auch Pferdefleisch gegessen, zumindest bis zum Aufkommen des Christentums. Man verwendete Pferde aber auch als Zug- und Lasttiere neben Ochsen. Die Pferde der Schweden waren besonders gut. Dementsprechend gab es dort auch Krieger, die mit Pferd in die Schlacht ritten, obwohl die Wikinger eigentlich eher zu Fuß kämpften.

Jagd, Essen und Trinken

Das Fleisch kam meist von Nutztieren, doch gelegentlich gingen die Wikinger auch auf die Jagd. Der Fischfang mit Leinen und Netz war weit verbreitet. In manchen Gemeinden kam sogar Walfleisch auf den Tisch, obwohl dies meist eher dem Zufall geschuldet war. Man hat die These aufgestellt, dass die Wikinger versuchten, Wale mit Schiffen an Land zu treiben, aber vermutlich gab es nur dann Walfleisch, wenn eines der Tiere strandete.

Das am Spieß gebratene Fleisch kam vermutlich nur bei Festen auf den Tisch, und das auch vorzugsweise zu Winteranfang, wenn viele Tiere geschlachtet wurden, damit das Futter für die verbleibenden reichte. Meist kochten und schmorten die Wikinger in großen Kesseln. Eintöpfe ließen sich aus fast allem machen. So konnte man aufbrauchen, was man vorrätig hatte. Außerdem konnte eine Eintopfmahlzeit potenziell endlos „gestreckt" werden, wenn man Brot dazu reichte. Die Eintopfküche war für den Alltag jedenfalls ungeheuer praktisch.

Eine Schüssel Eintopf und ein Stück Brot waren wohl am ehesten das tägliche Mahl der Wikinger. Brot war ungesäuert und wurde wohl für jede Mahlzeit frisch gebacken. Man aß zweimal am Tag, dazu gab es noch Frühstück. Die Hauptmahlzeiten wurden am Vormittag und Abend serviert und vom ganzen Haushalt gemeinsam eingenommen.

Obwohl es sicher auch schlechte Zeiten gab, in denen der Wikinger-Haushalt sich mit dem begnügen musste, was das Gehöft abwarf, darf man doch davon ausgehen, dass die Küche der Wikinger anspruchsvoll war. Man nutzte allerhand Gewürze, auch wenn das einzig bekannte Süßmittel der Honig war. Eintöpfe wurden mit dem Löffel aus der Schüssel gegessen, feste Nahrung hingegen wurde auf Schneidbrettern aufgetragen. Jeder besaß ein Messer, da man dieses auch für alltägliche Verrichtungen brauchte.

LINKS: Die Wikinger pflegten eine abwechslungsreiche Ernährung mit Fleisch und Fisch, die in unterschiedlicher Form auf den Tisch kamen. Meist gab es Eintopf mit Brot, doch dieses Alltagsgericht wurde mit verschiedenen Gewürzen aufgepeppt.

Obwohl es immer heißt, die Wikinger hätten Met getrunken, war Bier doch das Hauptgetränk. Bier und Met wurden gebraut und dann aufbewahrt; für den Alltag braute man ein Leichtbier, das auch die Kinder bekamen. Man möchte nun meinen, die Wikinger seien ständig betrunken gewesen, doch der minimale Alkoholgehalt

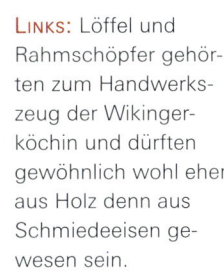

LINKS: Löffel und Rahmschöpfer gehörten zum Handwerkszeug der Wikingerköchin und dürften gewöhnlich wohl eher aus Holz denn aus Schmiedeeisen gewesen sein.

Jagd, Essen und Trinken

OBEN: Fisch machte man durch Trocknen haltbar, wobei man ihn meist nur im kalten Klima vor die Tür hängen musste. Doch die Wikinger verstanden sich auch auf das Räuchern von Fleisch oder Fisch. Beides wurde über der Feuerstelle in den Rauchabzug gehängt.

Anzeichen dafür, dass sie unterernährt waren oder etwa Nährstoffmängel aufwiesen. Daher muss die Versorgung mit Nahrungsmitteln das ganze Jahr über gut gewesen sein.

Krankheit, Hygiene und Haarpflege

Wenn ein Wikinger doch krank wurde, standen verschiedene Arzneimittel zur Verfügung, deren Wirkung durch Beschwörungen usw. noch gesteigert werden konnte. Man kannte die positiven Eigenschaften von Heilkräutern und verstand es, gebrochene Knochen einzurichten. Andere Verletzungen wurden mit Bandagen und Schienen behandelt. Man wusste auch, dass Wunden sauber zu halten waren. Starke Blutungen wurden durch Kauterisation gestillt, also durch Ausbrennen der Wunde. Anscheinend wurde, zumindest gelegentlich, auch mit Erfolg operiert.

Wer verwundet worden war, musste seinen Schmerz für sich behalten. Denn nur derjenige, der Schmerz stoisch ertrug, galt als besonders männlich. So berichtet eine Saga von einem am Fuß verletzten Krieger, der nicht humpelte, denn, wie er sagte: „Wer Beine gleicher Länge hat, muss nicht hinken."

Die Ausgrabungen zeigen uns, dass manche Krieger selbst schwere Verletzungen überlebten. Die Skelette zeigen dann alte, gut verheilte Wunden. Möglicherweise wussten auch die Krieger, wie solche Wunden zu versorgen waren, und halfen den Verwundeten auf dem Schlachtfeld. So gibt es Berichte von Heerführern, die einen Waffenstillstand

dieses Leichtbiers war aus gesundheitlichen Gründen wichtig. Man konnte damals nicht davon ausgehen, dass das Wasser immer sauber und gesund war. Jeder Brunnen, jeder Bach konnte mit Exkrementen oder Keimen belastet sein. Und wenn man das Wasser aufbewahrte, wurde es gelegentlich schlecht. Der Alkohol hingegen tötete Bakterien ab, und so war das Leichtbier meist sicherer als Wasser.

Nahrung machte man durch Räuchern haltbar. Fisch und Fleisch hängte man auch einfach beim kalten Wetter ins Freie zum Trocknen. Solche Nahrungsmittel legte man für den Winter beiseite, den die Wikinger gut zu überstehen schienen. Es gibt jedenfalls keine

RECHTS: Ein Kamm war ein wichtiges Besitzstück. Das isländische Recht besagt, man dürfe vor der Thing-Versammlung zwar in alten, geflickten Sachen erscheinen, doch niemals mit ungekämmtem Bart oder Haupthaar.

vereinbarten, damit auf beiden Seiten die Verletzten versorgt werden konnten.

Obwohl die Wikinger gerne als schmutzige, struppige Gesellen dargestellt werden, spielte die Körperpflege bei ihnen eine große Rolle. Ausgrabungen haben Unmengen Kämme freigelegt, die handgeschnitzt sind und eine feine Zähnung zeigen. Und in den Sagas heißt es, Kleidung, Schuhe und Pferd eines Mannes könnten ruhig in schlechtem Zustand sein, doch müsse er „gewaschen und gekämmt" sein, wenn er vor der Versammlung erscheine. Aus anderen Sagas können wir entnehmen, dass eine gewisse Körperpflege vor dem Essen üblich war. Arabische Chronisten berichten, dass die Wikinger sich jeden Morgen das Gesicht wuschen. Der Berg Helgafjell galt als so heilig, dass man ihn nicht ansehen durfte, ohne sich vorher das Gesicht gewaschen zu haben.

Wo es heiße Quellen gab, wurden diese regelmäßig zum Baden genutzt. Man errichtete dort sogar Badehäuser. Doch auch wenn es keine heißen Quellen gab, erwartete man unter Wikingern ein gepflegtes Erscheinungsbild. In manchen Langhäusern finden sich Räume, die als Sauna gedient haben könnten. Und in anderen Chroniken heißt es, die Angelsächsinnen hätten nach der Invasion der Wikinger in England die gepflegten Herren ihren ungewaschenen angelsächsischen Rivalen vorgezogen.

Im isländischen Recht gibt es schwere Strafen, wenn jemand beleidigt wird, indem man ihn mit Schmutz bewirft (buchstäblich) oder ihn in den Dreck stößt. Wären die Wikinger schmutzige Wilde gewesen, die auf Körperhygiene und Erscheinungsbild keinen Wert legten, gäbe es solche Normen sicher nicht.

Männer hatten für gewöhnlich einen Bart, den sie pflegen mussten. Ihnen das Haar zu waschen und zu schneiden war Aufgabe der Frauen und hatte fast schon rituellen Charakter. In den Sagas heißt es immer wieder, dass ein Held sich wusch und das Haar schneiden ließ, bevor er eine wichtige Aufgabe übernahm. Viglundur verspricht in seiner Saga der schönen Ketilrirour, dass er niemandem erlauben wird, an ihrer Statt dies für ihn zu tun, solange sie lebt. Offensichtlich war also die gemeinsame Haarpflege auch ein Zeichen von Intimität.

Harald Schönhaar, der schließlich erster König von Norwegen wurde, schwor, dass er sein Haar nicht mehr waschen oder schneiden lassen würde, bevor er nicht ganz Norwegen unter seiner Fahne vereint hätte. Er brauchte dafür zehn Jahre. Danach aber bekam Harald, der bis dahin „Struwwelkopf" genannt wurde, seinen ehrenvollen neuen Beinamen. Es war sein Freund und Kampfgefährte Rognvald Eysteinsson, der ihm die Haare schnitt. Rognvald gründete das

Earldom von Orkney und war vermutlich der Vater von Rollo, dem ersten Wikingerfürsten der Normandie. Er war ein mächtiger Mann, der Haarschnitt war also ein Gunstbeweis an einen wichtigen Untertanen, denn der Haarschnitt zeigte auch nach außen, dass Harald nun König des vereinten Norwegen war.

Lesen und Schreiben

Doch die Wikinger waren nicht nur sauber, im Allgemeinen konnten sie auch lesen und schreiben. Die Wikinger verwendeten ein Runenalphabet, in dem jeder Buchstabe aus geraden Linien bestand. So ließen sich Inschriften leicht in Holz oder Stein verewigen.

BRICH NIE DEN FRIEDEN, DEN GUTE, WAHRHEITSLIEBENDE MÄNNER ZWISCHEN DIR UND ANDEREN GESTIFTET HABEN.

Man schrieb selbst wichtige Nachrichten auf Runenstäbe, verwendete jedoch auch Wachstäfelchen. Diese aber wurden eher als kurzlebiges Medium betrachtet.

Es gab wohl keine verbindlichen Regeln dafür, wie die Runen niedergeschrieben wurden. Man konnte sie nach links oder rechts schreiben, aber es ging auch beides, sodass die Schrift quasi im Zickzack zu lesen ist. Dabei konnte jede Rune auch ganz andere Laute bezeichnen, sodass die Bedeutung des Schriftzeichens stark vom Kontext abhing. Die Geschichte und die Rechtsprechung der Wikinger wurden ohnehin eher mündlich überliefert. Runenstäbe wurden für kurze Botschaften verwendet. Daher gibt es auch nur wenige größere Schriftstücke aus der vorchristlichen Zeit.

Man ging also offensichtlich davon aus, dass die Schrift als Kommunikationsmittel diente, doch wo es darum ging, das Gedächtnis des Volkes zu bewahren, verließ man sich doch lieber auf die Erinnerung. Viele Menschen konnten lesen oder Runen schreiben, doch nur wenige waren talentiert genug, Dichter oder Gesetzesverkünder zu werden. Daher wurden viele der Wikinger-Sagas erst viel später schriftlich niedergelegt, was den Nachteil hat, dass die Überlieferung, auf die wir heute zurückgreifen können, häufig von den Chronisten verzerrt wurde.

Die Geißel der zivilisierten Welt

Das Bild, das wir uns von den Wikingern gemacht haben und das sie als Wilde sieht, die alles niedermähen, was ihnen vor die Schwertspitze kommt, muss also korrigiert werden. Die Wikinger waren nicht ungewaschen und struppig. Sie konnten Botschaften auf Runenstäben lesen und trugen gut gearbeitete Kleidung, die einmal die Woche gewaschen wurde. Sie wuschen sich häufig und kämmten Haar und Bart. Sie waren keine berufsmäßigen Räuber und Mörder, sondern Haushaltsvorstände und Handwerker, die ihre solide gebauten Gehöfte bewirtschafteten, auf die sie nach ihren Fahrten zurückkehrten. Der Wikinger kam nicht aus der Wildnis, sondern aus einer wohlgeordneten, zivilisierten Gesellschaft mit einer stabilen Rechtsordnung.

Und trotzdem sprang er mitunter aus dem Langschiff und fiel über die Bevölkerung her, raubend und plündernd. Er schlug jeden nieder, der ihn daran zu hindern suchte, und prahlte hinterher mit seinen Taten. Dafür hatte er einen Grund,

RECHTS: Trinkhörner wurden gelegentlich verwendet, doch es gab praktischere Trinkgefäße. Möglicherweise waren die Hörner festlichen oder rituellen Anlässen vorbehalten. Jedenfalls ist in der Edda des Öfteren von Trinkhörnern die Rede.

der für ihn und seine Kameraden sonnenklar auf der Hand lag: Wirtschaftliche, soziale und religiöse Faktoren machten ihn zu dem, was er war. Für ihn war die Grausamkeit seines Treibens nur ein Aspekt seines komplexen Lebensstils.

Für seine Opfer hingegen war er die Geißel der Zivilisation und der geschworene Feind Gottes.

Nur wenige Jahre nach dem Überfall auf Lindisfarne war keine Küste mehr vor den schrecklichen Nordmännern sicher. Das geflügelte Wort vom „Zorn der Nordmänner" ist vielleicht keiner historischen Person mehr zuzuschreiben, doch es trifft exakt, wie sich ihre Opfer gefühlt haben.

5

DIE ERSTEN RAUBZÜGE

Die Geschichte der Wikinger ist vielschichtig und lässt sich nicht in scharf getrennte Epochen gliedern. Es gab keine Zeit der Raubzüge, der dann etwa die Ära der Siedlungstätigkeit und schließlich die Gründung von Königreichen gefolgt wären. Raubzüge, Siedlung und die Gründung von Reichen gingen in der Wikingerzeit stets Hand in Hand.

Ein Handlungsmuster allerdings lässt sich über einen längeren Zeitraum hinweg beobachten. Zu Beginn der Wikingerzeit brachen die Schiffe zu ihren Expeditionen immer von ihrer Heimat auf und kehrten dorthin zurück. Später hingegen besetzten die Wikinger Land und gründeten dort eigene Reiche. Ihre Raubzüge stellten sie deshalb nicht ein, sie wurden unvermindert bis zum Ende der Wikinger-Ära fortgesetzt. Doch später lief dies in irgendeiner Form immer auf die Gründung von Siedlungen oder Reichen hinaus. Meist wurde durch Einwanderung kolonisiert: Die Wikinger verließen ihre traditionellen Stammlande und wanderten in bestehende politische Gebilde ein, wo sie entweder eine Klasse von Elitekriegern bildeten oder gleich zu Herrschern wurden.

Daher ist es ergiebiger, sich der Wikingerzeit über ihre kennzeichnenden Aktivitäten zu nähern: Raubzüge, Siedlungsgründung und Gründung von Königreichen. Eine rein chronologische Betrachtung der Wikinger wäre weit weniger aufschlussreich, da sie zu einem gegebenen Zeitpunkt hier als friedliche Siedler auftraten, dort aber als mörderische Seeräuber. Das Bild, das die Zeitgenossen von den Wikingern hatten, hat sich jedenfalls mit der Zeit gewandelt. Galten sie zuerst als schreckenerregende Fremde, wurden sie später zu

GEGENÜBER: Die Bauweise der Wikingerschiffe änderte sich erstaunlich wenig. Sie waren klein und stabil, daher trotzten sie der Nordsee, ließen sich aber aufgrund ihres geringen Tiefgangs auch zum Plündern flussaufwärts steuern und nötigenfalls über Stromschnellen tragen.

(vielleicht nicht minder schrecklichen) Nachbarn.

Dieser Wandel lässt sich weder an einem bestimmten Ort noch an einer bestimmten Zeit festmachen, doch man kann deutlich einen Trend erkennen. Zum Ende der Wikingerzeit waren die Nordmänner ein Teil der politischen Landschaft Europas, während sie zu Beginn – den wir ja, wie gesagt, auf 793 n. Chr. datieren – Fremde aus fernen Ländern waren, über die man buchstäblich gar nichts wusste. Ihre Ankunft auf der Weltbühne war blutig und dramatisch, doch welche Auswirkungen sie haben sollte, wurde erst sehr viel später deutlich. Als die ersten Wikingerhorden das Kloster auf Lindisfarne stürmten, wusste wohl noch niemand, wie sehr sie die Welt verändern würden.

UNTEN: Die ersten Raubzüge waren mit einigen wenigen Schiffen noch relativ klein angelegt. Später wurden die Flotten immer größer, sodass schließlich mehrere Hundert Schiffe in See stachen und Tausende Krieger transportierten.

Beutemachen und Plündern

Die Piraterie haben nicht erst die Wikinger erfunden. Allerdings haben ihre Fortschritte im Schiffsbau das Piratendasein erst so richtig lukrativ gemacht, weil die Raubzüge nun auf ferne Regionen ausgedehnt werden konnten. Die Rentabilitätsvorgaben des Seeräubergewerbes waren bekannt: Der Ertrag aus der gemachten Beute musste wenigstens das wettmachen, was man während der Zeit, in der man Haus und Hof sich selbst (bzw. der Frau) überließ, hätte erwirtschaften können. Oder zumindest musste der Raubzug genug Ruhm einbringen, der ja in der Wikingergesellschaft auch seinen ganz eigenen Wert besaß.

Auf lange Sicht musste die Beute aus den Raub- und Handelsexpeditionen genug abwerfen, um den Bau und die Instandhaltung der Schiffe zu gewährleisten und neue Waffen und Ausrüstungsgegenstände zu

beschaffen. Außerdem sollte die Beute möglichst leicht transportabel sein und sich möglichst teuer veräußern lassen, da Laderaum auf den Wikingerschiffen beschränkt war. Das Objekt sollte außerdem leicht einzunehmen sein. Natürlich war ein guter Kampf etwas wert, um nach Walhall zu gelangen und den Raubzug nicht als bloßen Diebstahl erscheinen zu lassen; doch war die Gegenwehr zu stark oder kam unerwartet schnell Verstärkung herbei, segelten die Wikinger eilig davon und ließen ihre Beute im Stich.

Es mag Ausnahmen gegeben haben, doch die meisten Wikinger hatten es wohl nicht ganz so eilig damit, in Walhall einzuziehen. Ein gutes Leben, der Genuss der bei den Raubzügen erbeuteten Schätze waren ja auch nicht gänzlich ohne Reiz. Nach Walhall würde man schon noch früh genug kommen, so, wie es das Schicksal verlangte. Warum also nicht erst seine Zeit in Midgard genießen? Die Wikinger hatten kein Interesse an Selbstmordkommandos oder an Zielen, bei denen es wohlbefestigte Wälle und einen Ring von Verteidigern zu überwinden galt.

Die Ziele wurden also sorgfältig ausgewählt. Idealerweise lagen sie fernab der Welt, sodass Hilfe nicht allzu schnell zu erwarten war. Sie sollten außerdem schlecht gerüstet und befestigt sein. Große Siedlungen fielen damit weg, da sie vermutlich schnell eine ganze Reihe wehrhafter Männer auf die Beine bekommen hätten. Also waren kleine Ortschaften vorzuziehen. Bauernhöfe und Dörfer andererseits warfen nicht genug ab, da es dort nur wenige Kostbarkeiten gab, wie man sie typischerweise in reichen Häusern findet. Diese allerdings waren im Allgemeinen besser gesichert und lagen

gewöhnlich in der Nähe einer größeren Siedlung.

Kein Wunder also, dass bald die küstennahen Kirchen und Klöster in den Fokus der wikingischen Beutelust rückten. Ihre Lage garantierte schnellen Zugriff und ebenso schnellen Rückzug. Christliche Kirchen lagen überdurchschnittlich häufig an Wasserläufen, weil die Mönche selbst übers Wasser gekommen waren. Außerdem lagen sie meist in der Abgeschiedenheit, sodass Hilfe schwer zu bekommen war. Kirchen und Klöster waren vermutlich die lohnendsten Ziele überhaupt. Die frühe Kirche war reich. Man bewahrte Unmengen Gold und Silber auf. Kostbare Materialien wurden verwendet, um die Räume zu schmücken. Diese Zurschaustellung von Reichtum ließ den Räubern vermutlich das Wasser im Mund zusammenlaufen.

Der Überfall auf Lindisfarne

Lindisfarne, das auf einer Insel vor der Nordwestküste Englands liegt, war in dieser Hinsicht ein vollkommenes Objekt für einen Überfall. Für Seeräuber,

OBEN: Klöster waren die bevorzugten Zielobjekte der ersten Raubzüge. Sie lagen abgeschieden und hatten keinerlei Vorkehrungen für ihre Verteidigung getroffen. Das Risiko war also vergleichsweise gering, die Aussicht auf Beute aber hoch, weil viele Klöster von ihren Gönnern reich beschenkt wurden.

die von der Nordsee her kamen, musste es als ideales Ziel erscheinen. Und doch gab es damals keinen Anlass, solch einen Angriff zu fürchten. Wer einen heiligen Ort wie diesen angriff, zog unweigerlich den Zorn der sozial wie politisch mächtigen Kirche auf sich, und vermutlich auch den Gottes. Es würde doch wohl niemand wagen, ein Kloster anzugreifen?

Doch die Wikinger fürchteten den christlichen Gott nicht – sie hatten selbst ein ganzes Pantheon mächtiger Götter zur Verfügung. Und auch die Gesellschaft, zu der die christliche Kirche gehörte, bedeutete ihnen nichts. In den Augen der Kirche plünderten die Wikinger ein Haus Gottes, für sie war die ganze Unternehmung eher eine Art sicherer Bank. Es gab genug zu plündern

Unten: Dass ein „heiliger Mann" erschlagen wurde, war auch bei den Überfällen auf Irland gang und gäbe. Für die Wikinger allerdings hatten die christlichen Mönche nichts Heiliges. Sie waren nur aufs Plündern aus und wer sich in den Weg stellte, wurde eben niedergemäht.

und die Verteidiger waren zu schwach, als dass sie um ihr Hab und Gut hätten kämpfen können. Das Ganze versprach schnelle Beute.

Wäre der Raubzug auf Lindisfarne fehlgeschlagen, die Geschichte Europas wäre vielleicht anders verlaufen. Dann hätten die Wikinger sich möglicherweise mehr auf den Handel und weniger auf Überfälle verlegt. Doch tatsächlich erwies sich die Unternehmung als voller Erfolg. Die Wikingerschiffe landeten am Strand und ließen eine Schar erbarmungsloser Krieger auf die Mönche los. Die Wikinger drangen in Kirche und Kloster ein und nahmen mit, was sie tragen konnten. Wer immer sie aufzuhalten versuchte, wurde gnadenlos niedergestreckt. Und selbst wer sich nicht wehrte, wurde ertränkt oder mit dem Schwert durchbohrt. Jüngere Mönche wurden als Sklaven mitgenommen.

Der Überfall auf Lindisfarne zeigte klar und deutlich, dass das Konzept aufging, und so wurden bald weitere Überfälle gegen andere Küstenorte geplant. Anfangs konzentrierten die Wikinger sich auf diesen einen Küstenabschnitt: Jarrow und Wearmouth traf es 794. Dann wagte man sich weiter vor: 800 überfielen die Wikinger die Insel Iona vor der Südwestküste Frankreichs und einzelne Inseln vor der Küste Irlands.

Die Überfälle auf Irland hatten ohnehin schon 795 begonnen, wurden anfangs aber nur von kleinen Trupps ausgeführt. Sie schlugen eher auf Inseln zu als auf dem Festland, da dort die Langschiffe ein schnelleres Entkommen ermöglichten. Die Überfälle in Irland folgten dem üblichen Schema: Heimgesucht wurden vor allem Küstenorte und

Klöster, doch die Reaktion der Iren war eine andere.

Die irischen Klöster waren ständig in Konflikte der örtlichen Stämme verwickelt, sodass Angriffe auf diese heiligen Orte nicht so selten vorkamen. Klöster auf feindlichem Stammesgebiet niederzubrennen, war bei solchen Auseinandersetzungen durchaus üblich. Die Kirchenmänner beteiligten sich teils sogar an den Überfällen, und selbst wenn sie sich nicht im Kampf übten, so war er ihnen doch nicht fremd. Außerdem gehörte es in Irland zu den sozial gebilligten Gepflogenheiten, fremde Stämme zu überfallen und auszuplündern. Die Einfälle der Wikinger machten dort keinem wirklich Angst.

Von allen Überfällen hatte der auf Lindisfarne am ehesten den Charakter eines Weckrufs, und zwar nicht nur, weil es der erste war. Tatsächlich dürfte es schon früher Wikingerüberfälle auf Kirchen gegeben haben, doch Lindisfarne war der erste bedeutendere Ort, der ausgeplündert wurde. Das Kloster war ein wichtiges Zentrum der frühen Christenheit in England. Dort waren die Heiligen Cuthbert und Aidan begraben, die England christianisiert hatten. Seit 635 war dies somit einer der heiligsten Orte auf der Insel. Wenn irgendein Haus Gottes dessen Schutz verdient hatte, dann Lindisfarne.

Denn damals glaubte man noch, dass Unglück selten unverdient kam. Dass Lindisfarne geplündert werden konnte, schrieb man unfrommen Umtrieben zu, mangelnder Großzügigkeit der Gläubigen gegenüber der Kirche und den üblichen Todsünden wie Ehebruch, Völlerei, Geiz, Inzest und der Lust am weltlichen Luxus.

Tatsächlich ermahnten Gläubige vom Kontinent die Engländer, sie sollten doch Ordnung im eigenen Haus schaffen. Man glaubte wirklich, die Überfälle würden aufhören, sobald die Engländer wieder ein gottgefälliges Leben führten.

Willkürlich zuschlagen

Ob nun die Frömmigkeit der Engländer zunahm oder nicht, ist uns nicht bekannt. Sicher ist jedoch, dass die Überfälle nicht endeten. Jeder Ort, der an der Küste lag, lief Gefahr, überfallen und gebrandschatzt zu werden. Außerdem hatten die Wikinger mittlerweile ihre Technik perfektioniert und segelten von den Flussmündungen landeinwärts, um geeignete Opfer zu finden. Allerdings schlugen sie selten in größerer Entfernung von ihren Schiffen zu. Alle Orte, die nicht am Wasser lagen, waren also zu jener Zeit noch sicher. Da ihre Schiffe aufgrund des geringen Tiefgangs keine Häfen brauchten, sondern überall anlegen und zudem in engen Gewässern durch Ruderer manövriert werden konnten, war es den Wikingern aber möglich, überall willkürlich zuzuschlagen.

Wie wahrscheinlich ein Angriff war, hing nicht zuletzt vom Wind und den Gezeiten ab. Mitunter kamen die Schiffe durch die Windverhältnisse auch von der ursprünglich geplanten Route ab. Wenn sich dann ein neues Ziel bot, schlugen sie dort zu. Es ging den Wikingern ja primär

OBEN: Abt Alkuin schrieb diesen Brief an die Überlebenden von Lindisfarne. Er bedauerte die Mönche, ermahnte sie aber auch, sich noch härter zu mühen, um die Werke des Herrn zu tun. Darin schwingt die Überzeugung mit, dass die Überfälle aufhören würden, wenn das Volk nur fromm genug wäre.

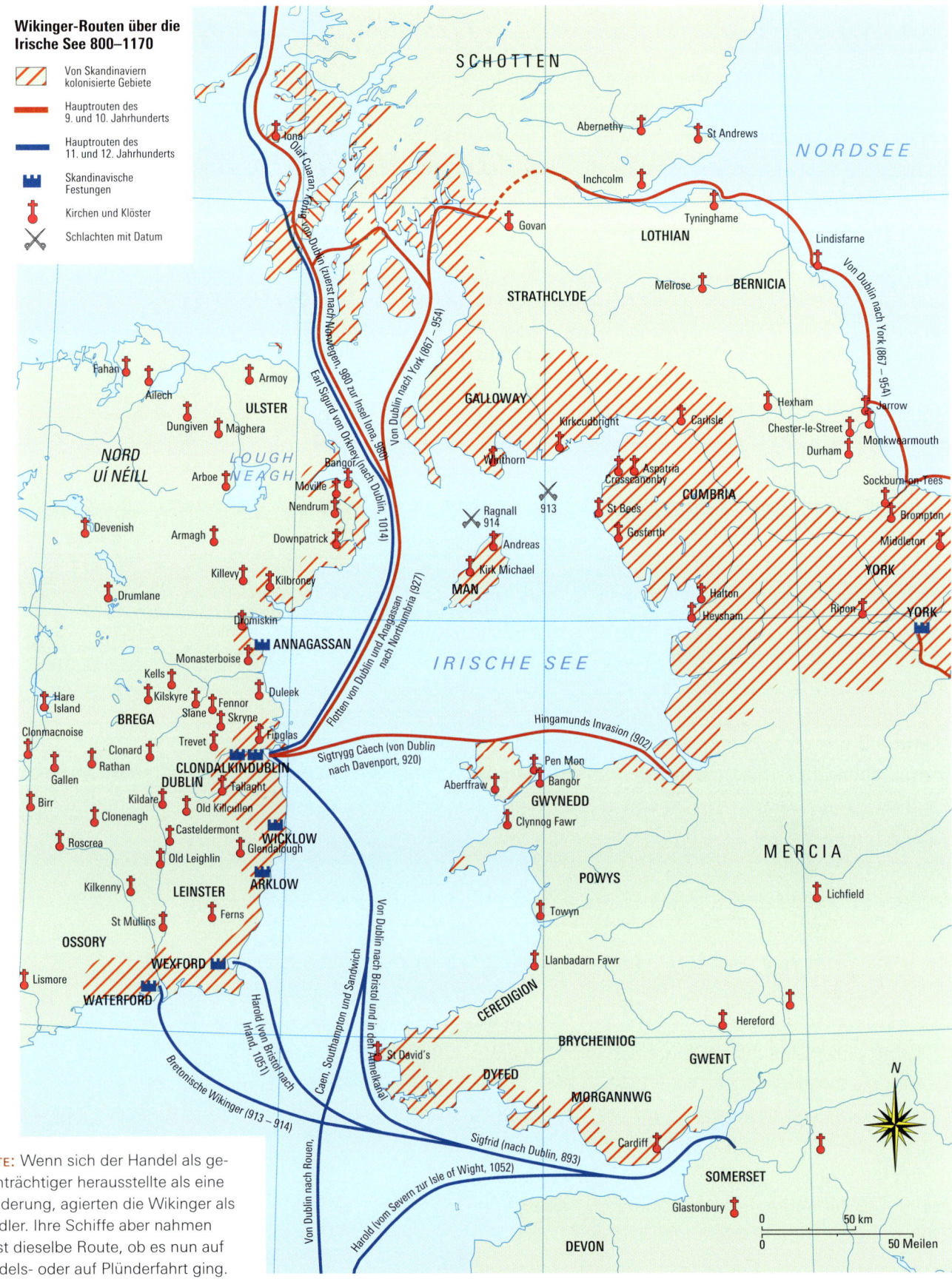

Wikinger-Routen über die Irische See 800–1170

- Von Skandinaviern kolonisierte Gebiete
- Hauptrouten des 9. und 10. Jahrhunderts
- Hauptrouten des 11. und 12. Jahrhunderts
- Skandinavische Festungen
- Kirchen und Klöster
- Schlachten mit Datum

SCHOTTEN

NORDSEE

Iona
Olaf Cuaran, König von Dublin (zuerst nach Norwegen, 980 zur Insel Iona, 980)
Earl Sigurd von Orkney (nach Dublin, 1014)

Abernethy
St Andrews
Inchcolm
Govan
LOTHIAN
Tyninghame
Lindisfarne
STRATHCLYDE
Melrose
BERNICIA
Von Dublin nach York (867 – 954)

Fahan
Ailech
Armoy
ULSTER
Dungiven
Maghera
NORD
UÍ NÉILL
LOUGH NEAGH
Arboe
Bangor
Moville
Nendrum
Devenish
Armagh
Downpatrick
Killevy
Kilbroney
Drumlane
Dromiskin
ANNAGASSAN
Monasterboise
Kells
Kilskyre
Duleek
Hare Island
Fennor
Slane
Skryne
BREGA
Trevet
Clonmacnoise
Clonard
Finglas
Gallen
Rathan
CLONDALKIN DUBLIN
Birr
Kildare
Tallaght
Clonenagh
Old Killcullen
Casteldermont
WICKLOW
Roscrea
Glendalough
Old Leighlin
Kilkenny
ARKLOW
LEINSTER
Ferns
St Mullins
OSSORY
WEXFORD
Lismore
WATERFORD

GALLOWAY
Kirkcudbright
Whithorn
Ragnall 914
913
St Bees
Andreas
Kirk Michael
MAN
Aspatria
Cresscanonby
CUMBRIA
Gosforth
Halton
Heysham
Carlisle
Hexham
Chester-le-Street
Durham
Jarrow
Monkwearmouth
Sockburn-on-Tees
Brompton
Middleton
YORK
Ripon
YORK

Flotten von Dublin und Anagassan nach Northumbria (927)

IRISCHE SEE

Hingamunds Invasion (902)

Sigtrygg Càech (von Dublin nach Davenport, 920)

Pen Mon
Bangor
Aberffraw
GWYNEDD
Clynnog Fawr
Lichfield
POWYS
MERCIA

Von Dublin nach Bristol und in den Armelkanal
Caen, Southampton und Sandwich
Harold (von Bristol nach Irland, 1051)
Bretonische Wikinger (913 – 914)
Von Dublin nach Rouen,
Harold (vom Severn zur Isle of Wight, 1052)
Sigfrid (nach Dublin, 893)

Towyn
Llanbadarn Fawr
CEREDIGION
St David's
DYFED
BRYCHEINIOG
Hereford
GWENT
MORGANNWG
Cardiff
SOMERSET
Glastonbury
DEVON

N

0   50 km
0   50 Meilen

KARTE: Wenn sich der Handel als gewinnträchtiger herausstellte als eine Plünderung, agierten die Wikinger als Händler. Ihre Schiffe aber nahmen meist dieselbe Route, ob es nun auf Handels- oder auf Plünderfahrt ging.

nicht darum, ein möglichst großes Ausmaß an Zerstörung anzurichten. Versprach ein Ort genug Beute, damit sich die Fahrt am Ende lohnte, dann änderte man eben seine Pläne.

Die Beute aus den Überfällen wurde zu gleichen Teilen aufgeteilt. Trotzdem gab es gewisse Regeln. Im Allgemeinen ging man davon aus, dass jeder, der am Überfall beteiligt gewesen war und tapfer gekämpft hatte, sich seinen Anteil verdient hatte. Zog ein Mann sich aber zurück, solange seine Genossen noch kämpften, verlor er seinen Anteil. Da dies auch bedeutete, den Betroffenen der Feigheit zu bezichtigen, war dies keine Anklage, die auf die leichte Schulter genommen werden konnte. Solche Vorwürfe wurden nicht selten im Duell entschieden oder endeten in einer Blutfehde.

Geiseln und Bräute

Natürlich war das Hauptziel des Überfalls, Geld und kostbare Dinge zu erbeuten, doch war dies nicht die einzige Art von Gewinn, die sich bei einem Überfall erzielen ließ. Man konnte zum Beispiel Gefangene machen und diese als Sklaven verkaufen. Diese Unglücklichen waren eben menschliche Beute, Besitz, den man nach Belieben verkaufen konnte. Allerdings musste man die Gefangenen auf dem Heimweg ernähren und bewachen, denn wenn sie nichts mehr zu verlieren hatten, konnten sie zur Gefahr werden. Um etwas abzuwerfen, musste der Gefangene gesund und kräftig sein oder über bestimmte Fähigkeiten verfügen. Aber man konnte auch versuchen, für ihn ein Lösegeld herauszuschlagen.

Die Gewohnheit, Geiseln zu nehmen, gab es mit Sicherheit schon vor dem Überfall auf Lindisfarne. Innerhalb weniger Jahre entwickelte sich das Einfordern von Lösegeld aber zu einem lukrativen Geschäftsmodell. Man musste nämlich die Gefangenen nicht erst nach Hause oder zum nächsten Sklavenmarkt transportieren, sondern konnte sie vor Ort an ihre Familien zurückverkaufen. Manchmal brachte man sie auch in eine der Wikingersiedlungen, bis sie verkauft werden konnten. Dabei mussten die Geiseln noch nicht einmal besonders bedeutend sein. Es reichte schon aus, dass jemand bereit war, für ihre Freilassung zu bezahlen. Natürlich waren diesbezüglich die Aussichten am besten, wenn es gelang, eine hochrangige Persönlichkeit gefangen zu nehmen.

Das Geiselgeschäft bot auch noch andere Vorteile. Wenn der Markt für Sklaven gesättigt war, kam es zu einem rapiden Preisverfall. Außerdem schwächte der Verlust an Arbeitskraft die Wirtschaft des überfallenen Ortes. Wollte man dort nur einmal zuschlagen, so konnte einem das egal sein, aber

Oben: Auf der Insel Noirmoutier baute man eine Festung, um sich vor Wikinger-Raubzügen zu schützen. Der hier abgebildete Bau wurde allerdings im 12. Jahrhundert auf den Mauern der von den Wikingern geschleiften früheren Festung errichtet.

auf Dauer war es vorzuziehen, dass Orte sich nach Überfällen schnell wieder erholten. Daher war es einfach nur ein gutes Geschäft, die Gefangenen an ihre Gemeinden zurückzuverkaufen. Dann konnten sie wieder zupacken, den Wohlstand mehren und den Ort zu einem lohnenden Ziel für den nächsten Überfall machen. Mitunter erwischte man sogar dieselbe Person wieder und konnte sie noch einmal verkaufen.

Tatsächlich wurden manche Zielobjekte öfter überfallen. Das Kloster auf der Insel Noirmoutier wurde jedes Jahr Opfer eines Überfalls, bis man es aufgab. Auch die Handelsstädte an der friesischen Küste gaben mehr als einmal lohnende Ziele ab.

Doch bei solchen Überfällen ging es durchaus nicht immer um hohe Beute. In den Sagas der Wikinger lesen wir immer wieder von Kriegern, die ihre Männlichkeit unter Beweis stellen wollten, aber kein Interesse an Gold und Juwelen hatten. Manche plünderten nur jene, die es ihrer Ansicht nach verdient hatten, zum Beispiel rivalisierende Gruppen. Doch

meist interessierten die Wikinger sich nur für Geld und Prestige. Zu diesem Zweck aber raubte man mitunter auch eine hochgestellte Braut, wie zum Beispiel geschehen beim Überfall Gudrods auf das Königtum Agdir.

Zu jener Zeit bestand die Welt der Wikinger aus vielen kleinen Reichen. Gudrod wollte seinen Einfluss vergrößern, indem er die Tochter von König Harald Rotbart von Agdir zur Frau nahm. Da man aber seine Brautwerbung zurückgewiesen hatte, griff er zu anderen Mitteln. Er landete mit seinen Kriegern in Agdir, tötete Harald und seinen Sohn im Kampf und entführte die königliche Braut. Sie gebar ihm einen Sohn, den man als Halfdan, den Schwarzen, kennt. Schließlich ließ sie ihren Mann töten und kehrte nach Hause zurück. Halfdan wurde König von Agdir und erbte auch die Hälfte von seines Vaters Königreich. So wurde er zu einem mächtigen Mann in der Region, wie sein Vater es gewünscht hatte.

Der Mord an Gudrod fand, wenn man den Sagas glauben darf, um 840 n. Chr. statt. Etwa zu dieser Zeit veränderte sich die Überfalltechnik der Wikinger. Anfangs war immer nur ein Schiff auf Plünderfahrt gegangen, maximal drei. Doch nun wurden es mehr: Um 850 war es üblich, mit Flotten von gut 300 Schiffen in See zu stechen.

Und noch eine entscheidende Veränderung fand etwa zu dieser Zeit statt. 843 überwinterte ein Überfallkommando der Wikinger erstmals in Europa, statt nach Hause zurückzukehren. Dazu war natürlich eine Ansiedlung vonnöten. Die vergleichsweise kleinen Außenposten der Wikinger in Aquitanien und andernorts wurden vergrößert. Von diesen Siedlungen aus unternahm man zum ersten Mal einen Vorstoß ins Mittelmeer. Dort wehrten sich die angegriffenen Städte jedoch und schlugen die Wikinger zurück. Doch schon bald folgten andere Flotten nach und landeten in Italien und Nordafrika.

Überfälle im Binnenland

Nun begannen die Wikinger, auch im Landesinneren zuzuschlagen. Manchmal begingen sie diese Überfälle hoch zu Ross, manchmal führten sie organisierte Angriffe von extra für diesen Zweck errichteten Vorposten aus durch. Die Binnenraubzüge begannen in Irland um 836, 852 überwinterten die Wikinger erstmals auf englischem Boden.

Ab 850 wütete eine als „Großes Heidnisches Heer" bezeichnete Wikingertruppe in Europa, die vermutlich von Ragnar Lodbrok angeführt wurde. Diese griff 845 Paris an und verübte in Frankreich mehrere Überfälle, wobei manche Städte mehrmals überfallen wurden. Wie groß dieses Heer war, wissen wir nicht, doch es scheint sich tatsächlich um mehrere Tausend Mann gehandelt zu haben – was bedeutet, dass die Flotte aus mehreren Hundert Schiffen bestanden haben muss.

Nach der Plünderung Frankreichs setzte das „Große Heidnische Heer" nach England über und landete 865 in East Anglia. In den Wikinger-Sagas heißt es, die Invasion sei durch den Tod Ragnar Lodbroks in der Schlacht ausgelöst worden, woraufhin seine Söhne diesen Rachefeldzug anführten. Dafür aber lassen sich keine historischen Belege finden. Die Legende will es, dass Ragnar seine

Truppe gegen Northumbria führte, der Überfall jedoch fehlschlug.

Ob der Ragnar, der in Northumbria landete, derselbe war, der 20 Jahre zuvor Paris angegriffen hatte, ist nicht klar. Andererseits ist es auch nicht unwahrscheinlich, denn Ragnar wurde älter und geriet in Gefahr, dass sein Ruhm durch den seiner Söhne überstrahlt wurde.

Lodbrok heißt übrigens „Lodenhose", und es heißt, Ragnar habe diesen Namen erhalten von der Hose, die seine Frau für ihn angefertigt hatte und die ihn vor einem Feuer speienden Drachen beschützt habe. Doch selbst wenn er in seiner Jugend ein berühmter Drachentöter gewesen sein sollte, in Northumbria war er glücklos. König Aella nahm ihn gefangen und ließ ihn in eine Schlangengrube werfen.

Es heißt, Ragnar Lodbrok habe ein heroisches Ende gefunden, seinen Feinden Drohungen und heldische Verse an

WER GROSSES PLANT UND DANN NICHT AUS-FÜHRT, DER HAT SEINE EHRE VERLOREN.

UNTEN: Die Wikingerschiffe steuerten jedes Ziel an, wo sie gute Geschäfte erwarteten. Aufgrund des geringen Tiefgangs konnten die Schiffe überall landen. Ihre Expeditionen führten sie selbst ins Mittelmeer, auf jeden Fall landeten die Wikinger, wie hier dargestellt, in Italien.

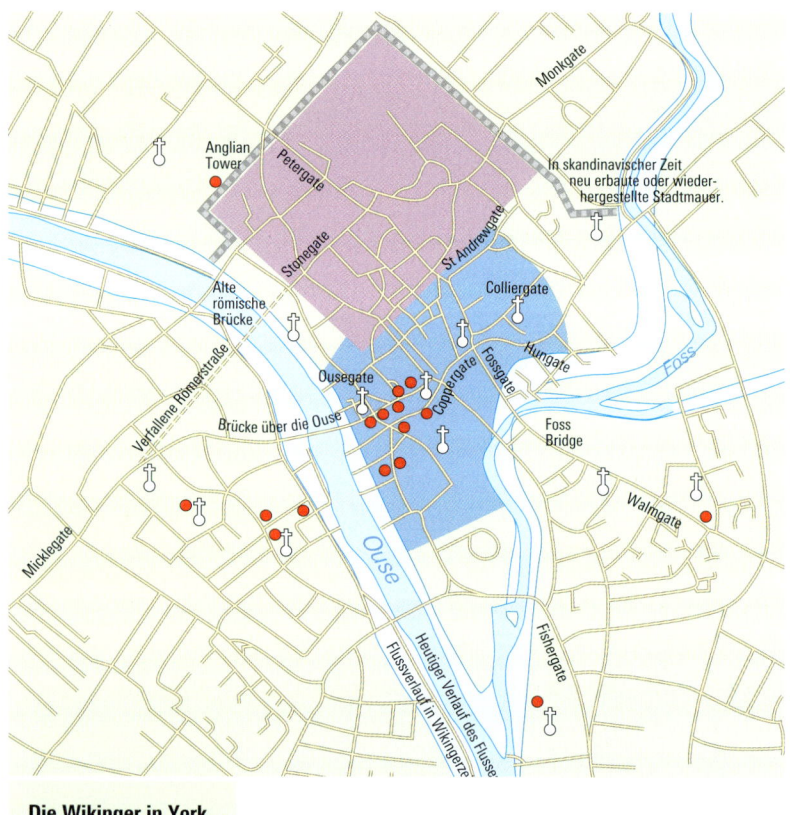

627 wurde Northumbria christlich und entwickelte sich zu einem wichtigen Ausgangspunkt für die weitere Christianisierung Englands. Zu Beginn des 8. Jahrhunderts aber begann der Zerfall. Als die Wikinger landeten, hatte Northumbria viel von seiner einstigen Macht eingebüßt.

Wir wissen heute, dass die Große Heidnische Armee in East Anglia auf keinen nennenswerten Widerstand stieß und sich 866 von dort aus nach Norden wandte. Die Hälfte der Wikingertruppen marschierte zu Lande, während der Rest auf den Schiffen den Humber hinaufsegelte. Wie üblich wurde geplündert, viele Klöster litten darunter, zum Beispiel auch die Abtei von Whitby. Doch Northumbria war durch innere Streitigkeiten geschwächt, und so stießen die Wikinger nur auf geringen Widerstand, bis sie im November 866 nach York kamen.

Die Invasoren verbrachten die Winter dort und nutzten die Zeit, um die Befestigungsanlagen aus römischer Zeit instand zu setzen. Im März 867 griff die northumbrische Armee die Stadt an. Nachdem die Wikinger sie besiegt hatten, nahmen sie noch weitere Städte ein und setzten einen Marionettenkönig auf den Thron. Die Invasion hatte als Überfall begonnen und führte zur ersten Reichsgründung der Wikinger.

Die Wikinger in York
886 – 954

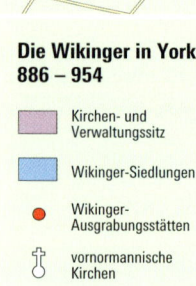

Kirchen- und Verwaltungssitz

Wikinger-Siedlungen

Wikinger-Ausgrabungsstätten

vornormannische Kirchen

Oben: York verfügte über einen natürlichen Schutz durch seine Lage. So wurde die Stadt zum idealen Hauptquartier, nachdem man die Befestigungsanlagen ausgebaut hatte. Dabei nutzten die Wikinger die Wälle der Römer und erweiterten sie nur geringfügig.

den Kopf geschleudert … keine geringe Leistung, wenn man gerade von Schlangen zu Tode gebissen wird. Seine Drachentöterhosen konnten ihn jedenfalls nicht vor den Schlangen retten. Ragnar prophezeite, dass seine Söhne ihn rächen würden – und tatsächlich landeten diese bald darauf an der Küste Northumbrias.

Northumbria

Die Landung in East Anglia ermöglichte den Wikingern, sich auf ihren Zug gegen Northumbria entsprechend vorzubereiten. Letzteres war ein mächtiges Königreich, das sich vom Humber zum Forth, zwei großen Flussmündungen, über die gesamte Ostküste Englands erstreckte und südlich bis an die Westküste reichte. Es war 604 n. Chr. aus den Königreichen Bernica und Deira geschaffen worden.

Wessex und Mercia

Nachdem Northumbria eingenommen war, wandten die Wikinger sich nach Süden und griffen das Königreich Mercia an, das Northumbria um Hilfe gegen die Eindringlinge gebeten hatte. Die Wikinger nahmen Nottingham ein, konnten aber Mercia nicht erobern. Vielmehr kehrten sie 870 nach East Anglia zurück. Die Armee von East Anglia wurde besiegt und König Edmund getötet. Damit stand East Anglia unter der Herrschaft der Wikinger.

871 erhielt das Große Heidnische Heer Verstärkung durch das sogenannte „Große Sommerheer" aus Skandinavien. Diese vereinigte Armee griff nun erneut Wessex und Mercia im Süden an. Die Wikinger nahmen zwar Reading und einige andere Städte ein, doch konnten sie ihren Gegnern keine entscheidende Niederlage beibringen. Allerdings ließen sie sich ihren Rückzug teuer bezahlen. Daraufhin wandte sich ein Teil des Heeres nordwärts und griff die Pikten in Schottland an, während der Rest sich auf neue Konflikte im Süden vorbereitete.

WIE OFT BEREUT MAN ES, ZU VIEL GESAGT ZU HABEN, WIE SELTEN, ZU WENIG.

872 lehnten sich die Northumbrier gegen die Wikinger auf, was deren militärische Kräfte band. Eine ganze Weile beschränkten sie sich darauf, Tributzahlungen zu kassieren (die man später als Danegeld bezeichnete), wofür sie sich verpflichteten, Mercia nicht anzugreifen. 874 allerdings sahen die Wikinger dann wohl ihre Zeit für gekommen. Sie marschierten in Mercia ein, besiegten die lokalen Streitkräfte und vertrieben den König.

875 wurde ein Wikinger-Königreich errichtet, dessen Hauptstadt Jorvik (York) war. Die Region, die die Wikinger kontrollierten, wurde als *Danelag* bezeichnet, obwohl dieser Begriff auch für andere, zum Beispiel rechtliche

Vorstellungen Verwendung fand. Da ihre Macht nun gefestigt war, zogen die Wikinger des Großen Heidnischen Heeres erneut gegen Wessex zu Felde. Ihr Hauptgegner dort war König Alfred von Wessex, der einzige englische Monarch, der je den Beinamen „der Große" erhielt. Alfred hatte den Thron 871 nach dem Tod seines Bruders Aethelred bestiegen und musste sich sofort mit den Wikinger-Raubzügen auseinandersetzen. Doch dies überraschte ihn wohl nicht.

Die Große Heidnische Armee wurde diesmal von Guthrum angeführt, der schon andere Regionen Englands erobert hatte. 876 fühlte er sich offensichtlich stark genug, Wessex einzunehmen. Die Wikinger rannten nicht gegen befestigte Städte an, sondern ließen diese links liegen und stießen relativ schnell ins Landesinnere vor. Ihre Strategie war einfach: Sie nahmen eine Stadt durch Überraschungsangriff und kassierten dann für ihren Abzug Lösegeld. Guthrums Männer zogen bis an die Küste von Dorset, wo sie Wareham einnahmen.

Obwohl Streitkräfte vom Meer her Guthrums Armee

UNTEN: Alfred der Große gilt als Verteidiger der Engländer. Er hat die Wikinger aus seinem Land verjagt, was ihm einen ruhmreichen Platz in den Annalen der Geschichte eintrug.

verstärkten, wurde sie in Wareham eingeschlossen und belagert. Guthrum musste sich auf einen Friedensvertrag einlassen, den er gleich darauf wieder brach, um zu fliehen. Ein Teil seiner Armee erreichte die Stadt Exeter, der Rest floh übers Meer, wo heftige Stürme die Schiffe zerstreuten. Wieder handelte Guthrum einen Friedensvertrag aus und zog sich gegen Zahlung eines hohen Tributes aus Wessex zurück.

Die Wikinger überwinterten in Gloucester, kehrten jedoch 878 nach Wessex zurück. Sie überfielen Alfred in seinem Winterquartier und hätten ihn fast gefangen genommen. Eine ganze Weile wehrte sich Alfred durch einen Guerillakrieg, bis er genug Truppen für einen neuen Angriff auf die Eindringlinge beisammen hatte. Sie trafen bei der Schlacht von Ethandun aufeinander, wo die Wikinger eine vernichtende Niederlage hinnehmen mussten. Sie zogen sich nach Chippenham zurück, wurden dort jedoch belagert, bis sie sich ergaben und einen erneuten Friedensvertrag unterzeichneten.

Dieser Vertrag war im Grunde der gleiche, den der Heerführer des Großen Heidnischen Heeres schon mehrfach unterzeichnet hatte, mit denselben Eidschwüren und dem Austausch von Geiseln. Diesmal aber forderte man, dass Guthrum sich christlich taufen ließe. Doch die Umstände waren andere. Das Heer hatte eine bittere Niederlage erlitten, was zu inneren Zwistigkeiten geführt hatte. Die Wikingerführer konnten sich nicht einig werden, und das Heer brach auseinander. Guthrum konnte wohl nicht länger in die Offensive gehen. Und so hielt er sich dieses Mal an den unterzeichneten Vertrag und zog sich mit seinen Truppen aus Wessex zurück. In East Anglia herrschte er von da an als König Aethelstan.

Ende einer Ära

Die Wikinger-Raubzüge gegen England gingen natürlich unvermindert weiter. Tatsächlich wurden auch die neuen skandinavischen Herren im Danelag von ihren Genossen überfallen. Doch gegen 900 n. Chr. ging die Zeit der hemmungslosen Raubzüge allmählich dem Ende zu. Die europäischen Herrscher, allen voran Alfred der Große, trafen Vorkehrungen gegen weitere Überfälle. Man befestigte die Brücken, um die Wikinger an der Fahrt flussaufwärts zu hindern. Einige Herrscher ließen Flotten bauen, um die Küsten zu verteidigen.

Alfred der Große ordnete 896 den Bau einer neuen Flotte an. Die Schiffe waren groß und mächtig verglichen mit den Langschiffen der Wikinger, aber vermutlich nicht ganz so seetüchtig. Doch das war auch nicht nötig, denn ihre Aufgabe war es ja, die Küsten zu schützen. Daher konnten sie sich militärisch besser rüsten, was ihnen ebenfalls einen Vorteil gegenüber den Wikingerschiffen verschaffte. Dies waren nicht die ersten Kriegsschiffe, die England in den Kampf schickte, doch sie waren der leibhaftige Ausdruck der neuen englischen Entschlossenheit, sich gegen die Seeräuber zur Wehr zu setzen.

Alfred restrukturierte das Heer von Wessex, sodass es taktisch vielseitiger einsetzbar war, und baute Befestigungsanlagen, um die Landung und den Marsch ins Landesinnere baldmöglichst abzufangen. Diese Festungen warnten die Städte im Binnenland und hielten die Wikinger immerhin so lange auf, bis König Alfred genügend Männer um sich geschart hatte, um den Wikingern entgegenzutreten. All diese Maßnahmen reichten zwar nicht aus, um die Wikinger endgültig zu besiegen, doch sie vereitelten deren ursprüngliche Strategie des Überraschungsangriffs. Alfred der Große schreckte die Seeräuber ab, indem er das Verhältnis zwischen Gewinn und Verlust zuungunsten der Wikinger verschob.

Eine große Wikingerarmee versuchte zwischen 892 und 893, im südlichen England Land zu gewinnen – also keiner der üblichen Raubzüge, sondern tatsächlich ein Eroberungsfeldzug. Die Wikinger hatten ihre Familien vom Kontinent mitgebracht und hofften in Erinnerung an einige frühere Erfolge, sich dort niederlassen zu können. Doch nun waren die Menschen in Wessex gerüstet. Man trat ihnen mit der Waffe in der Hand entgegen und zerschlug

das Heer. Es gelang den Wikingern nicht, Siedlungen zu errichten oder sich irgendwo dauerhaft niederzulassen.

Andere Herrscher waren weniger erfolgreich im Umgang mit den streitbaren Nordmännern, doch das goldene Zeitalter der Wikinger-Überfälle war weitgehend vorüber. Die Angriffe lösten noch immer Panik aus, aber mittlerweile begegnete man ihnen mit kampferprobten Kriegern. Außerdem waren viele der vormals überfallenen Küstenabschnitte nun in den Händen von Wikingern, die jetzt ihrerseits Opfer ähnlicher Raubzüge wurden.

Den Fuß des Königs küssen

König Karl III. begegnete dem Problem in Frankreich mit einer ganz anderen Strategie: Er bot den Wikingern Land an, im Gegenzug sollten sie seine Küsten

UNTEN: Paris war noch keine große Stadt, als sie 885 von den Wikingern belagert wurde, allerdings hatte die Stadt gute Befestigungsmauern. Die Wikinger jener Zeit führten schon regelrechte Feldzüge durch und waren nicht mehr länger Seeräuber.

verteidigen. Im Besonderen ging er einen Handel mit dem Wikingerführer Rollo ein, über dessen Herkunft sich die Historiker nicht einigen können. Manche nehmen an, dass er der Sohn eines westnorwegischen Adligen war, andere gehen davon aus, dass er zu den Dänen gehörte. Auf jeden Fall wurde er berühmt als Führer der Wikingertruppe, die 885 Paris belagerte. Sein erster Handel mit König Karl dem Dicken war, dass er gegen eine Tributzahlung abziehen und die Feinde des Königs ausplündern würde. Während seines zweiten Angriffes auf Paris bot König Karl III. der Einfältige ihm die Normandie als Lehen an. Er solle sich taufen lassen und dem König die Treue schwören. Seine Pflichten als Herrscher der Normandie (die Historiker sind sich uneins, ob er dort Graf oder Herzog war) umfassten auch die Verteidigung der Küsten gegen Überfälle aus dem Norden.

Die Legende will es, dass Rollo noch beim Treueschwur sich ganz wie ein Wikinger verhielt. Die Zeremonie verlangte nämlich auch, dass der Vasall seinem König die Füße küsste. An diesem

UNTEN: Den Wikingern für ihren Abzug Tribut zu zahlen war eine riskante Strategie, doch die westfränkischen Könige hatten damit Erfolg. Karl III. schickte seinen Feinden die Wikinger auf den Hals und gab ihnen als Gegenleistung ein Lehen, das später einmal die „Normandie" heißen sollte.

GEGENÜBER: Um 900 hatten die Wikinger große Gebiete Englands erobert und waren ein Teil der politischen Landschaft geworden. Immer noch wurden die Küsten überfallen, doch zum Ziel der Plünderung kam nun das der Landnahme.

Punkt wäre der Handel fast geplatzt, da Rollo dies mit seiner Ehre nicht vereinbaren konnte. Dass die Abmachung doch zustande kam, lag daran, dass der Frankenkönig akzeptierte, dass dies stattdessen einer von Rollos Rittern tat.

Doch auch der benahm sich nicht, wie das Protokoll es verlangte. Eigentlich hätte er das Knie beugen müssen, um den Fuß des Königs zu küssen. Stattdessen packte er den Fuß und hob ihn an die Lippen. Die Folgen müssten ihm eigentlich klar gewesen sein, aber offensichtlich waren ihm die Konsequenzen dieser beleidigenden Geste vollkommen gleichgültig. Wie auch immer, Karl III. jedenfalls fiel rückwärts auf den Boden – zum Amüsement Rollos und seiner Wikinger.

Doch der Schuh war geküsst worden und die Vereinbarung damit gültig. Karl III. hatte jemanden, der seine Grenzen verteidigte, und Rollo hatte Land. Natürlich hatte die Zeremonie nicht den sonst üblichen feierlichen Charakter gehabt, aber das war vielleicht der Preis, wenn man sich mit den Wikingern einließ.

Rollos Treueschwur zu Karl III. markiert einen Wendepunkt in der Natur der Beziehungen zwischen den Wikingern und dem Rest der Welt. Natürlich waren immer noch wikingische Seeräuber unterwegs, doch nun kamen die Wikinger auch als Siedler und mitunter auch als Eroberer. Sie waren zu einflussreichen Strategen auf dem politischen Schachbrett Europas geworden, statt einfach nur da oder dort einen Bauern zu schlagen.

England und der Danelag 902–919

Englische Königreiche oder Reiche unter englischer Kontrolle

Verlauf des Danelag um 902

Die Fünf Burgen (befestigte Städte des Danelag)

Andere befestigte Städte

Englische Festungen (burh) um 916

Grenze von Wessex nach Annexion von Mercia ca. 919

Wanderbewegungen der Skandinavier

Wanderbewegungen der Engländer

Schlachten

1 903: Die Wikinger greifen Mercia und Wessex an.

2 903: Die Engländer schlagen zurück und werden besiegt.

3 909: Die englische Armee verwüstet das Königreich Jorvik.

4 910: Die Wikinger schlagen zurück, werden aber bei Tettenhall besiegt.

5 914: Wikinger unternehmen Raubzüge von der Bretagne aus, werden jedoch von den Engländern besiegt.

6 917: Der Wikinger-König von East Anglia wird in der Schlacht von Tempsford getötet, danach bricht der Widerstand der Wikinger zusammen. Unter der Führung von Wessex erobern die englischen Reiche den Danelag zurück.

7 918: Wikinger fallen, aus ihren Siedlungen in Irland kommend, in East Anglia und im Königreich York ein und erobern beide Länder.

ALBA

Dunblane
918 geplündert

STRATHCLYDE

GALLOWAY

EARLDOM VON NORTHUMBRIA

IRISCHE SEE

NORDSEE

KÖNIGREICH JORVIK (YORK)

York

Lincoln

DANELAG

WALISISCHE FÜRSTENTÜMER
Vassals of Wessex

MERCIA

Derby Nottingham

Stamford

EAST ANGLIA

Thetford

Tettenhall

Northampton

Tempsford

912 bis 916 von Mercia annektiert

911 von Wessex annektiert

London

W   E   S   S   E   X

Winchester

ÄRMELKANAL

N

0   50 km

0   50 Meilen

Waffen und Kampftechniken der Wikinger

Die Wikinger waren Krieger, keine Soldaten. Nur wenige waren wirklich geübte Kämpfer, auch wenn die meisten Waffen besaßen. Den Umgang damit hatten sie als Heranwachsende von Freunden und Verwandten gelernt. Wir dürfen also annehmen, dass die Wikinger einen eher brachialen Kampfstil pflegten.

Wer eine Schlacht überlebt hatte, gab seine Erfahrungen weiter und berichtete, was funktioniert hatte und was nicht. So kannte man vermutlich eine Reihe von Techniken, die sich im Kampf bewährt hatten. Wer es sich leisten konnte, regelmäßig für Waffengänge zu trainieren, und öfter in den Kampf zog, war natürlich ein weit tödlicherer Gegner als ein Bauer mit Axt oder Schwert, welche er zwar entschlossen, aber wenig geschickt schwang.

Wir haben so gut wie keine Augenzeugenberichte darüber, wie die Wikinger im Kampfgewühl agierten. Trotzdem erlauben uns verschiedene Quellen, ihre Kampftechnik zu rekonstruieren. So werden einige Kunstgriffe in den Sagas erwähnt. Lassen sie sich problemlos nachahmen, kann man davon ausgehen, dass sie in dieser Form auch angewendet wurden. In manchen Fällen handelt es sich ja vielleicht auch um „Standardsituationen", die konkret geübt wurden.

Auch an den sterblichen Überresten gefallener Krieger lässt sich ablesen, wie Waffen gebraucht wurden. Stellen wir mit diesen Waffen zusätzlich noch praktische Experimente an, so können wir durchaus realistisch nachvollziehen, wie der Wikinger den tödlichen Schlag ausführte, auch wenn hierbei stets gilt: Die einfachste Erklärung ist immer die beste. Ein Mensch, der um sein Leben kämpft, wird keine komplizierten Techniken anwenden, wenn es einfachere, schnellere und sicherere Wege gibt.

GEGENÜBER: Die üblichen Darstellungen der Wikinger sind voller Anachronismen: Brustpanzer, Hosen aus Kettengeflecht und Flügelhelme waren zu jener Zeit nicht gebräuchlich.

Zu Land oder zu See

Selbst größere Auseinandersetzungen wurden nicht nach einer bestimmten Taktik geführt. Da kämpfte ein Trupp Schwerbewaffneter und keine Soldatenformation. Das heißt aber nicht, dass die Wikinger einfach nur ungeordnet dreingehauen hätten. Männer, die sich gut kannten und vielleicht schon gemeinsam Kämpfe gefochten hatten, deckten einander, verschafften dem Freund die Zeit, die Waffe, die ihm aus der Hand gefallen war, wieder aufzuheben oder eine leichtere Verwundung zu versorgen. Sie sprangen auch anderen Wikingern bei, die gegen eine Überzahl fochten.

Von einer Schlachtordnung allerdings wissen wir: die *Svinfylking* oder „Schweineschnauze". Die Kämpfer bildeten einen Keil, der sich in die Reihen der Gegner schob und zu Recht als Angriffsformation bezeichnet wird. Vermutlich setzte sich die Schweineschnauze aus den erfahrensten, bestgerüsteten und -bewaffneten Kämpfern zusammen. Wollte ein Mann seinen Mut unter Beweis stellen, konnte er einen Platz in der Keilformation fordern, auch wenn er keine Rüstung besaß.

Die Schweineschnauze war die Taktik der Wahl, um einen Schildwall zu durchbrechen, der ebenfalls zu den gängigen Taktiken jener Zeit gehörte. Dabei schob eine Reihe von Kriegern ihre Schilde übereinander, um sich zum Beispiel vor Pfeilen zu schützen. Doch ein Keil trieb diese Formation schnell auseinander. Sobald der Wall durchbrochen war, ging es in den Zweikampf Mann gegen Mann, was dem Kampfstil der Wikinger entgegenkam.

Eine einfache Formation wie ein Keil oder ein Wall ist von ungeübten Kämpfern leicht einzunehmen. Schwierig wird es nur, wenn sich die Formation bewegen soll. Komplexe Manöver zur Änderung einer Formation auf dem Schlachtfeld erfordern ein Minimum an Übung und verlangen daher wenigstens halb-professionelle Kämpfer. Da es zu jener Zeit aber noch keine Berufssoldaten gab, mussten sich die Wikinger ebenso wie ihre Feinde mit einfachen Formationen begnügen.

Doch ebendies entsprach ja dem Kampfstil der Wikinger. Sie agierten meist als kleine Trupps, die Ortschaften überfielen. Bis die größeren Königtümer entstanden, hatte nicht einmal ein König eine ausgebildete Armee zur Verfügung. Solange eine Schlacht nur zwischen einigen Hundert Kriegern ausgefochten wurde, waren größere Formationen auch nicht nötig.

Der Kampf auf See verlief im Prinzip nicht wesentlich anders. Man führte auf Schiffen keine Schusswaffen oder Rammböcke mit. Seeschlachten sahen so aus, dass die Schiffe sich einander auf kurze Distanz näherten und die Besatzungen sich einen Kampf Mann gegen Mann lieferten. Meist standen die Krieger dabei am Steven, wo nicht selten für die Kämpfenden eine Plattform eingezogen war. Fiel einer der Kämpfenden, rückte ein anderer für ihn nach. Wurde ein Schiff geentert, so kam es zum verzweifelten Kampf auf engem Raum, wo es nicht nur Kampfgeschick brauchte, sondern auch ein gerüttelt Maß an Glück.

Natürlich war hier auch ein gewiefter Steuermann gefragt, der das Schiff in eine günstige Position manövrieren konnte. Gute Bogenschützen entschieden solch eine Schlacht häufig, noch bevor sie begonnen hatte. Man konnte nicht auf Hilfe oder Unterstützung rechnen, ob nun von einem anderen Schiff oder von den Kameraden. Wenn es zur Schlacht kam, ob an Land oder zur See, dann musste jeder einfach sein Bestes geben und sich darauf verlassen, dass seine Waffenbrüder es ihm gleichtun würden.

Obwohl sie durchaus Pferde als Tragtiere verwendeten, kämpften die Wikinger meist zu Fuß, und entsprechend waren ihre Waffen und ihre Ausrüstung ausgerichtet. Da sie glaubten, ihr Schicksal sei vorherbestimmt, schonten sie sich im Kampf nicht. Schließlich gab es ja nur zwei Möglichkeiten: getötet werden oder eben nicht. Welcher Fall eintreten würde, war ohnehin schon vorgezeichnet. Der Krieger konnte also den Ausgang gar nicht beeinflussen. Warum also nicht wenigstens so viel Schaden anrichten wie irgend möglich? Ob er leben oder sterben würde, konnte der Wikinger nicht entscheiden, doch wie viel Ruhm er erwerben würde, das lag allein in seiner Hand.

Schilde

Natürlich verteidigten sich auch die Wikinger, doch nur, um möglichst viele Gegner in den Tod reißen zu können, nicht um der eigenen Sicherheit willen. Paradoxerweise hat ein Krieger, der auch gewinnen will, meist bessere

LINKS: Ein Schildwall war die klassische Verteidigungsformation jener Zeit, gewöhnlich aus nur einer Schildreihe gebildet. Eine Doppelreihe bot mehr Schutz gegen Pfeile, schränkte jedoch die Bewegungsfreiheit der Krieger ein.

RECHTS: Bei See-
schlachten wurden die
Wikingerschiffe nahe
aneinander gebracht,
denn am Steven gab es
ein Deck für die Kämp-
fenden. Dies erforderte
großes Geschick im
Manövrieren.

Überlebenschancen als einer, der nur mit dem Leben davonkommen will. Das liegt daran, dass Ersterer seine Gegner vergleichsweise schnell kampfunfähig macht oder sie in die Defensive drängt, ohne dass sie einen entscheidenden Schlag anbringen können.

Die meisten Krieger benutzten einen Schild als Schutzwaffe. Bei den Wikingern war er in der Regel rund und bestand aus Holzbrettern. Manche wurden von einem Eisenband zusammengehalten und die Vorderseite hatte einen metallenen Schildbuckel in der Mitte. Die Größe variierte, da ein guter Schild auf die Armlänge des Trägers bemessen werden musste. Der Schild war keine reine Verteidigungswaffe, hinter der man sich verstecken konnte. Den Schild richtig zu führen gehörte zu den Künsten des Kriegers. Er wurde

BESSER EIN KURZER MOMENT DER EHRE ALS EIN LANGES LEBEN VOLLER SCHMACH.

sehr beweglich eingesetzt und konnte auch zum Angriff genutzt werden, wenn man zum Beispiel die Waffenhand des Gegners damit blockierte. Dazu musste der Schild leicht und beweglich genug sein, andererseits musste er auch den Körper des Kämpfenden schützen.

Die einfachste Verwendungsform war, einfach den Schild vor sich hinzuhalten, um damit Hiebe abzuwehren. Das war ein guter Schutz, zum Beispiel bei einem Pfeilhagel. Doch es ermüdete den Arm, wenn man den Schild über den Kopf halten musste. Außerdem war es so für den Gegner ein Leichtes, den Schild mit einer Axt, selbst mit einem Schwert zu zerschmettern. Damit war der Schild nutzlos und der Kämpfende weiteren Hieben ausgesetzt.

Um das zu vermeiden, setzte ein geschickter Kämpfer den Schild aktiv ein. So wehrte man zum Beispiel einen Schlag von oben ab, indem man den

Schild horizontal über den Kopf hielt, auf den Gegner zutrat und ihm den Schildrand ins Gesicht stieß. Idealerweise traf dann nur der Schwertarm des Angreifers den Schild, nicht aber seine Waffe. So schützte man den Schild, parierte den Hieb und konnte möglicherweise den Gegner noch im Gesicht verletzen. Gleichzeitig blieb der Waffenarm des Schildträgers geschützt.

Schützte sich ein Kämpfer auf diese Weise mit seinem Schild gegen Hiebe von oben, konnte er gleichzeitig verdeckt sein Schwert als Stichwaffe einsetzen. Selbst wenn der Gegner erriet, aus welcher Richtung das Schwert kommen würde, und versuchte, es mit seinem Schild abzuwehren, wären seine Bemühungen durch den Schildrand vor dem Gesicht erschwert worden. Eine andere Möglichkeit war es, mit dem Schwert auf die Beine zu zielen. Tatsächlich finden sich solche Wunden recht häufig an den Skeletten der Wikingerkrieger, die man untersucht hat.

Ein Hieb von Schwert oder Axt führte mitunter dazu, dass sich die Waffe im Schild verkeilte. Manchmal splitterte der Schild sogar, obwohl Wikingerschilde hier eine enorme Festigkeit bewiesen. Es gehörte zu den probaten Defensivtechniken, den Schild so zu halten, dass das Schwert des Gegners darin stecken blieb und somit nutzlos wurde. So ließ sich der Gegner entwaffnen oder das Schwert gar verbiegen.

Eine wichtige Funktion des Schildes war außerdem, dass man damit die Sicht des Gegners behindern konnte. Wenn man ihn weit vor sich streckte, konnte der Feind nichts mehr sehen. Er konnte weder erkennen, was sein Gegner vorhatte, noch

LINKS: Der Schild war sowohl Angriffs- wie Verteidigungswaffe. Meist war er bunt bemalt und besaß in der Mitte einen Schildbuckel, sodass er auch zum Blockieren der Waffenhand des Gegners verwendet werden konnte.

angemessen darauf reagieren. Wer klug mit dem Schild kämpfte, machte die Bewegungen seines Gegners vorhersehbar, sodass letztlich ein entscheidender Schlag eher gelingen konnte. Oder er konnte den Kampf so lange hinausziehen, bis der Gegner müde wurde und sich gedemütigt fühlte.

Paraden mit dem Schild

Sehr effektiv ist es außerdem, die Schwerthand des Gegners mit dem Schild zu blockieren, sodass er sein Schwert nicht mehr führen kann und vollkommen unter Kontrolle ist. Dieser Schachzug

kam idealerweise nach der Parade eines Schwerthiebs mit dem Schild. Man tritt auf den Gegner zu und drängt dessen Schwertarm beiseite. Wenn man dies geschickt anstellt, kann man mit dem Schwert nachstechen, da die eigenen Aktionen dem Gegner ja durch den Schild verborgen sind und er keine Gegenwehr einleiten kann.

Auch mit dem Schildbuckel oder dem eisenbewehrten Rand des Schildes ließen sich gefährliche Schläge austeilen. Den eigenen Schild nah am Körper haltend dringt man auf seinen Gegner ein, sodass dieser entweder das Gleichgewicht verliert oder verletzt wird. Der Angreifer aber ist hinter seinem Schild wohlgeschützt.

Den Gegner mit dem Schild zurückzudrängen und ihn dann mit der Waffe zu treffen, während er schwankt oder liegt, ist natürlich eine grundlegende Kampftechnik. Dazu war nicht mehr nötig als eine gewisse Körpermasse und Entschlossenheit – worüber wohl alle Wikingerkrieger verfügten. Im Kampf erwies sich der Schild jedenfalls als sehr nützlich, sodass selbst ungeübte Krieger davon profitieren konnten. Und natürlich gab es eigene Techniken, wie man den Schild des Gegners abwehrte. Obwohl dieser ja mitunter freiwillig darauf verzichtete.

In den Sagas jedenfalls wird von Kriegern berichtet, die ihren Schild auf den Rücken schnallen, damit sie ihre Waffe mit beiden Händen packen können. Mitunter warf man den Schild auch über einen gestürzten Freund, um diesen zu schützen. Den Schild wegzuwerfen war eine Geste, die dem Gegner Angst einjagen sollte. Nun, so hieß es, ging es um alles oder nichts.

Umhänge und Mäntel

Nicht alle Wikinger besaßen Rüstungen, der Schild war daher wichtig und sein Verlust stellte ein echtes Problem dar. Im Notfall bot auch ein Umhang Schutz. Kampfkunst-Experten haben die These aufgestellt, dass Wikinger ihren Umhang um den Arm wickelten, um damit Angriffe zu parieren. Doch das ist eher fragwürdig. Eine scharfe Waffe hätte den Stoff mühelos durchtrennt. Ich habe selbst Versuche mit dem Backsword angestellt, einem vormittelalterlichen Schwert mit breiter, gerader Klinge, das deutlich leichter ist als Axt oder Schwert eines Wikingers, und musste feststellen, dass der Parierarm das nicht lange mitmacht, selbst wenn er keinen Schnitt abbekommt.

Wahrscheinlicher ist da schon, dass der Umhang nur teilweise um den Arm geschlungen wurde, um den Gegner zu verwirren und die Waffe in den Stofffalten abzufangen. Dazu genügt es, den Arm auszustrecken und zu hoffen, dass der Stich nicht bis zum Körper durchgeht.

Natürlich lässt sich die Waffe dann auch mit dem Stoff zur Seite ziehen und so abfangen. Diese Methode stellt jedenfalls eine weit bessere Verteidigung gegen Speer- oder Schwertangriffe dar als die oben angeführte.

Man konnte einen Umhang auch über die Waffe werfen, um den Gegner kurzfristig kampfunfähig zu machen, bis er sich aus den Stoffmassen befreit hat. Man kann ihn über den Kopf des Gegners werfen und diesem die Sicht nehmen oder ihn in seine Richtung schleudern, um ihn abzulenken. In den Sagas finden sich immer wieder Geschichten (üblicherweise von Frauen), in denen auf diese Weise ein Schwertkampf verhindert wird. Dazu reicht ein schweres Stück Stoff aus. Da die Wikinger aus einem kalten Land kamen, ist anzunehmen, dass ihre Mäntel und Umhänge schwer genug waren.

Wer es sich leisten konnte, wählte natürlich die klassische Rüstung und wurde dadurch zu einem furchterregenden Gegner. Wobei man hier, den Sagas zufolge, nicht selten improvisierte. Manche Krieger verstärkten ihre Hemden und Wamse mit flachen Steinen. Auch Tierhäute oder Horn leisteten gute Dienste. Eine ganze Reihe Helden kommt gut davon, nur weil der entscheidende Schlag von etwas aufgefangen wird, was sie gerade zufällig bei sich tragen: einen Weinschlauch zum Beispiel, den sie geschultert haben, sodass beim Angriff aus dem Hinterhalt der Pfeil darin stecken bleibt. Meist aber dienen Geschichten wie diese nur erzählerischen Zwecken, denn das Schicksal des Kriegers ist ja vorherbestimmt – der tödliche Schlag ging fehl, weil seine Zeit noch nicht gekommen war.

Kettenhemden

Eine Rüstung war da schon sicherer. Die besten Rüstungen bestanden aus einer Kettenpanzerung, die sehr gut schützte, dem Kämpfenden aber dabei viel Bewegungsfreiheit ließ. Leider war sie so teuer, dass nur sehr reiche Krieger sie sich leisten konnten. Wenn sie in den Sagas erwähnt ist, dann wird sie *brynja* genannt, womit ein Kettenhemd gemeint ist. Dieses sah aus wie das übliche Tunikahemd, dessen Ärmel aber höchstens bis zum Ellbogen oder zum Unterarm reichten. Die Ärmel saßen locker, damit genug Bewegungsfreiheit blieb. Im Grunde bestand ein Kettenhemd aus einem breiten Schlauch mit Löchern für die Arme und zwei kleineren Schläuchen als Ärmel. Man zog es über den Kopf und hielt es in der Taille mit einem Gürtel. Doch so simpel der „Schnitt" war, so schwierig war die Herstellung.

Kettenpanzer bestanden aus vielen kleinen Metallringen, die gegen Ende der Wikingerzeit immer feiner wurden. Normalerweise war ein Ring stets mit vier anderen verbunden, obwohl in manchen Sagas auch von einem „doppellagigen" Hemd die Rede ist. In diesem Fall wurden die Ringe doppelt genommen und jeder Ring hielt vier andere Doppelringe. Das schützte vielleicht besser, war aber auch entsprechend schwerer, was den Krieger schneller ermüdete und ihn deshalb, gerade bei langen Kämpfen, verwundbar machte. Außerdem dauerte die Herstellung doppelt so lange und erforderte die doppelte Menge an Rohmaterial. Wie gesagt, in den Sagas finden sich Hinweise darauf, doch das doppellagige Kettenhemd war

OBEN: Das Kettenhemd war ein kostspieliges Ausrüstungsstück, das den Körper jedoch optimal schützte. Kettengeflecht ist biegsam. Trotz seines Gewichtes behindert es die Bewegungen des Kämpfenden nicht so, wie es eine massive Panzerung tut.

noch seltener als das einlagige, das auch schon wenig verbreitet war.

Ein Kettenhemd herzustellen erforderte enorm viel Zeit und Material. Man brauchte viel Eisen, um all diese Ringe zu ziehen, und Eisen war an sich schon teuer. Die Wikingerrüstung wurde aus geschlossenen und „offenen" Ringen gefertigt, die nach dem Ineinanderfügen vernietet wurden. Waren die Ringe nur mit der Zange ineinandergeschoben, war die Rüstung natürlich eher fertig, ging aber im Ernstfall viel schneller kaputt.

Die Ringe zusammenzufügen war zeitaufwendig, doch zuvor mussten die zahllosen Ringe erst einmal hergestellt werden. Geschlossene Ringe wurden aus einem Stück Metall geschnitten, das man auf die nötige Dicke zurechthämmerte. Die offenen Ringe wurden aus Draht gefertigt. Dafür zog man das glühende Eisen durch immer kleiner werdende Löcher, bis man Draht der gewünschten Dicke hatte, den man dann nach

Belieben schnitt. Feinere Ringe, wie sie gegen Ende der Wikingerzeit entstanden, ergaben eine leichtere Rüstung, waren aber noch mühseliger herzustellen, da der Draht mehrfach gezogen werden musste.

Zusätzlicher Schutz

Manche Kettenhemden hatten noch einen Extra-Rückenschutz aus Leder oder dick gepolstertem Stoff. Doch im Allgemeinen boten die Kettenhemden genug Schutz gegen Schnittverletzungen oder schwache Stöße, da sie die scharfe Spitze oder Klinge am Eindringen hinderten. Auch die Wucht eines Axt- bzw. Schwerthiebs wurde gemindert, weil sie auf eine größere Fläche verteilt wurde. So konnte man selbst wuchtige Schläge überleben. Doch da gerade Hiebe durchaus Schaden anrichten konnten, suchte man nach zusätzlichen Rüstungsmöglichkeiten.

LINKS: Ein gepolstertes Lederwams oder -hemd schützte vor Hieben und wurde möglicherweise unter dem Kettenhemd getragen. Dafür allerdings gibt es keine archäologischen Belege.

Helme und Kopfschutz

Manche Lederrüstungen wurden auch einfach an heiklen Stellen mit Kettengeflecht verstärkt. Da viele Schläge von oben kamen, versuchte man natürlich, den Kopf zu schützen, daher war ein Helm wohl der beste Schutz, wenn man sich kein Kettenhemd leisten konnte. Helme zum Beispiel wurden am Hals und Nacken mit Kettengeflecht verstärkt, denn auch diese Partien waren Schlägen von oben schutzlos ausgesetzt. Ein Krieger mit einem guten Helm war auf jeden Fall besser geschützt als einer ohne, und der Helm war billiger als das Kettenhemd.

Viele Wikingerhelme haben diese Art von „Nackenschutz", eines aber ist offensichtlich: Kein Wikingerhelm hatte Hörner. Der „gehörnte" Helm, den wir aus Film und Comic kennen, ist ein Mythos. Zum einen wäre diese Art der Helmzier auch außerhalb der Schlacht wirklich hinderlich gewesen. Die Hörner hätten sich in den Tauen der Schiffe verfangen oder in den Helmen der Nebenmänner. Da wäre es wohl schon lange vor dem angesteuerten Ziel zu Streitigkeiten gekommen. Außerdem wäre der Helm dadurch schwerer geworden, was die Gefahr erhöht hätte, dass der Krieger ihn verliert, wenn er den Kopf neigt.

In der Schlacht würden Schläge, die sonst ins Leere gegangen wären, die Hörner treffen und den Helm herunterreißen oder den Hals des Kriegers schmerzhaft verrenken. All das hätte den Kämpfenden nur verwundbarer gemacht, statt

Manche Krieger trugen vermutlich eine Lederweste unter dem Kettenhemd, obwohl es dafür keine archäologischen Belege gibt. Man hat ein Skelett ausgegraben, das Zeichen von Rüstungsringen an den Beinen trug, und dies so gedeutet, als habe ein wuchtiger Hieb die Ringe durch Haut und Muskulatur in den Knochen getrieben. Ein Polster hätte dies natürlich verhindern können, und die Krieger jener Zeit hätten dies mit Sicherheit gewusst. Daher ist es anzunehmen, dass die Wikinger sich ausreichend schützten, auch wenn es keine Fundstücke gibt, die dies belegen.

Wer sich kein Kettenhemd leisten konnte, musste eben anderweitig für Schutz sorgen. Man trug ein Wams aus Fell oder dickem Leder, was gegen weniger gut gezielte Schläge schützte, aber auch gegen Schnittverletzungen. Ein wuchtiger Schlag oder Stoß von einem Speer oder Schwert wäre aber trotzdem hindurchgegangen.

OBEN: Einige Wikingerhelme schützten die obere Gesichtshälfte. Ein vertikaler Nasenschutz machte den Helm nicht viel schwerer, doch deutlich sicherer. Die „Augenmaske" diente vermutlich nicht nur dem Schutz, sondern auch der Einschüchterung.

ihn zu schützen. Der Helm hätte also seinen Zweck verfehlt. Die Wikinger waren Pragmatiker, sie hätten den gehörnten Helm vermutlich nur witzig gefunden.

Die meisten Wikingerhelme wurden aus mehreren Metallstücken gefertigt, die man zusammenfügte. Ein aus einem Stück geschmiedeter Helm ist massiver, aber auch schwerer herzustellen. Aus diesem Grund zogen die Wikinger die erste Machart vor. Normalerweise setzte man auf einen Eisenreif als Basis kreuzweise zwei Bänder auf, die von Ohr zu Ohr und über den Scheitel verliefen. Diese wurden

mit dem Eisenreif vernietet. Um diese Grundstruktur wurden entweder Lederbänder geschlungen, was einen leichten Helm ergab, oder sie wurde mit Eisenplatten verstärkt, was einen besseren Schutz bot. So hatte man eine feste Metallschale, die den ganzen Kopf schützte.

Manche Helme schützten auch die Augen, indem vorne eine Art Maske mit zwei Augenlöchern angesetzt wurde. Dies stellte einen guten Schutz gegen einen Schwerthieb übers Gesicht dar, hatte aber den Nachteil, dass sich Schwert oder Lanze nach einem Stich in den Augenlöchern verfangen konnten. Der Nachteil war aber nicht so gravierend, denn es verringerte zumindest die Chance, dass der Angreifer ein zweites Mal zustach.

Ob der Augenschutz also etwas half, soll dahingestellt bleiben, auf jeden Fall schüchterte er den Gegner ein. Die meisten gefundenen Helme haben auch keinen Augenschutz, die Nase allerdings ist immer geschützt. Dabei handelte es sich um ein weiteres Metallstück, das über die Nase reichte und gut vor Schnitt- oder Hiebverletzungen schützte, vor Stichverletzungen schon weniger.

Der Helm nun saß nicht einfach so auf dem Kopf. So hätte er zwar einen gewissen Schutz gegen Schnittverletzungen dargestellt, ein Hieb allerdings hätte sich genauso dramatisch ausgewirkt. Daher trugen die Wikinger unter dem Helm eine Polsterung, die die Wucht der Hiebe abfing. So verhinderte man, dass Angriffe auf den Kopf den Krieger außer Gefecht setzten.

Natürlich war der Helm nur von Nutzen, wenn er an Ort und Stelle verblieb. Vermutlich hatten die meisten Helme

RECHTS: Dieser Wikingerhelm besitzt die typische „Augenmaske" und schützt den Nacken noch durch Kettengeflecht. So war auch ein Krieger, der sich kein Kettenhemd leisten konnte, gut geschützt.

einen Kinnriemen, obwohl uns auch hier archäologische Belege fehlen. Aber den Helm einfach aufzusetzen und kräftig über den Kopf zu ziehen wie einen Hut an einem windigen Tag, hätte wohl wenig gebracht. Der erste horizontal geführte Schlag hätte ihn heruntergefegt. Bald wäre das Schlachtfeld voll verlorener Helme gewesen, aber es ist unwahrscheinlich, dass die Stolperfalle zur Wikingertechnik gehört haben soll. Daher hat man sich vermutlich bald Gedanken gemacht, wie man den Verlust des Helms vermeiden konnte. Schließlich war auch ein Helm nicht ganz billig, und wenn der Krieger ihn verlor, nützte ihm am Ende die ganze Kriegsbeute nichts.

Schwergewichte

Helm und Rüstung schützten den Krieger in der Schlacht, waren aber auch entsprechend schwer. Allerdings fühlt sich das Ganze schwerer an, wenn man es in der Hand hält, als wenn man es übergezogen hat. Das Gewicht des Kettenhemds verteilt sich über den ganzen Körper und wird von den Schultern getragen. In der Körpermitte hält es ein Gürtel. Ein gutes Kettenhemd ließ dem Krieger einiges an Bewegungsfreiheit und ermüdete ihn nicht so schnell.

Die Rüstung behinderte also nicht die Bewegung, doch der Kämpfende musste bei jedem Schritt, bei jedem Schlag mehr Energie aufwenden als ein ungeschützter Gegner. Und Ermüdung kann auf dem Schlachtfeld tödlich sein. Ein müder Krieger hat eine verlängerte Reaktionszeit und gibt ein leichteres Ziel ab. Ein Kettenpanzer bot keinen totalen Schutz, doch wenn der Angreifer sich

entsprechend bewegte, war es schwierig, einen entscheidenden Hieb oder Stoß anzubringen, der die Rüstung durchdrang. Wenn der Mann aber müde wurde, verlangsamte dies seine Bewegungen und die Chance zum Entscheidungsschlag bot sich eher.

Einige Körperteile wurden außerdem vom Kettenpanzer nicht geschützt, zum Beispiel Arme und Beine, in vielen Fällen auch das Gesicht. Daher war auch eine Rüstung keine Garantie für Unverwundbarkeit. Dies ist einer der Gründe, warum mitunter selbst jene sich dagegen entschieden, die sich eine Rüstung leisten konnten. Hatte der Wikinger die Wahl zwischen Schild und Rüstung, griff er mit Sicherheit nach dem Schild. Und hatte er die Wahl zwischen Schutz- und Angriffswaffen, entschied er sich für Letzteres.

UNTEN: Helme mit Hörnern wurden vielleicht als Prunkhelme verwendet, in der Schlacht aber machten Hörner den Helm zum Sicherheitsrisiko. Es ist nicht anzunehmen, dass ein Wikingerkrieger sich unnötig gefährdete.

Schwerter

Die Waffe, die uns als Erstes einfällt, wenn wir an die Wikinger denken, ist wohl das Schwert. Andererseits ist gerade dieses eher selten gewesen – Schwerter waren schwierig herzustellen und erforderten mehr Eisen bester Qualität als Speerspitzen oder Äxte. Daher waren Schwerter unglaublich teuer und wurden von Generation zu Generation vererbt. Ob man das Schwert eines verstorbenen Mannes mit auf den Scheiterhaufen legte oder es seinem Sohn überließ, war vermutlich eine schwierige Entscheidung.

Das typische Wikingerschwert ist kürzer und leichter, als man sich das heute so vorstellt. In Videospielen und Hollywoodfilmen wedeln die „Wikinger" meist mit etwas herum, das eher aussieht wie ein Surfboard mit Griff, doch ein so großes Schwert wäre schlecht zu führen und im Kampf eher eine Last gewesen. Um den Gegner außer Gefecht zu setzen,

muss ein Schnitt oder Stich zur richtigen Zeit ausgeführt werden. Die Waffe muss schnell in den Körper gestoßen werden, dann kann man die Schneide dazu benutzen, die Wunde zu vergrößern. Danach muss das Schwert schnell wieder herausgezogen werden können, damit der Krieger weiter damit kämpfen kann.

Ein zu schweres Schwert ist schlecht zu handhaben und destabilisiert das Gleichgewicht des Kriegers beim Herausziehen. Solch ein Schwert kann zwar schwere Verletzungen verursachen, doch das bringt wenig, wenn es feststeckt und der Kämpfer so schutzlos den Angriffen der Feinde ausgesetzt ist.

Das Wikingerschwert war ein einhändiges Schwert, da es zusammen mit einem Schild geführt wurde. Die Klinge war zweischneidig, sodass die Hiebe Schnittverletzungen verursachten. Meist wurde die „lange" Schneide gebraucht, die also, die vom Körper des Kämpfenden wegwies. Diese nannte man „wahre Schneide". Das Schwert konnte auch Stichverletzungen verursachen, aber die abgerundete Spitze musste schon mit sehr viel Körperkraft in den Leib des Gegners gerammt werden. Einschneidige Schwerter gab es zwar, wurden aber nicht häufig gefunden.

Das Schwert war mit Griff im Allgemeinen etwa 100 Zentimeter lang. Der Griff war am unteren Ende mit einem Knauf verstärkt, der als Gegengewicht für die Klinge diente. Das waren keine „Fechtschwerter", mit denen man Hiebe auch parieren konnte. Sie hatten nur eine kleine Parierstange, die die Hand nur minimal schützte, wenn die Klinge des Gegners an der eigenen entlangglitt, um die Schwerthand zu verletzen. Dass

RECHTS: Regin, der Schmied, bei der Reparatur von Sigurds Schwert. Viele Reparaturen wurden eher schlecht ausgeführt, doch ein geschickter Schmied konnte aus den Bruchstücken eines Schwerts wieder eine gute Waffe schmieden.

die Parierstange dazu benutzt wurde, die Klinge des Gegners zu blockieren und diesen zu entwaffnen, wie es beim mittelalterlichen Kampfstil der Fall ist, ist unwahrscheinlich. Das Schwert war als Angriffswaffe gedacht, zur Verteidigung diente der Schild.

Schwerter wurden aus mehreren Stücken gefertigt, und natürlich war die Klinge davon das wichtigste. Um eine Klinge zu schmieden, die sowohl hart als auch elastisch war, wurde die Technik des „Damaszierens" verwendet. Dabei wurden mehrere Lagen Metall übereinandergelegt. Meist verwendete man Eisenstreifen verschiedener Zusammensetzung, die erhitzt, flach gehämmert und schließlich zur Klinge gezogen wurden. Als sich im Mittelalter die Verbundstahlherstellung zunehmend verbesserte, bei der eine Legierung hergestellt wird, wurde das Damaszieren hinfällig, obwohl es auch später noch für dekorative Zwecke genutzt wurde. Ein Schwert aus „Damaszenerstahl", wie man dies heute nennt, verbog sich im Kampf nicht so leicht wie ein Eisenschwert. Gleichzeitig war es biegsam genug, um nicht abzubrechen. Solche Schwerter hatten meist eine gute Schneide, die jedoch schnell stumpf wurde. Daher schmiedete man die Schneide meist aus härteren Stahlstreifen.

Ein Schwert, das stumpf geworden war, konnte immer noch als Hiebwaffe benutzt werden. Allerdings war es so schwieriger, dem Gegner eine tödliche Wunde beizubringen. Manche Schwerter verbogen sich oder brachen während des Kampfes. Dann waren sie nutzlos. Wenn das Schwert den Kampf unbeschadet überstanden hatte, musste es meist repariert werden. Manche Fundstücke zeigen deutliche Anzeichen solcher Reparaturen. Es fanden sich sogar Schwerter, die zerbrochen waren und neu geschmiedet wurden. Das war trotz allem weniger Aufwand, als ein neues Schwert herzustellen. Auch wenn ein Schwert „ausgebessert" worden war, behielt es doch seine Identität, die sich unter anderem darin zeigte, dass Schwerter häufig einen eigenen Namen trugen.

Die Klinge lief in einer Griffangel aus, die in das Heft passte. Das Heft (Griffstück) wurde separat hergestellt. In den Sagas finden wir immer wieder Hinweise auf Schwerter ohne Scheide, die ihre Besitzer in Schwierigkeiten bringen. Doch meist ging der Krieger mit gezogenem Schwert, das mit einem Riemen an seinem Handgelenk befestigt war, in die Schlacht. Auf diese Art konnte er zuerst einen Speer werfen, um, sollte dieser verloren gehen, sofort das Schwert zur Hand zu haben.

Schwertscheiden verursachten auch Probleme. In den Sagas finden sich Geschichten von Kriegern, die ihr Schwert

OBEN: Die Griffangel wird gewöhnlich vom Griff verdeckt, ist aber wichtig. Ist sie zu schwach, bricht die Klinge ab. Verbiegt sie sich, lässt sich das Schwert nicht mehr führen.

LINKS: Dieser moderne Nachbau eines Wikingerschwerts zeigt, wie einfach diese Klinge im Grunde aufgebaut war. Trotzdem leistete sie gute Dienste, wenn sie richtig instand gehalten wurde.

vor allem in der späteren Wikingerzeit. Dieses wurde als Gürtel um die Taille gebunden. Früher trug man die Scheide auch an einem Schultergürtel, der diagonal über die Brust verlief. Das Schwert hing dann an der Taille oder über den Rücken. Obwohl es in den Sagas Hinweise darauf gibt, dass Wikingerkrieger ihr Schwert über die Schulter zogen, kann das nur für die gewöhnlichen Wikingerschwerter gegolten haben. Die späteren, zweihändig geführten Modelle wären dafür zu lang gewesen. Die Wikinger schätzten lange Schwerter nicht, vielleicht auch, weil sie selbst nicht die Technik besaßen, um solche zu schmieden. Diese Waffen wurden meist aus dem Frankenreich importiert. Ein Zweihänder war jedenfalls keine typische Wikingerwaffe.

Der Sax

Im Grunde ist ein Schwert nichts anderes als ein langes Messer und wird auch so geschmiedet. Ein gutes Messer ist allerdings schneller, einfacher und billiger herzustellen. Da es kürzer ist, muss es nicht so hohen Belastungen standhalten und kann selbst aus minderwertigerem Eisen gemacht werden. In den Sagas ist immer wieder die Rede von Kriegern, die auf ihr Schwert treten, um es gerade zu biegen. Ein Messer hingegen kann verwendet werden, bis die Klinge bricht.

Ohnehin war ein Messer unverzichtbar, da man damit essen, arbeiten und sich verteidigen konnte. In der Schlacht war es zwar weniger nützlich, doch besser als nichts. Daher beschritten die Wikinger eine Art Mittelweg und verwendeten

nicht aus der Scheide bekamen. Es ist nicht klar, ob diese Vorkommnisse nur die Spannung erhöhen sollen oder ob es solche Probleme tatsächlich gab. Ein Krieger, der zur richtigen Zeit sein Schwert nicht ziehen konnte, war in höchster Gefahr.

Die Scheide bestand aus Holz, das mit Wolle ausgekleidet war. Die Spitze war mit einer Metallkappe verstärkt, damit das Schwert sich nicht durchbohrte. Manche Scheiden wurden auch an der Öffnung mit Metallstreifen verstärkt, damit sie ihre Form behielten. Vielleicht verhakte sich dort das Schwert, wenn sich dieses Metallstück verzogen hatte.

Ein Schwert mit Scheide wurde gewöhnlich am Wehrgehänge getragen,

den Sax, ein einschneidiges Messer mit einer langen Klinge und ohne Schutz für die Hand (Parierstange). Man trug es horizontal in einer Scheide, die vom Gürtel hing, wobei die Schneide nach oben zeigte. Der Sax wurde als billigere Alternative zum Schwert getragen, vor allem auch von Kriegern, die sich kein Schwert leisten konnten. Doch auch wer mit Schwert, Lanze oder Axt bewaffnet war, hatte einen Sax am Gürtel hängen – für den Fall des Falles. Er ließ sich auch gut zusammen mit einem Schild führen, durchaus ähnlich wie ein Schwert. Von einigen Kriegern heißt es in den Sagas sogar, sie hätten im Nahkampf dem Sax den Vorzug vor dem Schwert gegeben. Andere zogen den Sax, sobald sie den Gegner kampfunfähig gemacht hatten, um ihn mit dem Messer zu töten.

Äxte

Die Standardwaffe des Wikingers aber war seine Axt. Die Axt war sehr viel weiter verbreitet als das Schwert. Sie erforderte keine komplizierten Metallarbeiten, keine Damaszierung oder

Legierung, da das Blatt nicht so hohen Anforderungen genügen musste wie die Schwertklinge. Äxte waren leichter herzustellen und daher, wenn man so will, kosteneffizient. Mit einem Schwert kann man nur eines machen, nämlich auf andere einstechen, doch was eigentlich als Holzbeil gedacht war, kann auch als Waffe benutzt werden.

Allerdings unterscheiden Streitäxte sich ein bisschen von den entsprechenden Werkzeugen zur Holzbearbeitung. Bei der Streitaxt ist der Kopf schmäler und leichter, da Menschen leichter zu fällen sind als Bäume. Die Kopfform ist prinzipiell die gleiche, doch bei der Streitaxt läuft der Bart (unterer Teil der Schneide) meist in einer verlängerten Spitze aus. So konnte man wie mit einem Widerhaken den Schild des Gegners heranziehen, und das Blatt bekam dadurch mehr Masse.

Die Axt ist eine Hieb-, keine Schnittwaffe. Das Blatt verstärkt den Hieb, indem es die Energie auf kleiner Fläche konzentriert, doch die Waffe ist dazu gedacht, tief ins Fleisch einzudringen, nicht, dieses aufzureißen. Ihre Wirkung

LINKS: Diese modernen Nachbauten von Wikingeräxten haben das charakteristische verlängerte Blatt, wodurch die Schneidfläche vergrößert wird. Bei der Axt links wurde die geschwungene Schneide dem Axtradius angepasst.

hängt von der Kraft ab, mit der die Schneide auftrifft. Die Axt soll die Wucht des Schlags verstärken. Die Länge des Schafts hängt von der Armlänge des Nutzers ab. Er muss die Axt gut schwingen können. Der Kopf soll so viel Masse haben, dass das Blatt gut eindringt, darf aber nicht so schwer sein, dass es den Nutzer ermüdet.

Wikingeräxte waren alles andere als grobe Werkzeuge. Obwohl sie weniger prestigeträchtige Waffen waren als Schwerter, waren sie sehr effektiv und häufig schön gefertigt. Der Kopf hatte ein Schaftloch für den Schaft. Beile, deren Kopf man mit Riemen am Schaft festgemacht hatte, waren in der Schlacht kaum von Nutzen, vor allem nicht, wenn der Gegner eine Rüstung trug. Doch selbst eine gute Axt konnte in der Schlacht entzweigehen. In den Sagas wird mitunter berichtet, wie der Kopf sich vom Schaft löst, wodurch der Kämpfende meist schnell zu Schaden kommt.

Die typische Streitaxt der Wikinger wurde mit einer Hand geführt, meist in Verbindung mit einem Schild. Sie hatte nur eine Schneide vorne. Die Doppeläxte aus Fantasyfilmen oder -spielen sind reine Erfindung. Die Wikingeraxt war eine einfache, aber effektive Waffe, die man ohne Futteral mit sich führte. Man konnte sie ja einfach in den Gürtel stecken, ohne befürchten zu müssen, dass man sich verletzte. Dass sie mit dem Kopf nach unten an einem Riemen am Gürtel baumelte, ist hingegen eher unwahrscheinlich, weil sie dann womöglich ihren Träger am Knie verletzt hätte, auch wenn sie nicht scharf war.

Doch konnte ein Krieger seine Axt auch noch auf andere Weise mit sich führen. Einige der Saga-Helden – und damit möglicherweise auch der echte Wikingerkrieger – trugen die Axt in der Schildhand und wechselten sie in die Waffenhand, wenn Schwert oder Speer verloren gingen. Äxte waren leicht zu verbergen, da sie kürzer waren als das Schwert. Darüber hinaus konnte man sie gut unter dem Mantel oder in einem Sack verstecken, bis sie gebraucht wurden.

Auch Äxte mit langem Schaft fanden Verwendung, gleichermaßen als Werkzeug wie als Waffe. Der längere Schaft bedeutete, dass die Waffe mit beiden Händen geführt werden musste,

RECHTS: Die Axt war weniger prestigeträchtig als das Schwert, doch immer noch eine wichtige Waffe. Der Kopf dieser Axt ist kunstvoll verziert, was nicht heißen muss, dass sie nur zu kultischen Zwecken verwendet wurde.

der Schild musste also am Rücken getragen werden. Das machte den Krieger verwundbar, vor allem für Pfeile und Speere, doch andererseits hatte die Axt so eine höhere Reichweite und eine größere Hebelwirkung. Die langschäftige Streitaxt war die Lieblingswaffe der Waräger-Krieger in byzantinischen Diensten und wurde später von Kulturen übernommen, die stark von den Wikingern beeinflusst waren, wie zum Beispiel die englische.

Eine Axt, ob nun mit einer oder zwei Händen geführt, konnte jedenfalls eine Rüstung leichter durchdringen als ein Schwert. Die Hebelwirkung, die Schwere und die Schärfe des Blattes ermöglichten es, den Helm des Gegners zu durchschlagen oder zumindest so zu treffen, dass er bewusstlos wurde. Davon ist auch immer wieder in den Sagas die Rede. Dass eine Axt geworfen wird, kommt hingegen in den Mythen selten vor. Die Axt als Wurfwaffe ist den Wikingern unbekannt.

Speere

Auch der Speer war eine verbreitete Waffe bei den Wikingern, denn er war billig und einfach herzustellen. Ein Speer braucht vor allem einen guten Schaft, und Holz ist leichter zu beschaffen als Stahl. Für die Spitze ist nur eine minimale Menge Metall vonnöten, und es ist keine große Geschicklichkeit erforderlich, um sie zu schmieden. Die meisten Speerspitzen der Wikinger waren recht simpel: blattförmig und nicht besonders lang. Doch man verwendete auch andere Speertypen.

Manche dieser Typen werden bei der Übersetzung der Sagas als „Hellebarden" bezeichnet, doch diese haben zur Zeit der Wikinger noch nicht existiert. Das ist nur zu verständlich, denn die Übersetzer griffen auf Dinge zurück, die sie aus ihrer Lebenswirklichkeit kannten, doch für die Nachgeborenen ist dies meist sehr verwirrend. Tatsächlich benutzen einige Speerträger in den Sagas ihren Speer, um dem Gegner Schnittverletzungen zuzufügen. Das kann eine normale Speerspitze aber nicht leisten.

Natürlich ist es möglich, dass die Schneiden einer üblichen blattförmigen Speerspitze geschärft wurden, wahrscheinlicher aber ist, dass diese Helden mit einem völlig anderen Waffentyp kämpften. Dafür kämen Speere mit breiter Spitze infrage, die den Hippen der späteren Infanteriesoldaten glichen. Diese „Speermesser" ermöglichen immer noch einen soliden Stoß, aber auch Schnittverletzungen, die aus sicherer Entfernung beigebracht werden können. Dieser Speer ließ sich als Hiebwaffe ebenso verwenden wie als Stichwaffe, was die Möglichkeiten des Angreifers vergrößerte.

Ein typischer Wikingerspeer ist etwa zwei Meter lang. Das ergab einen guten Aktionsradius, ohne den Speer zu unhandlich zu machen, denn die meisten Krieger trugen den Speer in der einen, den Schild in der anderen Hand. Außerdem neigt ein langer Speer dazu, sich aufgrund des eigenen Gewichts zu biegen. Dann aber beginnt die Spitze zu vibrieren, was einen zielsicheren Wurf unmöglich macht und darüber hinaus den Arm ermüdet.

Speere wurden meist geworfen. Einige Krieger benutzten dazu eine Schleuder,

OBEN: Diese Speerspitze besteht aus Bronze, die sich aber leichter verformt als Eisen. Daher ist Bronze für lange Klingen nicht geeignet. Eine Speerspitze allerdings muss nicht so hohen Anforderungen standhalten wie die Klinge eines Schwerts.

RECHTS: Diese fanta-
sievolle Darstellung
von der Landung Leif
Erikssons in der neuen
Welt zeigt ihn mit der
langschaftigen Axt
als Hauptwaffe, sein
Schwert hingegen
scheint ihm weniger
wichtig gewesen zu
sein. Dass der Dolch
nach unten getragen
wird, ist historisch we-
nig wahrscheinlich.

um die Durchschlagskraft des Speeres zu erhöhen. Diese Kunst aber beherrschten nur wenige. Sie hatte außerdem den Nachteil, dass Speere auf dem Schlachtfeld ja nicht ohne Weiteres ersetzt werden konnten. Sobald der Speer geworfen war, hatte der Krieger nur noch sein Schwert oder den Sax. Außer natürlich der Gegner warf den Speer zurück.

Pfeil und Bogen

Der Speerwurf war der traditionelle Eröffnungsangriff in der Schlacht, was an Odins ersten Speerwurf im Kampf mit den Wanen erinnerte. Ob der Wurf nun ein gutes oder schlechtes Omen für die Angreifer war, es war auf jeden Fall wünschenswert, einige der Gegner schon auszuschalten, bevor man in den Nahkampf ging. Das aber erledigten die Wikinger lieber mit dem Bogen.

Die Wikinger hatten keine großen Bogenschützentruppen, wie man dies bei späteren Heeren beobachten kann. Trotzdem gehörten die Bogenschützen zur Wikingertaktik. Die Männer waren den Umgang mit dem Bogen ja bereits durch die Jagd gewohnt. Also versuchte man, den Gegner schon aus der Distanz zu dezimieren, ehe man handgemein wurde. Allerdings gab es keine spezialisierten Bogenschützen unter den Wikingern.

Als besonders nützlich erwiesen Pfeil und Bogen sich während einer Seeschlacht, da sie den Kriegern eine ganz andere Reichweite ermöglichten. In der entscheidenden Phase einer solchen Schlacht wurde geentert und der Gegner im Kampf Mann gegen Mann bezwungen, doch die Bogenschützen konnten den Gegner mürbe machen, vor allem, wenn man ansonsten an das Schiff nicht herankam, zum Beispiel in Flussmündungen, wo das Manövrieren mitunter schwierig war.

Das Zuggewicht eines typischen Wikingerbogens lag zwischen 36 und 45 Kilogramm. Damit waren Reichweiten von etwa 200 Metern möglich. Wer regelmäßig mit Pfeil und Bogen zur Jagd ging, konnte einen Gegner auf diese Distanz ernsthaft verwunden. Vermutlich waren die Bogen einfach konstruiert, der Bogen selbst dürfte eine Länge von etwa zwei Metern oder etwas weniger gehabt und aus Eibe, Ulme oder Esche bestanden haben. Manche gehen davon aus, dass die Wikinger einen Recurve- oder Kompositbogen benutzt haben, der aus Holz und Horn hergestellt war, doch wenn es diese überhaupt gegeben hat, waren sie sicher nicht sehr verbreitet.

UNTEN: Die Wikinger hatten keine eigene Bogenschützentruppe. Jeder, der einen Bogen hatte und damit umgehen konnte, schoss einige Pfeile auf den Feind ab, bevor er sich mit seinen Gefährten in den Nahkampf stürzte.

Kampftechniken

Der typische Wikingerkrieger war, wie bereits angedeutet, kein Berufssoldat. Er erhielt vermutlich als Junge eine gewisse Einweisung in verschiedene Kampftechniken und stellte seine Männlichkeit auf der Jagd und beim Ringen unter Beweis. Vermutlich war er dem Kampf zugeneigt. Ob der durchschnittliche Wikinger einen Helm besaß, wissen wir nicht. Eine Rüstung hatte er wohl üblicherweise nicht.

Die Ausrüstung des einfachen Kämpfers, der sich an Raubzügen oder Fehden beteiligte, bestand aus Speer und Schild und vielleicht Axt oder Sax für den Nahkampf. Manche Männer trugen den Schild mit Riemen am Rücken, um den Speer beidhändig führen zu können, doch sobald man handgemein wurde, kam der Schild unweigerlich zum Einsatz.

Die Kampftechniken glichen sich, ganz egal, welche Waffe eingesetzt wurde. Gewöhnlich brach man im Schutz einer vorausgehenden Attacke zur Frontlinie durch, verwickelte den Gegner in einen Schlagabtausch und ging dann aus dem Kontakt, um sich auf die nächste Runde vorzubereiten. Fiel ein Gegner, ging es gegen den Nächsten. Hielt er stand, erfolgte der Schlagabtausch wieder mit demselben Gegner, bis man im Schlachtgetümmel auseinandergetrieben wurde.

Schnelle Bewegungen und aggressiver Schlagabtausch waren ein wichtiger Teil des wikingischen Kampfstils und dienten auch der Verteidigung. Ein Gegner, der angesichts der aggressiv vorgetragenen Attacke den Mut sinken ließ, konnte leicht getötet werden. Selbst ein tapferer Mann, der sich ganz auf die Verteidigung konzentrieren musste, war im Nachteil. Der Angreifer riss das Heft an sich. Er entschied, wann und wo er als Nächstes zuschlagen würde, und hatte so eine gute Chance, die Verteidigung seines Gegners zu durchbrechen.

Der Kampf in kurzen, extrem aggressiv vorgetragenen Sequenzen erlaubte es, zwischendurch Luft zu schöpfen. Der Krieger konnte sich einen Überblick über die Lage verschaffen oder seinen Kameraden beispringen. Dadurch wurde es schwierig, ihn von hinten oder von der Seite anzugreifen, während er seinen Kampfgenossen helfen konnte, wenn sie Ziel solcher Attacken wurden.

Schwert- und Axthiebe erfolgten vorzugsweise von oben, meist direkt auf den Kopf oder diagonal auf die Schulter zielend. Hier half die Schwerkraft mit, daher waren solche Hiebe weit häufiger als Angriffe von unten. Natürlich wurden auch horizontale Schläge, meist gegen den Rumpf, geführt.

Eine beliebte Taktik war ferner, den Gegner an den Beinen zu verwunden. Das lag vermutlich daran, dass Schild und Helm Schnittverletzungen am Körper bzw. Kopf verhinderten. Dabei kam es letztlich ganz darauf an, wie man den Schild hielt. Die logische Reaktion auf einen Hieb über den Kopf war, den Schild zur Verteidigung nach oben zu nehmen und unten gegen die Beine des Gegners zu hauen.

Nahkampf

Hinter den Schild des Gegners zu gelangen war das Ziel des Nahkampfs. Man konnte ihn mit schweren Schlägen zum Splittern bringen, doch das kostete Kraft und Zeit. Da war es schon effektiver, den Gegner zu unüberlegten Aktionen zu verleiten. Ein Stoß mit dem Schwert Richtung Gesicht würde den Gegner dazu bringen, den Schild hochzunehmen und die Beine

LINKS: Der Speer ist zwar eine Wurfwaffe, wurde aber meist in der Hand behalten. Ein Stoß mit dem Speer war wirkungsvoll, zudem war die Reichweite, verglichen mit der eines Gegners, der nur einen Sax oder eine kurze Axt führte, enorm. Ein geschickter Krieger verwendete den Speer auch im Nahkampf.

zu entblößen. Ein Axtträger konnte die Axt in den Schild hauen und ihn zu sich heranziehen, ein Schwertkämpfer verwendete den Knauf seiner Waffe als Haken. Ein Ruck, und der Gegner verlöre das Gleichgewicht und wäre einem Hieb schutzlos ausgesetzt.

Eine effektive Variante dieser Technik ist es, sich am Schild des Gegners einzuhaken, ihn nach vorn zu ziehen und ihn mit dem Axtstiel ins Gesicht zu schlagen. Das ist zwar nicht tödlich, würde jedoch eine schmerzhafte Verletzung bewirken. Der Gegner würde sich möglicherweise vor dem Schlag ducken und dabei das Gleichgewicht verlieren. Dann könnte der Axtträger nachsetzen. Man konnte die Axt auch dazu verwenden, sich an Arm, Bein oder Kopf des Gegners einzuhaken und ihn aus dem Gleichgewicht zu bringen. Hier war besonders eine Waffe mit längerem Schaft von Nutzen.

Eine beidhändig geführte Waffe wie eine lange Axt konnte den Schild des Gegners durchschlagen, wenn dieser nicht geschickt genug eingesetzt wurde. Denn hier reicht es nicht, den Schild einfach hochzunehmen. Ein Schlag mit einer beidhändig geführten Axt würde diesen zerschmettern. Wer sich hingegen in den Schlag hineinduckt, kann den Schaft blockieren. Damit ist der Axtträger im Nachteil gegenüber den kürzeren Waffen des Gegners. Ein Speerstoß wird auf dieselbe Weise abgewehrt: Man stößt die Spitze mit dem Schild zur Seite, was die Verteidigung des Speerträgers für einen Gegenangriff öffnet.

Speerangriffe konnte man auch abwehren, indem man versuchte, auf den Schaft zu springen und ihn nach Möglichkeit zu zerbrechen. Er ließ sich auch mit dem

Schwert durchhauen. Manche Speere hatten Eisenverstärkungen, um dies zu verhindern, doch ließ sich der Schaft dann immer noch mit der Axt oder dem Schwertgriff einhaken und unschädlich machen.

Wer seine Waffe beidhändig führte, musste stets darauf achten, nicht in seiner Bewegungsfreiheit behindert zu werden. Kam ihm der Gegner zu nahe, geriet er unweigerlich ins Hintertreffen. Vor allem Äxte hatten eine „optimale Kampfdistanz": Zu nah und der Axtträger konnte keinen wirkungsvollen Schlag mehr platzieren. Dann konnte es passieren, dass der Gegner seine Waffe packte und sie gegen ihn wandte. In solchen Situationen war ein Schwert-, Sax- oder Messerträger eindeutig im Vorteil. Blieb der Krieger mit der Axt aber auf Distanz, so war es an ihm, den Zeitpunkt des Angriffs zu wählen und seinen Gegner auf die optimale Distanz zu bringen, wenn er zuschlagen wollte.

Ringen

Wenn die Umstände es erforderten, griff man auch zu anderen Kampfmethoden. So heißt es in den Sagas mehr als einmal, Krieger hätten, in Ermangelung anderer Waffen, Steine geworfen oder ihre Waffen weggeworfen, um den Gegner niederzuringen. Wenn er ihn erst einmal auf der Erde hatte, waren alle Vorteile, die Rüstung und Waffen ihm verschaffen mochten, zunichtegemacht.

Bei dieser Art Zweikampf kamen natürlich auch Messer zum Einsatz. Und selbst wenn der Gegner ein Kettenhemd trug, hatte der geschickte Ringer immer

noch genug Zeit, um die Schwachstelle in der Rüstung zu suchen, sobald er ihn fixiert hatte. Oder man zerschmetterte den Kopf des Angreifers mit Steinen, setzte ihn mit dem Schwertknauf außer Gefecht, erwürgte ihn oder brach ihm Arme und Beine.

Ohnehin waren die Wikinger im Ringen geschult, da sie dies von Jugend an als Sport betrieben. Es gab offensichtlich drei verschiedene Formen: Beim *glima* ging es nur um Geschick und Technik, dann gab es eine Art Freestyle-Ringen, bei dem mehr erlaubt war, und schließlich gab es noch das „rüde" Ringen, wie man es nannte, bei dem alles gestattet war. Letzteres glich wohl am ehesten den Ringkämpfen auf dem Schlachtfeld. Da war jeder schmutzige Trick erlaubt, um den Sieg und damit das Überleben zu sichern.

Die meisten Wikinger, die auf Raubzügen fochten, waren also keine professionellen Krieger, hatten aber entweder schon Erfahrung oder waren zumindest als Jugendliche in ein paar

OBEN: Die Hellebarde, wie wir sie rechts sehen, kam erst gegen Ende des Wikingerzeitalters auf. Schließlich entwickelte sich auch die Waffentechnik.

WENN EINES MANNES ZEIT GEKOMMEN IST, KANN NICHTS IHN RETTEN.

erprobte Kampftechniken eingewiesen worden. Manche allerdings gehörten zur Schutztruppe der Jarle und hatten da die besten Waffen und Rüstungen zur Verfügung. Sie übten regelmäßig und taten nichts anderes als zu kämpfen. Daher gehörten sie zu den gefährlichsten Gegnern, die man sich aussuchen konnte.

Die Berserker

Die schrecklichsten Krieger unter den Wikingern waren zweifelsohne die *Berserkir*. Wir denken bei diesem Begriff an blindwütige Irre, die ohne Rücksicht auf Verluste töten. Doch in den Sagas wird der Begriff ganz unterschiedlich verwendet, es gab also vielleicht mehrere Typen von Berserkern.

Möglicherweise gibt uns ja das altnordische Wort Aufschluss über die Bedeutung dieses Begriffes. Der zweite Teil, *serkr*, bedeutet „Gewand" oder „Waffenrock", der erste scheint mit „bar" zu tun

UNTEN: Das Relief stellt einen Berserker bei einer der „Wundertaten" dar, die man ihnen zuschrieb: Er wirft zwei Speere gleichzeitig. Das ist zwar hocheffektiv, erfordert jedoch eine Geschicklichkeit, die der einfache Wikingerkrieger nicht besessen haben dürfte. Daher der Ruch des „Übernatürlichen", in dem die Berserker standen.

zu haben, *nackt*. Nun kämpften die Berserker wohl kaum nackt, aber möglicherweise trugen sie kein Kettenhemd. Andere Autoren gehen davon aus, dass sie ohne Schild kämpften. Eine dritte mögliche Etymologie besagt, dass sie kämpften wie die *Bären* – entweder weil sie ein Bärenfell trugen (was ob dessen Schwere eher unwahrscheinlich ist) oder weil sie die Wildheit dieser Tiere an den Tag legten.

Legendär ist jedenfalls die Kampfeswut der Berserker, auch wenn wir ihren Ursprung nicht kennen. Dahinter mögen Drogen gesteckt haben, halluzinogene Pilze zum Beispiel oder einfach Alkohol. Möglicherweise ist auch eine dissoziative Persönlichkeitsstörung denkbar, wie manche Autoren vorschlagen, eine Störung, die Menschen Amok laufen lässt. Jedenfalls sprach man vom *berserkergang*, wenn jemand sich in die entsprechende Stimmung brachte.

Ursprünglich scheinen die Berserker eine Elitetruppe gewesen zu sein, die ohne Rücksicht auf Verluste mit größter Brutalität zu Werke ging und stets in erster Reihe kämpfte. Solch einer Truppe schließt sich nur eine bestimmte Sorte Mensch an. Vielleicht war unter ihnen diese Art der Persönlichkeitsstörung tatsächlich häufiger als beim Durchschnitt und wurde durch den Stress der Schlacht aktiviert. Dies kann durchaus zu dem Blutrausch geführt haben, für den die Berserker berüchtigt waren. In diesem Zustand griffen sie mitunter sogar die eigenen Leute an.

Im Laufe der Zeit wurde der gesamte Verband mit der Raserei einzelner Berserker gleichgesetzt. Nun bezeichnete „Berserker" nicht mehr nur den Angehörigen

gressiven Kampfstil nacheinander mehrere Gegner außer Gefecht zu setzen, durchaus übernatürlich gewirkt haben.

Und vermutlich wurden die Leistungen der Berserker durch die Chronisten entsprechend glorifiziert, wie das mitunter auch bei modernen Martial-Arts-Kämpfern geschieht.

Selbst heute noch gibt es Leute, die bereitwillig glauben, dass zum Beispiel ein Shaolinkämpfer jemanden töten kann, ohne ihn auch nur zu berühren. Das ist natürlich Unsinn. Die Menschen in der Wikingerzeit aber waren für solche Mythen sicher noch empfänglicher als unsere skeptische Zeit heute.

Man kann also davon ausgehen, dass die Berserker eine Truppe hochtrainierter Krieger waren, die mit großer Wildheit kämpften und dies auch durch ihr Äußeres – zum Beispiel ihr ungekämmtes Haar – unterstrichen. Wer unter ihnen tatsächlich zu einer dissoziativen Persönlichkeitsstörung neigte, möge hier dahingestellt bleiben. Doch in einer Zeit, in der man davon ausging, dass die Götter unter uns wandelten, konnte eine Kriegertruppe mit dem einen oder anderen echten Irren schon für eine Bande übernatürlicher Wesen gehalten werden.

RECHTS: Elchhornschnitzerei eines Wikingerkriegers, die in Sigtuna in Schweden ausgegraben wurde. Der Helm hat einen deutlich erkennbaren Nasenschutz und keinerlei Hörner.

LINKS: Ein Wikingertrupp bestand nicht aus geübten Berufssoldaten, sondern aus Kriegern mit individueller Bewaffnung, zum Beispiel Schwertern, Äxten und Speeren. Am meisten gefürchtet wurden die Wikinger, wenn sie als ungeordneter Haufen kämpften, wobei ihre Wildheit, ihr Kampfgeschick und ein Quäntchen Abstimmung aufeinander den Ausschlag gaben.

einer Elitetruppe, der Begriff wurde vielmehr zum Synonym für alle rasenden Psychopathen. Möglicherweise kultivierten die wirklichen Berserker diesen Mythos auch bewusst, um ihren Gegnern Angst zu machen, und die Saga-Dichter strickten eifrig daran mit. Am Ende der Wikingerzeit jedenfalls kannte man die Berserker um ihrer Kampfeswut willen, die mitunter ins Übernatürliche übersteigert wurde. So heißt es, sie hätten ein Schwert mit einem Zauberspruch stumpf werden lassen können.

Doch für einen naiven Beobachter mochte die Fähigkeit einer solch hochtrainierten Elitetruppe, durch ihren aggressiven

7

Entdecker, Siedler und Händler

Die Wikinger waren große Entdecker. Sie segelten bis nach Amerika und gründeten Siedlungen im heutigen Kanada, lange bevor die europäischen Seefahrer den Kontinent „entdeckten". Sie fanden den Weg ins Mittelmeer und über die Flüsse Russlands ins Schwarze Meer.

Dass die Wikinger derartige Fahrten unternahmen, ist an sich schon unglaublich. Dass sie dies aber noch in Schiffen ohne Verdeck taten, die nur durch Wind und Ruderkraft angetrieben wurden, heißt, dass sie außergewöhnlich mutig waren. Aber das wussten wir ja schon.

Mit Mut und kräftigen Ruderern ist es in der Seefahrt allerdings längst nicht getan. Der Großteil der Wikingerfahrten folgte der Küstenlinie oder dem Verlauf der Flüsse. Dazu sind keine großartigen nautischen Kenntnisse erforderlich. Doch sobald es hinaus aufs offene Meer geht und kein Land mehr in Sicht ist, braucht es ein Navigationssystem. Der Sextant sollte erst in einigen Hundert Jahren erfunden werden und der Magnetnadel-Kompass war zu jener Zeit in Europa unbekannt. Und doch schafften es die Wikinger irgendwie, auf hoher See auf Kurs zu bleiben.

Möglicherweise setzten die Expeditionen einfach Segel und verließen sich auf die Hilfe der Götter, aber da bestimmte Schiffe für Langstreckenfahrten gebaut worden waren, muss es eine Art Navigation gegeben haben. Wie diese ausgesehen haben mag, ist Gegenstand heftiger Debatten unter den Gelehrten. Natürlich kann man sich tagsüber an der Position der Sonne orientieren, aber dafür muss sie sichtbar sein.

Sonnensteine und Takelage

In den Sagas ist des Öfteren von einem durchscheinenden „Sonnenstein" die Rede, durch den man beim Segeln den Blick gen Himmel richtete. Das war vermutlich ein transparenter Cordierit, der

GEGENÜBER: Die Takelage der Wikingerschiffe war einfach, trug sie aber weit übers offene Meer. Auf so einem kleinen Schiff muss die stürmische See voller Schrecken gewesen sein.

die Farbe wechselt, wenn man ihn dreht, da das Licht dann jeweils anders polarisiert wird. Das menschliche Auge nimmt das nicht wahr, aber das Sonnenlicht, das auf der Erde auftrifft, wird durch die Atmosphäre polarisiert, d. h. abgelenkt, und zwar rechtwinklig zum Stand der Sonne. Manche Insekten und Vögel können diesen Effekt sehen und nutzen ihn zur Orientierung. Vielleicht haben die Wikinger das auch getan.

Aus der Polarisierung des Lichts, das durch den Sonnenstein fiel, konnte man auf die wahre Position der Sonne schließen, selbst wenn sie nicht sichtbar war. Dazu hätte schon ein Stück blauer Himmel gereicht, der Effekt funktioniert sogar durch eine dünne Wolkendecke hindurch. Sobald die Position der Sonne bestimmt war, konnte man die Richtung berechnen. Natürlich war diese Methode nicht unfehlbar. Island wurde vermutlich entdeckt, als ein Schiff die Färöer-Inseln ansteuerte und vom Kurs abkam. Doch auf diese Weise konnte man ein Schiff durchaus übers offene Meer steuern, bis wieder eine Küste sichtbar wurde.

Der folgte man dann wieder, bis erste bekannte Landmarken in Sicht kamen.

Die Nordmänner waren mit dem Wasser vertraut, es trug sie schon lange, bevor das Wikinger-Zeitalter begann. Doch für Entdeckerfahrten in ferne Länder musste eine zweite Voraussetzung erfüllt sein: die Entwicklung von Schiffen mit Takelage. Selbst ein einfaches Segel reduzierte die Anstrengung für die Mannschaft und erlaubte es, sich während langer Überfahrten auszuruhen. Bei Windstille wurde trotzdem gerudert, meist in Schichten. Die Mannschaft war nicht spezialisiert, jeder an Bord konnte jeden ersetzen. Es gab auch keine Unterschiede, etwa zwischen Mannschaft und Passagieren. Wer sich vom Dienst am Deck befreit sehen wollte, musste bezahlen.

Die ersten Wikingerschiffe erlaubten die Überfahrt über die Ostsee. Man führte Plünder- und Handelsexpeditionen von Dänemark, Norwegen und Schweden aus durch. Bessere Schiffe brachten später die Wikinger über die Nordsee nach England und an der französischen Küste entlang bis nach Aquitanien.

Siedler

Um etwa 820, vielleicht auch schon früher, begannen die Wikinger auf den Inseln zwischen Skandinavien und Schottland Siedlungen zu errichten. Die Inseln waren der Heimat der Wikinger meist sehr ähnlich. Wer eine neue Wohnstatt wollte oder brauchte, fühlte sich dort schnell heimisch. Um 875 waren viele Wikinger aus ihrer ursprünglichen Heimat geflohen, weil Harald

Schönhaar versuchte, Norwegen unter seiner Herrschaft zu einen. Wer seine Unabhängigkeit bewahren wollte, wanderte auf die Färöer aus, die Orkney- und Shetland-Inseln, die Hebriden und die Isle of Man.

Dass die Wikinger sich zuerst auf den Inseln ansiedelten und nicht auf dem Festland, zeigt, wie wichtig ihnen die See war. Sie waren als Entdecker auf die Inseln gekommen, das Meer verband sie mit ihren Verwandten anderenorts. Sie versuchten nicht, ein neues Reich zu gründen, sondern nahmen grüppchenweise Land an sich, wo es ihnen gefiel. Außerdem war auf den Inseln mit weniger Widerstand zu rechnen als auf dem Festland, wo die Pikten und andere Stämme das gute Land in Besitz hatten und es mit Zähnen und Klauen verteidigten.

Diese frühen Siedler waren keine Kolonisten im eigentlichen Sinne. Die Zeit, in der die Siedlungstätigkeit der Wikinger zu Reichsgründungen führte, sollte noch kommen. Doch sie gründeten Ansiedlungen, brachten ihren traditionellen Lebensstil mit und nutzten die Inseln als Stützpunkt für neue Plünder- oder Handelsfahrten. Möglicherweise waren es sogar Wikinger von den Orkney-Inseln, die 793 Lindisfarne plünderten und die Insel Iona 794.

Island und Grönland

Ihre Entdeckernatur führte die Wikinger in noch fernere Gegenden. Sie rüsteten immer wagemutigere Expeditionen aus, die Fahrten in die unbekannten Regionen des Atlantiks unternahmen. Sicher fanden sie manchmal nicht mehr als die Weiten des Ozeans, in anderen Fällen gibt es vielleicht keine Aufzeichnungen

UNTEN: Die Überreste eines Langhauses aus dem 10. Jahrhundert auf den Färöern.

darüber, was die Segler vorfanden, wenn sie denn einen Ort zur Landung entdeckten. Möglicherweise kannten die Wikinger Island schon seit 860, als ein Mann namens Naddod die Insel „entdeckte".

Naddod war einer der frühen Siedler, der sich auf den Färöern niedergelassen hatte. Er soll Island zufällig entdeckt haben, als sein Schiff vom Kurs abkam. Einige Quellen berichten, dass Island schon besiedelt war, als die ersten Wikinger dort ankamen, und zwar von Mönchen aus Irland, die abzogen, als die Nordmänner kamen. Es gibt tatsächlich einige archäologische Hinweise, dass dies gestimmt haben könnte, doch es handelte sich bei den Mönchen sicher um eine ganz kleine Gruppe. Von einer weiträumigen Besiedlung kann nicht die Rede sein.

Als die Wikinger nach Island kamen, war das Klima dort deutlich milder als heute. Der Erste, der dort den Winter verbrachte, musste allerdings ein sehr kaltes Jahr erwischt haben. Man taufte die Insel „Island" wegen des Treibeises, das vor seiner Küste schwamm. Doch die Insel war grün, so grün, dass es heißt, jeder Grashalm habe vor Butter nur so getroffen. Bald kamen mehr Siedler. Der erste war Ingolf Arnarson, viele andere sollten folgen.

Um 870 bestanden auf Island mehrere dauerhafte Siedlungen. Innerhalb eines halben Jahrhunderts stieg die Anzahl seiner Bewohner auf 50 000 bis 60 000 an. Von da an wurde Island auch zum Stützpunkt für weitere Erkundungsfahrten in den Atlantik. Etwa um 930 kam ein isländischer Seefahrer namens Gunnbjörn Ulf-Krakason vom Kurs ab und sichtete Land im Westen. Er ging dort nicht an Land, und es gibt keine Aufzeichnungen, dass irgendjemand sonst sich diese Entdeckung zugute gemacht hätte. Erst 980 rüstete Erik der Rote eine Expedition dorthin aus.

Erik der Rote hat seinen Namen vermutlich wegen seiner Bluttaten erhalten.

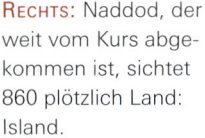

RECHTS: Naddod, der weit vom Kurs abgekommen ist, sichtet 860 plötzlich Land: Island.

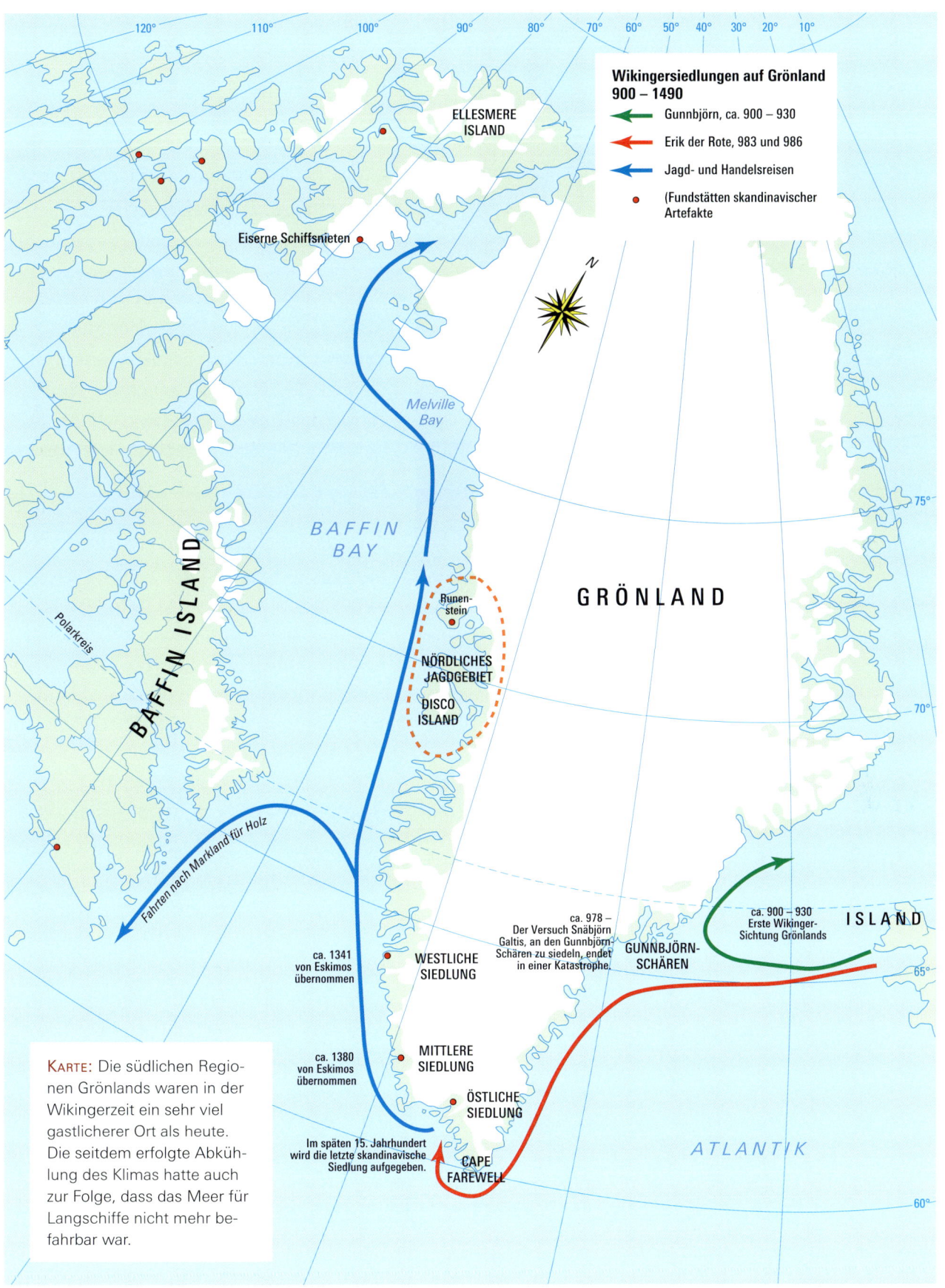

Wikingersiedlungen auf Grönland 900 – 1490

→ Gunnbjörn, ca. 900 – 930

→ Erik der Rote, 983 und 986

→ Jagd- und Handelsreisen

• (Fundstätten skandinavischer Artefakte

ELLESMERE ISLAND

Eiserne Schiffsnieten

Melville Bay

BAFFIN BAY

BAFFIN ISLAND

Polarkreis

GRÖNLAND

Runen-stein

NÖRDLICHES JAGDGEBIET

DISCO ISLAND

Fährten nach Markland für Holz

ca. 1341 von Eskimos übernommen

WESTLICHE SIEDLUNG

ca. 978 – Der Versuch Snäbjörn Galtis, an den Gunnbjörn-Schären zu siedeln, endet in einer Katastrophe.

GUNNBJÖRN-SCHÄREN

ca. 900 – 930 Erste Wikinger-Sichtung Grönlands

ISLAND

ca. 1380 von Eskimos übernommen

MITTLERE SIEDLUNG

ÖSTLICHE SIEDLUNG

Im späten 15. Jahrhundert wird die letzte skandinavische Siedlung aufgegeben.

CAPE FAREWELL

ATLANTIK

KARTE: Die südlichen Regionen Grönlands waren in der Wikingerzeit ein sehr viel gastlicherer Ort als heute. Die seitdem erfolgte Abkühlung des Klimas hatte auch zur Folge, dass das Meer für Langschiffe nicht mehr befahrbar war.

RECHTS: Erik der Rote ist vermutlich nach Grönland übergesetzt, weil er für vogelfrei erklärt worden war. Sein Talent, überall geächtet zu werden, führte schließlich zur Gründung der ersten Siedlung auf Grönland.

Er hatte seine Heimat Norwegen verlassen, weil er vor einer Blutrache auf der Flucht war, doch bald nachdem er sich in Island niedergelassen hatte, wurde auch dort die Feme über ihn verhängt. In solch einem Fall galt die Ächtung meist für drei Jahre. Das passt zu dem Zeitraum, in dem Erik seine Entdeckungsfahrt unternahm. Er kehrte nach Island zurück, wurde aber bald wieder geächtet. Und so unternahm er erneut eine Expedition zu dem Land, das er entdeckt und dem er den Namen „Grünland" gegeben hatte. In diesem Grönland gründete er nun eine Siedlung.

Wie wir bereits wissen, war damals schon die Mittelalterliche Warmzeit angebrochen. Das heutige Grönland war grün, ganz sicher an der Südspitze, wo Erik sich Land nahm. Doch es fand sich kein Holz auf der Insel, das die Wikinger für Schiffs- und Hausbau brauchten.

Nachdem die Bevölkerung wuchs, suchte man nach einer Quelle, die näher lag als Skandinavien bzw. die Inseln vor der schottischen Küste.

Amerika, Europa und Russland

Amerika wurde vermutlich zum ersten Mal von Bjarni Herjolfsson entdeckt, dessen Eltern zu den Siedlern gehörten, die Erik der Rote mit sich nahm. Für Bjarni war das eine echte Überraschung. Er, der damals schon erwachsen war, war nach Norwegen gereist. Seine Eltern waren in seiner Abwesenheit von Island aus aufgebrochen. Bjarni versuchte, ebenfalls nach Grönland zu gelangen, wurde aber von einem Sturm vom Kurs abgebracht. Doch bald sichtete er Land und beschloss, die Küste näher zu erkunden, um herauszufinden, ob er in Grönland war. Bjarni segelte an die Küste heran, landete aber nicht.

Nachdem er klar festgestellt hatte, dass er nicht vor Grönland segelte, machte er sich dorthin auf und erzählte, was er gesehen hatte. Einer der Söhne Eriks des Roten, Leif Eriksson, war der erste Wikinger, der in Amerika landete. Er führte eine Expedition, die das neue Land erkunden sollte. Als er feststellte, dass es dort Holz zuhauf gab, wurden Pläne für eine Ansiedlung geschmiedet.

In der Zwischenzeit hatten die Wikinger noch weitere Expeditionen in die Welt geschickt. Russland war auf dem Landweg über Finnland erreichbar, und Nordeuropa konnte vom südlichen Dänemark aus erkundet werden. Die Ostsee und die südliche Nordseeküste eröffneten weitere

Wege in andere Teile Europas. Die Wikinger trieben mit den dort ansässigen Völkern schon seit Jahren Handel. Doch nun entwickelte man Ehrgeiz. Bald stand man in regelmäßigem Kontakt mit Konstantinopel, ja sogar mit Bagdad.

Die Flüsse trugen die Wikinger weit über Land. Von den östlichen Küsten der Ostsee aus führt die Newa in den Ladogasee und weiter in den Onegasee. Von dort aus konnte man die Wolga erreichen, die man bis ans Kaspische Meer hinuntersegeln konnte, wenngleich dies nicht einfach war. Die Nebenflüsse der Wolga wiederum eröffneten Zugang zum Landesinneren Russlands.

Die Wikinger befuhren die Wolga, und schon 750, vielleicht noch früher, siedelten sich Skandinavier an und lebten mit der örtlichen Bevölkerung. Einige waren Händler, andere ganz offensichtlich Söldner und wieder andere Handwerker und Bauern, die, aus welchen Gründen auch immer, eine neue Heimat suchten. Es heißt, dass viele russische Städte von den Wikingern gegründet wurden, obwohl diesbezüglich in der Forschung keine Einigkeit herrscht.

In manchen Gegenden Russlands nannte man die Skandinavier „Rus", doch ob dies darauf zurückging, dass diese Gegend von den Skandinaviern bevölkert und beherrscht wurde, ist nicht klar. Es könnte auch sein, dass fremde Chronisten zwischen den Ureinwohnern Russlands und den Skandinaviern nicht unterscheiden konnten. Wir wissen nur, dass es schon seit Beginn der Wikingerzeit skandinavische Siedlungen am Ladogasee gab und dass kleinere Gruppen Wikinger auch im Landesinneren Russlands lebten. Handelsexpeditionen, die sie ausrüsteten, erreichten ferne Länder, sobald sich ein Fluss fand, der ihre Schiffe dorthin trug.

Die andere wichtige Handelsroute der Wikinger im östlichen Europa war der Dnjepr, der sie bis an die Schwarzmeerküste

WITZ BRAUCHT, WER WEITHIN ZIEHT, WER ABER DUMM IST, BLEIBE IM DORF.

UNTEN: Leif, der Sohn Eriks des Roten, stieß von allen Wikingern am weitesten nach Westen vor – bis nach Amerika.

BAFFIN ISLAND

HELLULAND

DAVIS STRAIT

70°   60°   50°   GRÖNLAND   40°   60°

Westliche
Siedlung

Ca. 986
wird Grönland von den
Wikingern kolonisiert.

Mittlere
Siedlung

Östliche
Siedlung

WINTERLICHE   MEEREISGRENZE

N

ca. 1000
Leif Eriksson untersucht die
Sichtungen von Herjolfsson
und findet Siedlungen an der Küste.

952
Bjarni Herjolfsson wird
vor der Küste Grönlands
abgetrieben, sichtet Land
und folgt der Küstenlinie.

**Wikingerreisen nach Island,
Grönland und Nordamerika
985 – ca. 1020**

Skandinavische
Siedlungen

Bjarni Herjolfsson,
985

Leif Eriksson, ca. 1000

angenommene Fahrt-
wege der Wikinger

Nördliche Baumgrenze

M A R K L A N D

LABRADOR

50°

L'Anse aux
Meadows

GRÖNLAND

ISLAND

NORWEGEN

ATLANTIK

Strait of
Belle Isle

V I N L A N D ?

NEUFUNDLAND

SANKT
LORENZ-
GOLF

New
Brunswick

Prince
Edward I.

Nova
Scotia

Sankt-Lorenz-Strom

V I N L A N D ?

ATLANTIK

40°

Cape
Cod

Südliche Lachsgrenze

KARTE: Erkundungsfahrten
in die Neue Welt wurden
nur von einigen wenigen
Schiffen unternommen. Wie
weit die Wikinger ins Land
vordrangen oder wo sie landeten, ist nicht bekannt.

führte. Dort lagen mehrere Wikingersiedlungen, die später zu großen Städten
wurden. Als Beispiele seien hier nur
Kiew und Nowgorod genannt. Klar ist,
dass die Wikinger dort durchaus Einfluss
ausübten, in manchen Fällen heißt es
gar, die Städte seien von den Wikingern
gegründet worden.

Auch die Route über die Oder eröff-
nete neue Möglichkeiten zum Handel.
Von dort aus hatte man Zugang zur
Route Mainz-Krakau-Kiew oder konnte
über die Donau an die Schwarzmeerküste segeln. Von dort aus ging es dann
ins Mittelmeer, wo der Handel mit Nordafrika möglich wurde.

LINKS: Diese Mantel-
fibel im Wikingerstil
des 10. Jahrhunderts
wurde im russischen
Smolensk gefunden.
Solche Gegenstände
gelangten durch Handel
dorthin und wurden von
den Handwerkern der
Region kopiert. Dass es
diese Dinge dort gab,
heißt also noch nicht,
dass die Wikinger
tatsächlich hier gelebt
haben.

Über Stock und Stein

Die großen Flüsse in Europa eröffneten
zwar all diese Handelswege, doch einfach war die Flussschifffahrt beileibe
nicht. Nicht immer ließ sich das Schiff
bequem den breiten Strom entlangrudern.
Da waren Flachwasserzonen und Stromschnellen, mitunter auch enorme Höhen-
unterschiede zu überwinden. Ein weniger
kühnes Volk als die Wikinger hätte sich
davon vielleicht entmutigen lassen. Die
Wikinger aber fanden Mittel und Wege.

Manchmal manövrierte man das
Schiff durch solche Hindernisse. Dann
standen Männer am Steven und prüf-
ten mit langen Stöcken die Wassertiefe oder stießen das Schiff von Felsen
ab. Oder das Schiff wurde entladen und
um das Hindernis herumgetragen. Das
geschah auf ganz unterschiedliche Weise:
Ein kleineres Boot wurde von der Mannschaft getragen, ein größeres wurde
gezogen. Wenn es keine Verbindung

zwischen zwei Flüssen gab, trug man
das Schiff auch mal über Land, und mit
ihm die Ladung. Doch das war natürlich
kein geringes Risiko. Das Schiff konnte
beschädigt werden, die Mitglieder der
Mannschaft konnten sich verletzen.
Außerdem war dies natürlich die ideale
Gelegenheit für einen Überfall vonseiten
anderer räuberischer Völkerschaften.

Sowohl die Wikinger als auch die
ortsansässige Bevölkerung errichteten
an Orten, wo Schiffe entladen und getragen werden mussten, Stützpunkte und
Festungen. Denn nicht wenige Fürsten
und Häuptlinge versuchten, ihr Einkommen aufzubessern, indem sie von durch-
ziehenden Handelsexpeditionen Tribut
kassierten. Aus diesen Festungen wurden mitunter florierende Handelsstädte.
Die Wikingerhändler gaben diesen Stütz-
punkten Namen, die bis heute erhalten
geblieben sind. So hat der Dnjepr sieben

OBEN: Ein kleines Schiff konnte über Land von einem Fluss zum anderen getragen werden. Ein Langschiff zu tragen war da schon schwieriger. Außerdem war die Expedition an diesem Punkt natürlich angreifbar.

große Stromschnellen, die fast durchweg skandinavische Namen tragen. Möglicherweise wurden sie von der ortsansässigen Bevölkerung anders bezeichnet, doch die Wikingernamen setzten sich am Ende durch. Das lag wohl daran, dass die Wikinger durch ihre Handelskontakte mit vielen Völkern in Verbindung standen und sicher ihre Ortskenntnisse weitergaben. Daher verbreiteten sich eher die skandinavischen Namen.

Überland-Handel

Doch die Wikinger trieben auch im Landesinneren Handel, meist ausgehend von einem der Binnen-Handelshäfen. Und sie waren selbst auf der Seidenstraße unterwegs. Von dem Punkt, an dem die Wolga sich nach Süden wendet, konnte man durch die Wüste zum Aralsee gelangen. Von dort aus kamen die Wikinger bis nach Bagdad,

DER GRUND, WARUM JUNGE MÄNNER NIRGENDWOHIN GELANGEN, IST, DASS SIE DIE HINDERNISSE AUF DEM WEG ÜBERSCHÄTZEN.

wo sie Güter einkauften, die aus China kamen.

Ob die Wikinger die Seidenstraße weiter nach Osten vorstießen, wissen wir nicht, aber es ist unwahrscheinlich. Man hat in Skandinavien Münzen aus verschiedenen Orten an der Seidenstraße und aus der arabischen Welt gefunden, doch diese können gut auch aus Bagdad oder Konstantinopel stammen. Andererseits waren die Wikinger ein abenteuerlustiges Völkchen, und so ist eine Expedition nach Asien durchaus denkbar.

Die meisten Händler, die an solchen Expeditionen teilnahmen, waren keine Kaufleute, sondern Bauern oder Handwerker, die sicherstellen wollten, dass die Rohstoffe, die sie brauchten, auch tatsächlich ihren Anforderungen genügten. So war es absolut üblich, ein Jahr lang Haus und Hof zu verlassen, um nach Island zu segeln, dort zu überwintern und erst im nächsten Jahr wieder nach Hause zu kommen, wenn das Wetter besser wurde. Solch eine Expedition lohnte sich in jedem Fall, falls in der Zwischenzeit zu Hause jemand das Land des Handelsreisenden bestellte.

Dabei gab es durchaus Kaufleute, die nichts anderes taten als handeln. Viele Jarle rüsteten Expeditionen aus, weil sie nach Profit strebten. Andere kassierten Tribut von den Handlungsreisenden oder machten Gewinn, indem sie sicherstellten, dass die Händler ihre Waren auf ihrem Gebiet anboten, nicht auf dem des Rivalen. Doch es war letztlich der Handel, der zur Gründung der ersten Wikingerstädte führte. Bis zu diesem Zeitpunkt führten die unabhängigkeitsliebenden Wikinger ein Leben für sich. Städte und ein dementsprechender Lebensstil waren bis dato nicht gefragt.

Handelsstädte

Auch den Wikingern, die in diesen Handelsstädten lebten, war dieser Lebensstil vermutlich fremd. Man lebte dort nämlich sehr viel ungesünder als auf einem Bauernhof auf dem Land. Doch die Handelsstädte waren nötig. Sie entstanden an Orten, die vom Land bzw. vom Wasser her gleichermaßen gut erreichbar waren. Nach Möglichkeit errichtete man dort eine Befestigungsanlage wie einen Wall, einen Graben oder einen Palisadenzaun.

Die Ortschaften waren selbst für mittelalterliche Verhältnisse nicht groß zu nennen, ihre Einwohnerschaft blieb meist unter 1000. Und doch war dies eine ungewöhnliche Konzentration von Menschen. Viele davon waren auf ein Handwerk spezialisiert wie zum Beispiel Schmied. Diese arbeiteten in den Handelsstädten, weil sie dort besseren Zugriff auf das nötige Rohmaterial und einen größeren Absatzmarkt für ihre Produkte hatten. Gewöhnlich waren diese Städte reich, was bedeutete, dass es mehr Menschen gab, die es sich leisten konnten, Dinge anzuschaffen, die sie nicht unbedingt brauchten. Und sie mussten dazu nicht aufs Land reisen, wo die meisten geschickten Handwerker lebten.

Handelspolitik war eine komplexe Angelegenheit, die mitunter blutige Züge annahm. Kriegerische Auseinandersetzungen oder Raubzüge zwischen verfeindeten Ortschaften waren keine Seltenheit. Die Jarle versuchten, den Handel zu fördern, indem sie günstige Voraussetzungen schufen und sich sozusagen als Gerichtsstand anboten. Das sorgte für Stabilität und Rechtsstaatlichkeit, aber

OBEN: Handelswaren kamen von fernen Gestaden ins Reich der Wikinger, so auch das Silber für diesen Armreif. Manche dieser Güter wurden durch Handelsexpeditionen erworben, andere durchliefen viele Hände, ehe sie nach Skandinavien gelangten.

auch für Erleichterungen für Handlungsreisende. Zum Beispiel gab es Gesetze, die die ansässige Bevölkerung verpflichteten, der Schiffsbesatzung zu helfen, wenn sie ihr Schiff ins Winterquartier bringen wollten.

Eine gute Handelsstadt war die beste Garantie, dass ein Jarl aus dem Handel innerhalb seiner Gebietsgrenzen Profit schlagen konnte. So gründete Godfred, ein Dänenkönig, 808 die Handelsstadt Hedeby. Das war sicher eine kostspielige Investition, doch über die Zeit warf die Stadt ein Mehrfaches davon ab. Hedeby hatte Zugang zur Ostsee und war am Überland-Handel beteiligt, sodass die Stadt schließlich sogar in Konstantinopel bekannt war. Godfred lockte die Händler in seine Stadt und hatte so nicht nur Zugang zu den dort angebotenen Gütern, er profitierte auch von den Gebühren und Steuern, die diese zahlten.

Münzen und Silber

Häufig wurden Tauschgeschäfte gemacht, doch meist wurde in Silber bezahlt. Man benutzte sogar Prägemünzen. Auch Hacksilber war ein beliebtes Tauschmittel, also Silber, das bereits einmal für Schmuck oder Geschirr verwendet worden war. Wie das Silber aussah, war nicht von Belang, da letztlich nur das Gewicht zählte. Tatsächlich machte man Hacksilber häufig aus beschädigten Silberteilen. Der Name kommt davon, dass man es buchstäblich „hackte".

Auch der Name „Rubel" der russischen Währung bedeutet ursprünglich „abgehauen". Es kann also gut sein, dass sich die russische Währung letztlich der Praxis verdankt, Silber zu kleinen Stücken zu zerhacken und diese als Zahlungsmittel zu benutzen. Auch verwendete man Silberstäbchen, die leichter zu transportieren und zu zerkleinern waren als Hacksilber. Sie waren schneller hergestellt als Münzen und erfüllten letztlich denselben Zweck.

Da der Wert des Hacksilbers nach dem Gewicht bemessen wurde, musste der Händler eine Reihe von Waagen bei sich tragen. Auch Münzen wurden gewogen, um ihren Wert zu bestimmen, unter anderem, weil bei der Münzprägung mitunter billigeres Material beigemischt wurde und weil manche Händler Stücke von den Münzen abschnitten und diese dann als Hacksilber verwendeten.

UNTEN: Eine rekonstruierte Wikingersiedlung bei Hedeby auf der Halbinsel Jütland. Die meisten Siedlungen bestanden im Wesentlichen aus kleinen Gehöften, die von einer Großfamilie mit deren Sklaven bzw. Leibeigenen bewirtschaftet wurden.

Oben: Geprägte Münzen waren für den Handel nützlich, vor allem in Handelsstädten wie Hedeby. Doch
man behandelte sie manchmal auch wie Hacksilber
und schnitt zum Bezahlen einfach Stücke ab.

Der Wert der Münze hing eben vom Gewicht ab und war nicht festgelegt.

Und es floss nicht wenig Silber in die Taschen der Wikinger, allerdings nicht nur vom Handel, denn die Wikinger hatten auch die Schutzgelderpressung perfektioniert: Städte oder Länder, die für einige Zeit von der Wikingergefahr befreit sein wollten, zahlten dafür Schutzgeld, das sogenannte Danegeld. Man schmierte gleichsam die Wikingerkönige, damit sie ihre Scharen gegen den Feind führten. Das Danegeld funktionierte natürlich nur dort, wo der König seine Leute im Griff hatte. Ein Königreich, das zu oft überfallen wurde und daraufhin Danegeld bezahlte, konnte natürlich nicht gleich wieder zahlen. Aber wenn das System funktionierte, warf es eine ganze Menge ab.

So hatten die Wikingerführer ein hohes Einkommen und ihre kämpfende Truppe war frei für andere Dinge, zum Beispiel für Raubüberfälle auf andere Ziele. Da die Wikinger Bauern, Seeräuber und Händler zugleich waren, trug das Danegeld dazu bei, dass es Männer für Raubzüge freistellte, die sonst auf ihren Höfen arbeiten oder Handelsfahrten unternehmen mussten.

Eine breite Produktpalette

Im Allgemeinen verkauften die Wikinger Dinge, die sie vor Ort produzierten. Dabei waren bestimmte Regionen für ihre Produkte berühmt: Nahrungsmittel, Pelze, Stoffe und Kleidung wurden zwar überall hergestellt, an andere Dinge aber konnte man nur durch Handel kommen. Walross-Elfenbein zum Beispiel kam aus Grönland, Zinn und Leinen von den Britischen Inseln. Die Hauptquelle für gutes Eisen war Schweden, Holz für den Schiffsbau kam meist aus Norwegen.

Besondere Güter führten die Wikinger von außerhalb ihres Einflussbereiches ein: Glas und Schwertklingen aus dem Frankenreich, Seide aus Konstantinopel. Viel von dem Silber, das in Europa zirkulierte, kam aus der arabischen Welt. Erst spät während der Wikingerzeit wurde der Großteil in Europa gefördert. Sklaven konnte man überall bekommen, obwohl die Mehrzahl wohl aus Russland und Osteuropa kam.

Gewalt zum Schleuderpreis

Einer der beliebtesten Exportartikel der wikingischen Welt war Gewalt, und zwar nicht nur in Form von Plünderfahrten. Wikingerkrieger dienten als Leibwächter, Söldner und Elitekämpfer europäischer Herrscher. In vielen Fällen zog ein geschickter Kämpfer einfach los und suchte sich einen Herrn, der für seine Talente zu zahlen bereit war, wobei er seine eigenen Waffen mitführte.

Einige dieser Söldner waren ausgesprochen loyal. In der Wikingerkultur hatte der Krieger es selbst in der Hand, wem er seine Loyalität schenkte.

NUR EIN FEIGLING WARTET, BIS ER WIE EIN LAMM ZUR SCHLACHTBANK GEFÜHRT ODER WIE EIN FUCHS IN DIE FALLE GELOCKT WIRD.

Wenn er dies aber tat, hatte er Anspruch darauf, dass es ihm von seinem Herrn vergolten wurde. Ein Jarl oder König, der seine Krieger schlecht behandelte, musste häufig feststellen, dass sie ihren Treueschwur nun jemand anderem leisteten – wenn er Glück hatte. Denn mitunter nahmen sie auch blutige Rache für solche Kränkungen. Ein Herr aber, der seine Männer gerecht und angemessen behandelte und sich als ihrer Loyalität würdig erwies, dem blieben sie treu bis in den Tod.

Welcher Kultur sein Herr angehörte, war für den Wikingerkrieger nicht von Belang. Er diente auch einem fremden König, wenn dieser ihn gut behandelte und bezahlte. Geschenke wie ein Schwert zum Beispiel unterstrichen diese spezielle Art der Loyalität, da dies nicht zur Bezahlung zählte. Für den Wikinger war es mehr wert als Geld und Gut, wenn er im Rahmen eines Gastmahls gewürdigt oder mit Geschenken bedacht wurde.

Aber natürlich war ihm auch der Sold wichtig. Ein Mann, der von seinem Herrn gut behandelt wurde, nahm vieles hin, doch gewisse Grenzen gab es. Der Krieger Halldor Snorrason zum Beispiel war beleidigt, als man ihn mit Münzen bezahlte, deren Silbergehalt nur 30 Prozent betrug statt der üblichen 90 Prozent. Das war nicht nur finanzieller Betrug, sondern hieß in seinen Augen auch, dass man seinen Wert nicht zu schätzen wusste. Also warf er die Münzen zu Boden und drohte, auf der Stelle zu gehen, wenn man ihn nicht mit richtigem Geld bezahlen würde. Sein König verstand, was Halldor meinte, und bezahlte ihn von da an nur noch in reinem Silber. Da war die gute Beziehung zu seinem Herrn wohl wiederhergestellt.

Die Waräger-Garden

Die berühmtesten Wikinger-Leibwächter waren die Waräger-Garden, die dem Kaiser von Byzanz dienten. Die Garde wurde 988 gebildet aus Männern, die man in der Kiewer Rus rekrutiert hatte. Wladimir I. von Kiew schickte 6000 von ihnen zu Kaiser Basileios II., um seiner Gefolgschaftspflicht Genüge zu tun. Die Truppen zeichneten sich durch ihre Tapferkeit in der Schlacht aus, auch danach setzten sie unnachsichtig hinter ihren Gegnern her, und so behielt der Kaiser sie in seinem Heer.

Die Waräger dienten schon seit gut einem halben Jahrhundert bei den Kaisern von Byzanz, doch nicht in so großer Zahl und nicht als eigene Eliteeinheit. Früher wurde der Begriff „Waräger" nur für die Leute aus der Rus gebraucht, dem Land um Kiew und Nowgorod. In der Rus wiederum nannte man alle Skandinavier „Waräger". Mitunter aber wurden die Begriffe „Wikinger" und „Waräger" auch synonym gebraucht.

Schon um 911 dienten Waräger im Heer von Byzanz, vielleicht sogar noch früher. Die Wikinger verwendeten für Byzanz ohnehin den Begriff „Griechenland". Wenn also ein Krieger sagte, er habe in Griechenland gedient, war er

UNTEN: Die Waräger im Dienst von Basileios II. um 1014. Die Waräger-Garde war auch nach Ende der Wikingerzeit aktiv und behielt ihren Charakter bei, obwohl längst nicht mehr alle Garden Wikinger waren.

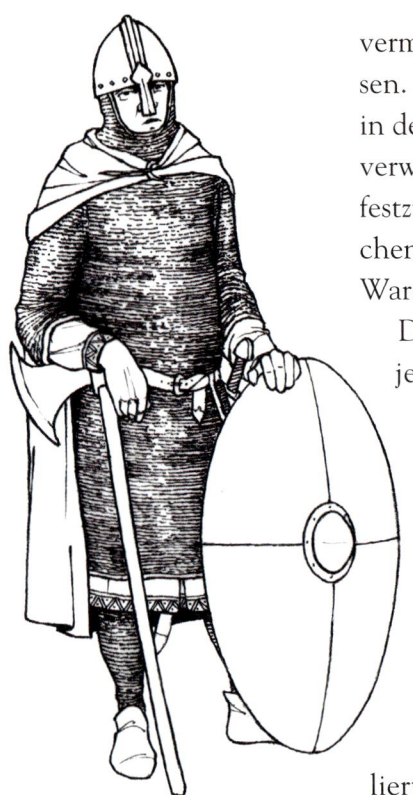

vermutlich im Oströmischen Reich gewesen. Das führte dazu, dass die Angaben in den historischen Dokumenten recht verwirrend sein können. Es ist schwierig festzustellen, ob ein Krieger nun in Griechenland oder in Byzanz war, ob er zu den Warägern gehörte oder nicht.

Die Waräger-Garde von Basileios II. jedenfalls stammte aus der Kiewer Rus. Sie kleideten sich wie Wikinger und kämpften auch wie diese. Im Heer der oströmischen Kaiser erwarben sie sich großen Ruhm. Für sie sprach auch, dass sie – da sie ja nicht zur oströmischen Elite gehörten – mit den Palastintrigen nichts zu tun hatten.

Die Waräger wurden später assimiliert und gingen in der dortigen Bevölkerung auf. Den Ruf unerschütterlicher Loyalität aber bewahrten sie sich. Das war vermutlich das Resultat der wikingischen Tradition, die in dem Regiment immer noch vorherrschte. Ehre und Loyalität waren die Maßstäbe eines Wikingerkriegers, niemals würde er seinen Herrn für Geld verraten. Man kann die Waräger von ihrer Funktion her gut mit der römischen Prätorianergarde vergleichen. Diese jedoch mischten sich in das Machtspiel um den Kaiserthron gerne ein. Die Prätorianer töteten den Kaiser, den sie schützen sollten, aus dem einzigen Grund, dass dieser sie nicht ausreichend hoch bestochen hatte. Die Waräger-Garde war da anders. Sie stand über politischen Ränkespielen.

Loyalität – mal hier, mal dort

Doch bei zwei Gelegenheiten probten auch die Waräger den Aufstand. Einmal beschlossen sie, dass ihre Loyalität dem Thron gehören sollte und nicht der Person, die ihn gerade einnahm. Ein andermal meuterten sie. Außerdem waren sie große Säufer, sodass man ihnen den Spitznamen „des Kaisers Weinschläuche" gab.

Die Waräger-Garde wurde nichtsdestotrotz hoch geschätzt. Wenn der Kaiser starb, hatte sie das Recht, den Palast zu plündern. Jeder Waräger durfte in die Schatzkammer und mitnehmen, was er tragen konnte. Für viele kam dies einem Abschiedsgeschenk gleich, und sie zogen zurück in die Heimat. Doch bald rückten andere nach.

Der Dienst beim Kaiser endete mit dessen Tod. So kam die Waräger-Garde um weniges zu spät, als Kaiser Nikephoros II. von Johannes Tzimiskes ermordet wurde. Doch als sie ihren Herrn tot

LINKS: Die Waräger-Garde zeichnete sich vor allem bei der Belagerung von Konstantinopel 1203 und 1204 aus, auch wenn sie die Einnahme der Stadt nicht verhindern konnte. Das Oströmische Reich war zu jener Zeit durch innere Streitigkeiten gelähmt.

fanden und den Mörder noch über ihm, schworen sie diesem die Treue und verteidigten ihn als neuen Kaiser – sobald sie den Kronschatz geplündert hatten.

Die Waräger hatten ihre Schwächen: Sie galten als vulgär, pöbelten gerne und soffen wie die Löcher. Doch ihre Kampfkraft und ihre Loyalität waren für den Kaiser wertvoll. Man nannte sie die „axtschwingenden Barbaren". Sie hatten sich den Ruf erworben, dass sie sich den Weg durch die Linien der Feinde buchstäblich „frei hackten". Natürlich waren auch sie nicht unbesiegbar. Eine ihrer Niederlagen erlitten sie gegen die Normannen, die vom selben Schlag waren.

Ein junger Wikinger, der sein Glück machen wollte, ersuchte um Aufnahme in die Waräger-Garde. Viele hoffnungsvolle Prätendenten zogen nach „Griechenland", doch nicht alle wurden angenommen. Wer es nicht zu den Warägern schaffte, verkaufte seine Dienste anderweitig. Bald waren die Wikingerkrieger im Vorderen Orient Legion. Dieser Exodus der jungen Männer war für die Stammlande so be-

drohlich, dass man Maßnahmen ergriff, um die Leute im Land zu halten.

So verfügte man per Gesetz, dass jemand, der in „Griechenland" diente, sein Erbe in den Stammlanden nicht antreten dürfe. Wer sein Geburtsrecht einfordern wolle, müsse nach Hause kommen. Wenn ein junger Mann zu diesem Zweck die Waräger-Garde verließ und den langen Weg nach Hause auf sich nahm, so hoffte man, würde er doch bleiben. Diese neue Bestimmung hielt zwar einige Männer zu Hause, doch die Waräger-Garde hatte immer noch genug Nachwuchs.

Einige bekannte Wikingerführer dienten in der Waräger-Garde, zum Beispiel Harald Hardrade, der König von Norwegen wurde. Haralds Tod 1066 gilt häufig als Ende der Wikingerzeit, jedoch nicht der Waräger-Garde. Sie rekrutierte junge Männer aus den traditionellen Wikingerländern wie Dänemark, aber auch aus dem von den Wikingern beeinflussten England. Um 1400 war die Ära der Wikinger längst vorüber, die berühmte Waräger-Garde aber existierte immer noch.

OBEN: Ein Wikinger-Handelsschiff mit einer Aussparung in den Deckplanken für die Last (in diesem Fall Vieh). Handelsschiffe waren meist nicht ganz so schnittig gebaut wie Langschiffe für den Kampf, obwohl die Bauweise der Wikingerschiffe es möglich machte, die Schiffe für beiderlei Zweck zu nutzen.

Wikingerschiffe

Viele Gelehrte gehen davon aus, dass die Fortschritte im Schiffsbau es waren, die die Wikinger von einem lokalen zu einem globalen Phänomen machten. Natürlich wären weder die Expeditionen noch die Plünder- und Handelsfahrten möglich gewesen ohne einen hohen Standard in der Schiffsbaukunst, der sich über die Jahrzehnte immer weiter verbesserte. Anfangs bauten die Wikinger vorzugsweise kleine, schnelle Schiffe, erst später kam der Bau von Lastschiffen hinzu.

Wir kennen verschiedene Schiffstypen, obwohl diese für die Chronisten nicht immer leicht zu unterscheiden waren. Da war zum Beispiel die vierrudrige *feraeringr*, ein kleiner Schiffstyp, die größeren *karfi* wurden für Aufgaben in den Küstengewässern eingesetzt, nötigenfalls auch für Überfälle. Es gab für ein Kriegsschiff schließlich keine Vorgaben, man verwendete keinen Rammsporn oder dergleichen. Jedes schnelle und gut manövrierbare Schiff fand Verwendung.

Die kleineren Küstenschiffe wurden für kurze Fahrten mit Sichtnähe zum Land eingesetzt. Sie konnten an jeder beliebigen Küste landen, um vor schlechtem Wetter Schutz zu suchen. An Bug und Heck befanden sich Decks und Halterungen für die Ruder. Schiffe dieses Typs hatten nicht über die ganze Breitseite Ruder wie die Kriegsschiffe und legten keine großen Strecken zurück, weil die kleine Mannschaft zu schnell ermüdete.

Schiffsbezeichnungen

Auch hier gibt es Widersprüche, die mitunter zu Missverständnissen führen. Ein seegängiges Schiff, das auf offener See operieren konnte und nicht an die Küste gebunden war, hieß *hafskip*. Ein Handelsschiff hingegen war ein *kaupskip*. Der Begriff *langskip* oder Langschiff wurde häufig für Schiffe verwendet, die rein militärischen Zwecken dienten. Tatsächlich aber heißt es in der Literatur auch häufig, ein „Langschiff" sei dasselbe wie eine *knorr*.

Es ist wahrscheinlich, dass Schiffe nicht immer und überall mit demselben Begriff bezeichnet wurden. Vielleicht hatte dasselbe Schiff andernorts einen ganz anderen Namen. Die Begriffe, die wir heute mit den verschiedenen Wikingerschiffen assoziieren, dürfen wir nicht so auffassen wie moderne Schiffsbezeichnungen. Wenn Sie heute ein Kriegsschiff haben, dann wird dieses mit einem Standardvokabular beschrieben, das überall auf der Welt dasselbe ist. Bei den Wikingern und ihren von Hand gebauten Schiffen war das anders.

Für den Wikinger-Seemann war die Bezeichnung ja nicht wichtig. Er wusste, wie viele Männer sein Schiff tragen konnte, wie viel Last darauf Platz hatte,

wie viele Ruder es brauchte. Er wusste, wie schnell es war und wie weit er mit einer bestimmten Menge Vorräte segeln konnte. Er kannte die Schiffe seiner Freunde und die seiner Rivalen zumindest vom Hörensagen. Er konnte die Eigenschaften eines unbekannten Schiffes mit einiger Sicherheit vorhersagen, wenn er es gesehen hatte. Er musste keine Akte mit Daten führen, sich nicht ins Schiffsregister eintragen lassen und es war ihm auch egal, ob sein Schiff 46 Zentimeter länger war als die anderen seiner „Klasse". Alles, was ihn interessierte, war, ob das gute Stück seetüchtig und schnell war.

Viele Wikingerschiffe waren mehr oder weniger gleich gebaut, und wozu ein Schiff verwendet wurde, war nicht weiter wichtig. Ein Schiff war ein Transportmittel, das die Wikinger neuen Ufern zutrug. Seine Ladung mochte an einem Tag aus Pelzen und Fisch bestehen, am

LINKS: Die täuschend einfache Bauweise eines Wikinger-Langschiffes war so effektiv, dass sie sich über Jahrhunderte kaum geändert hat. Ursprünglich nur für Küstengewässer gebaut, trugen die Wikingerschiffe ihre Eigner später selbst über den Atlantik.

anderen aus blutdürstigen Seeräubern. Von den Langschiffen, die Plünderer benutzt haben, war der häufigste Typ die *snekkja* – ein schmales Schiff, das etwa 40 Männer transportieren konnte. Die Dänen bauten die Snekkja mit weniger Tiefgang als die Norweger und Isländer, die mit ihren Booten öfter aufs offene Meer und in die tiefen Fjorde mussten.

Die *skei* war ein größerer Schiffstyp oder einfach ein Begriff für größere Langschiffe unterschiedlicher Bauart. Die größte Skei konnte bis zu 80 Männer transportieren, doch historische Quellen geben an, dass die größeren Langschiffe, zu denen

EIN MENSCH SOLLTE SEINER EIGENEN ERFAHRUNG VERTRAUEN UND NICHT NUR DEM HÖRENSAGEN.

OBEN: Ein Wikinger-Langschiff, vermutlich eine Knorr, wie sie im Roskjilde-Fjord gefunden wurden. Dieses Schiff hatte eine Kapazität von 24 Tonnen und stammt vermutlich aus der Zeit zwischen 1030 und 1050 n. Chr.

die Skei gehört hätte, höchstens 60 Männer tragen konnten. Es ist also wirklich schwierig herauszufinden, von welchen Schiffen die Wikinger reden, wenn sie den einen oder anderen Schiffstyp erwähnen.

Drachenschiffe

Vielfach werden Wikingerschiffe pauschal als „Drachenschiffe" bezeichnet, da sie nicht selten Drachenköpfe als Galionsfiguren trugen. Doch was die Archäologen bislang an Galionsfiguren ausgegraben haben, waren Schlangen oder andere Ungeheuer, ein Drache war bis jetzt noch nicht dabei. Das Schiff mit dem Schlangenkopf ist allerdings furchteinflößend genug, vor allem, wenn man es sich mit Wikingerkriegern gefüllt vorstellt. Wenn man also von einem „Drachenschiff" liest, ist dies keine Angabe, die irgendetwas über die Klasse des Schiffes aussagt.

Der Schiffsbau

Der Aufbau von Langschiffen und anderen seetüchtigen Schiffstypen hat sich im Laufe der Wikingerzeit nicht groß verändert. Die Schiffe mit der heute bekannten Form wurden von etwa 793 an 300 Jahre lang unverändert gebaut – sie änderten sich ebenso wenig wie die

Anforderungen, die die Wikinger an ihre Schiffe stellten.

Der Rumpf war in Klinkerbauweise erstellt, d. h., die eichenen Schiffsplanken überlappten einander und wurden von Eisennieten zusammengehalten. Die Bodenplanken wurden von den Bodenwrangen gehalten, die nicht am Kiel befestigt waren. Die Seitenplanken wurden von eigenen Querspanten gehalten. Dies verlieh dem Schiffskörper eine Flexibilität, die selbst den Wellen auf offener See standhielt. Mit abnehmbaren Planken schuf man ein Deck, das sich gen Bug und Heck hin leicht nach oben schwang.

Moderne Rekonstruktionen ergeben ein Schiff, das sich im Wellengang bis zu 15 Zentimeter verzog, was für heutige Segler, die an den Metallrumpf moderner Boote gewöhnt sind, wohl ein ungewohntes Gefühl war, von den Wikingern aber vermutlich als normal

LINKS: Die Landung war bei jedem Angriff ein kritischer Zeitpunkt, da die Mannschaft erst sicher war, wenn genügend der Ihren an Land waren, um den weiteren Landgang zu schützen.

betrachtet wurde. Die unglaubliche Verformbarkeit der Schiffe ließ sie fast wie lebende Wesen erscheinen, die sich ihren Weg durch die Wellen erkämpften. Natürlich konnte sich dabei auch ein Spalt im Rumpf auftun, doch die Klinkerbauweise machte die Wikingerschiffe erstaunlich wasserdicht. Dazu trug auch teergetränktes Tierhaar bei, das zwischen die Planken gestopft wurde. Im Winter lagen die Schiffe an Land und wurden frisch mit Teer abgedichtet. Danach hatte der Schiffsrumpf Zeit, „auszuhärten", bis die See wieder befahren werden konnte.

Der Kiel bestand aus einem einzigen Holzbalken, der sich zu beiden Seiten elegant nach oben bog. Ein großer Holzblock – das Kielschwein – sicherte den Mast; dieses System allerdings wurde mit der Zeit verbessert. Nötigenfalls konnte der Mast schnell umgelegt werden. Dann diente er als Halterung für eine Zeltplane, unter der die Männer schliefen, wenn das Schiff keine Segel gesetzt hatte.

Das große rechteckige Segel, ein Rahsegel, wurde von einem einzigen Rundholz gehalten und war meist aus Wolle gemacht. Das klassische Bild vom rotweiß gestreiften Wikingersegel beruht tatsächlich auf archäologischen Funden. Die roten Streifen wurden nachträglich auf den Stoff aufgenäht. Wann immer es ging, wurde auf offener See das Segel gehisst. Im Kampf aber gaben die Ruder zusätzliche Schubkraft. Außerdem wurden sie bei Windstille und beengten Platzverhältnissen eingesetzt. Die Ruder wurden durch Aussparungen in der dritten Planke von oben gesteckt, die nötigenfalls geschlossen werden konnten.

Die Ruder selbst bestanden aus Kiefernholz und wurden speziell für die jeweilige Ruderposition auf Maß angefertigt. Die unterschiedlichen Längen sorgten dafür, dass tatsächlich synchron gerudert werden konnte.

Ein hartes Leben

Das Leben auf einem Langschiff war hart. Wehte kein Lüftchen, ruderte man in Schichten. Außerdem war man ständig dem Meerwasser ausgesetzt. Die Zeltplane, die nachts über das Schiff gezogen werden konnte, bot ein wenig Schutz, doch die Wikinger lebten während ihrer Fahrten mehr oder weniger im Freien. Trotzdem scheinen sie ihre Schiffe geliebt zu haben. Ein Schiff war ein Statussymbol. Sein Eigner konnte eine Mannschaft anheuern und auf Plünder- oder Handelsfahrt gehen. Ein Schiff war gleichbedeutend mit der Freiheit, jederzeit seine Heimat verlassen, ja neue Gestade entdecken zu können.

Darüber hinaus schien das Schiff ein Teil der kulturellen Identität eines Wikingers zu sein. Die Saga-Dichter ersannen viele geflügelte Worte für die Wikingerschiffe. So bezeichnete man sie liebevoll als „Segeldrachen" oder als „Ruder-Ross".

Langschiffe trugen nicht nur die Mannschaft, sondern auch Frachten und Vorräte. Dazu kam noch das „Handwerkszeug" des Seefahrers: Seile, Anker, Holz für Reparaturen und so weiter. An der obersten Planke, dem Dollbord, wurden die Schilde der Krieger aufgehängt, was einmal mehr zeigt, wie pragmatisch die Wikinger waren. Auf diese Weise

waren die Schilde während der Überfahrt nicht im Wege und boten den Ruderern Schutz vor dem Spritzwasser, im Kampf auch vor Pfeilen. Erhob sich der Ruderer jedoch zum Kampf, wurde der Schutz nicht benötigt. Die Schilde stellten also keine Extralast dar, sondern wurden geschickt in den Alltag auf den Schiffen integriert.

Das zeigt uns, mit welcher Philosophie die Wikinger an den Schiffsbau gingen: kein Quäntchen Raum oder Gewicht zu viel, alles wird einer sinnvollen Nutzung zugeführt. Auch dass das Schiff an Bug und Heck gleich gestaltet war, hatte pragmatische Gründe. So konnte es bei Verfolgung leicht fliehen. Das war vor allem sinnvoll, wenn man nach einem Beutezug wieder hinaus aufs Wasser wollte. Das musste ja schnell

gehen, denn die Krieger wurden nicht selten verfolgt. Aber auch in der relativen Enge eines Fjords war diese Bauweise von Nutzen.

Moderne Nachbauten

Man hat mit modernen Rekonstruktionen von Wikingerschiffen beeindruckende Fahrten unternommen, zum Beispiel 1893 eine Überfahrt vom norwegischen Bergen nach Neufundland. Sie wurde bei teils recht stürmischer See durchgeführt und dauerte insgesamt 28 Tage. Die Mannschaft lernte dabei einiges über die Seemannskunst der Wikinger und bewies, dass die Langschiffe auch schwerer See noch standhielten. Man konnte also durchaus in

OBEN: Ein nachgebautes Langschiff auf der Ouse im englischen York. Die experimentelle Archäologie hat uns viele neue Erkenntnisse über das Leben der Wikinger gebracht, macht zudem aber auch noch Spaß.

offenen Schiffen den Atlantik überqueren. Wenn man dazu noch die uns bekannte Natur der Wikinger nimmt, wäre es schon ziemlich unwahrscheinlich, dass sie nicht bis nach Amerika gekommen sein sollten.

Moderne Nachbauten von Wikingerschiffen haben die beeindruckende Geschwindigkeit von 10 bis 11 Knoten (18 bis 20 Stundenkilometern) erreicht. Einige Gelehrte nehmen an, dass die besten Wikingerschiffe noch schneller waren, doch letztlich war Schnelligkeit bei den Entdeckungsfahrten nicht

ausschlaggebend. Hier zählte wohl eher, dass man eine akzeptable Geschwindigkeit über einen längeren Zeitraum halten konnte.

Am Ruder konnten mit modernen Nachbauten ebenfalls vier Knoten (circa sieben Stundenkilometer) erreicht werden, doch nur für wenige Minuten. Auf Dauer waren wohl eher zwei Knoten realistisch. Historische Aufzeichnungen über die Ruderschichten geben den experimentellen Archäologen diesbezüglich recht: Eine solche Schicht wurde auf 1000 Ruderschläge festgelegt. Das hieß, dass man wohl ungefähr zwei Stunden ruderte, in denen man etwa 7,4 Kilometer zurücklegte. Das lässt auf eine Durchschnittsgeschwindigkeit von zwei Knoten schließen.

Wikingerschiffe besaßen nicht viel Tiefgang, weshalb man sie relativ leicht auf den Strand rudern konnte. Andererseits verhinderte ihre Konstruktion, dass sie von einem Pier aus entladen werden konnten. Dies geschah meist mit kleineren Booten. Oder die Männer wateten zu Fuß zum vertäuten Schiff hinaus und entluden es in Handarbeit. Man hat auch hochrädrige Karren ausgegraben, die zu diesem Zweck gedient haben könnten.

Der geringe Tiefgang machte auch die Landung auf Inseln oder Küstenstreifen möglich, die andere Schiffe mit mehr Tiefgang nicht ansteuern konnten. Dies kam ihnen auch in der Seeschlacht zugute, denn das Schiff – oder die ganze

LINKS: Kein Langschiff-Steven mit Drachenaufsatz wurde je gefunden. Daher hat der Begriff „Drachenschiff" möglicherweise gar nichts mit der Bugverzierung zu tun. Allerdings wurden verschiedene Schlangenköpfe gefunden, die möglicherweise auch als Drachen durchgehen konnten.

Flotte – konnte so in sicherem Gewässer warten, während der Angreifer entweder draußen auf hoher See verharren oder einen Platz zum Landen und zum Angriff von der Küste her suchen musste, was den Wikingern Zeit zur Flucht ließ.

Der Kiel diente auch als Tiefenmaß, was bei einem Angriff von entscheidender Bedeutung war. Normalerweise sprang man nach der Landung einfach über die Seite heraus. Wenn man aber nicht sieht, wie tief das Wasser ist, kann das problematisch werden. War der Kiel jedoch auf Grund, dann wusste der Wikingerkrieger, welche Wassertiefe ihn erwartete. Hatte man es nicht so eilig, nutzten auch die Wikinger eine Planke als „Gangway".

Wege über Land

Wo die Wikinger konnten, entschieden sie sich für den Wasserweg und nutzten auch auf Flüssen und in Fjorden kleinere Boote. Überlandreisen wurden im Normalfall zu Fuß unternommen. Mussten Güter transportiert werden, verwendete man Ochsen- oder Pferdekarren.

In kälteren Gegenden war der Schlitten ein beliebtes Transportmittel, ebenso wie Schneeschuhe oder Skier. Die Skier hatten unterschiedliche Länge, wobei der längere zum Gleiten genutzt wurde, der kürzere für die Schubkraft. Man fuhr mit nur einem Stock. Es gibt einzelne Erwähnungen von Händlern, die ihre Güter mit Schlittschuhen über gefrorene Flüsse transportiert haben, doch ansonsten galt Schlittschuhfahren als Belustigung und als Sport.

Pferde wurden von Kriegern strategisch eingesetzt. Nur einzelne reiche

Wikinger besaßen ein Reitpferd. Die Hufe der Pferde wurden mitunter mit Eisenspikes ausgerüstet, damit sie auf dem Eis nicht rutschten. Die Wikingerpferde waren nicht allzu groß, aber zäh und gut über lange Strecken. Über kurze Distanz waren sie wohl nicht so schnell wie die der Normannen, die zu Pferd in die Schlacht zogen; doch um sich von Ort zu Ort zu begeben, mochte die Schnelligkeit der Wikingerpferde ausgereicht haben, vor allem, wenn die Krieger dann zu Fuß in die Schlacht gingen.

Jedenfalls hat man bei Ausgrabungen Sättel, auch Packsättel, gefunden. Der Reiter saß rittlings im Sattel und setzte seine Füße beiderseits in die Steigbügel. Dieses System übernahmen die Normannen später. Die Wikinger verwendeten auch Sporen und Metalltrensen, wie wir sie heute kennen.

OBEN: Skier waren im Leben der schneegewöhnten Wikinger Alltag. Man benutzte ungleich lange Skier und nur einen Skistock, so hatte man eine zweite Hand frei für andere Zwecke.

8

DIE KÖNIGREICHE DER WIKINGER

Zu Beginn der Wikingerzeit waren die Königtümer in Skandinavien eher kleinteilig strukturiert. Nichtsdestotrotz errichteten sie bedeutende Bauwerke. Dazu gehört zum Beispiel das „Danewerk", eine ausgedehnte Befestigungsanlage, die sich quer durch Dänemark zieht und die germanischen Stämme im Süden am Vordringen in das Wikingergebiet hindern sollte.

Obwohl man die Errichtung des Danewerks ursprünglich König Gudfred (Regierungszeit 804–810) zugeschrieben hat, wurde es doch schon um 730 begonnen. Um eine Befestigungsanlage von solchen Ausmaßen zu errichten, war ein enormes Maß an logistischer Planung vonnöten. Dass es gelang, zeigt letztlich, dass die Wikinger schon vor dem eigentlichen „Wikingerzeitalter" zu umfangreichen organisatorischen Leistungen fähig waren. Und natürlich bauten sie auch gute, seetüchtige Schiffe in Gemeinschaftsarbeit.

Zu jener Zeit wuchs die Bevölkerung in Dänemark, Schweden und Norwegen schnell an. So mancher Gelehrte geht davon aus, dass der eigentliche Auslöser für die Fahrten der Wikinger der dadurch gestiegene Bedarf an Land war. Das mag durchaus stimmen, doch es kann kaum der einzige Grund sein, denn Skandinavien litt trotzdem nicht an Überbevölkerung. Ein weiterer Grund für das plötzliche Einsetzen der Wikingerüberfälle mögen technische Verbesserungen gewesen sein, u. a. die Tatsache, dass Waffen und Werkzeug nun aus dem heimischen Eisen gefertigt werden konnten.

Doch vermutlich haben die Expansionsbestrebungen der Wikinger mehrere Ursachen. Eine gewichtige Rolle mag auch die Denkweise dieses Volksstammes gespielt haben. Die Wikinger glaubten, dass jeder, der stark genug war, das Recht hatte, sich zu nehmen, was er wollte,

GEGENÜBER: Man erinnert sich der Wikinger nur als grausame Plünderer, doch sie errichteten auch ausgeklügelte Befestigungsanlagen, Städte und Grabdenkmäler, die teils bis auf den heutigen Tag erhalten geblieben sind.

und dabei ging es nicht nur um materiellen Besitz, sondern auch um Ansehen. Wenn ein Mann auf gutes Land stieß, war es selbstverständlich, dass er es zu seinem Eigentum erklärte. Daher ist die Expansion der Wikinger nur die logische Fortsetzung ihrer sozialen Gepflogenheiten, die von einer starken Wirtschaft, guten Handwerkern und einer ausreichend großen Bevölkerung gestützt wurden. Angesichts all dieser Faktoren war es wohl unvermeidlich, dass die Wikinger bald größere Gebiete in Europa und anderswo beanspruchten.

Wikinger in Russland

Was den wikingischen Einfluss in Russland angeht, so gibt es sozusagen verschiedene Denkschulen. Die eine geht davon aus, dass viele der modernen Städte Russlands eigentlich von den Wikingern gegründet wurden. Die andere lehnt dies rundweg ab. Wir wissen, dass sich am Ladoga- und Onegasee große Wikingergemeinden bildeten. Die ortsansässige slawische Bevölkerung hatte unter den Plünderungen der Nordmänner genauso zu leiden wie die Menschen in Europa; andererseits profitierte sie von der regen Handelstätigkeit der Wikinger. Den Wikingerkriegern gelang es sogar, einige russische Stämme tributpflichtig zu machen, doch etwa um 860 wurden sie vertrieben. Später allerdings versank die ganze Region politisch im Chaos, was die Wikinger erneut auf den Plan

JE MEHR MENSCHEN ZU MACHT UND EHREN KOMMEN, DESTO MEHR WIRD DER FORTSCHRITT VON STOLZ BEGLEITET.

rief. Einige Quellen geben sogar an, dass sie von der lokalen Bevölkerung zu Hilfe gerufen wurden. Zu jener Zeit teilte Skandinavien sich in zahllose kleine Königtümer. Gut vorstellbar also, dass die Wikinger versuchten, eine ähnliche Struktur auch in Russland durchzusetzen. Drei Wikinger kamen in Nowgorod, Beloosero und Isborsk an die Macht. Der Einzige aber, der sich dort länger als ein Jahr hielt, war ein Mann namens Rurik. Seinen Anhängern wurde die Macht über mehrere Städte übertragen.

In der Nestorchronik, der ältesten Chronik Ostslawiens, heißt es, Rurik habe zuerst am Ladogasee gelebt und dort die Stadt Ladoga gegründet. Archäologische Funde aber zeigen, dass bei Ruriks Ankunft dort schon eine Siedlung bestand. Es heißt auch, dass Rurik und seine Anhänger Nowgorod gegründet hätten, doch auch hier ist es durchaus möglich, dass es an jener Stelle schon eine Stadt oder zumindest eine Ortschaft gegeben hat, bevor sie auftauchten. In der Folge sind sich die Quellen nicht immer ganz einig. Meist ist der Tenor, dass die Wikinger dort eine herrschende Klasse von Militärs begründeten, unter deren Herrschaft eine ganze Reihe von Städten gediehen.

Die den Wikingern untergeordneten slawischen Völkerschaften wurden als „Rus" bezeichnet, obwohl es über den Ursprung dieses Wortes heftige Debatten unter den Wissenschaftlern gibt. Es ist darüber hinaus fraglich, ob die Wikinger die Kontrolle über eine chaotische Situation übernahmen und dort überhaupt erst so etwas wie gesellschaftliche Strukturen geschaffen haben oder sich einfach nur an die Spitze einer bereits existierenden sozialen Ordnung stellten. Es gibt durchaus Hinweise darauf, dass die Wikinger dort integriert wurden und ihr Einfluss viel geringer war als häufig angenommen. Das wahrscheinlichste Szenario ist wohl, dass die Wikinger in die Region kamen und für sich eine Nische fanden. Als Kämpfer waren sie in einer Gesellschaft im Umbruch natürlich gesucht. Damit kamen sie automatisch in Berührung mit der herrschenden Schicht, der sich viele Wikinger letztlich anschlossen. Wenn dies der Fall war, dann haben die Wikinger dort nicht die Herrschaft übernommen und keinen neuen Staat gegründet, sondern sich einfach nur auf die herrschende Klasse verteilt und sich mit ihr vermischt.

Wie auch immer, die Menschen im Ausland, die mit den Rus zu tun hatten, hielten diese jedenfalls für Wikinger und bezeichneten auch die Wikinger als Rus. Vielleicht wussten sie einfach nicht, dass die Stammlande der Wikinger nicht in Russland lagen, und nahmen einfach an, dass jeder, der aussah und handelte wie ein Rus, auch einer war.

Die Kiewer Rus

Ruriks Nachfolger verlegten die Hauptstadt der Rus nach Kiew, sodass man die dortige Bevölkerung bald als „Kiewer Rus" bezeichnete. Zu dieser Zeit waren die beiden Kulturen schon untrennbar miteinander verschmolzen, und es ist möglich, dass einige der Befestigungsanlagen, die die Kiewer Rus errichteten, dazu dienten, mehr Wikinger von der Ansiedlung abzuhalten.

Die Erfahrung, die man machte, als man Schiffe die russischen Flüsse

hinuntersteuerte und teils auch trug, kam den Rus zugute, als sie 907 Konstantinopel angriffen. Ihre Flotte kam vom Dnjepr und überquerte das Schwarze Meer, um die Hauptstadt von Byzanz anzugreifen. Die Verteidiger hofften, die Schiffe mit einer Sperre aus Eisenketten aufzuhalten, sodass sie nicht in den Bosporus gelangten, doch die Wikingernachkommen trugen die Schiffe einmal mehr um ein Hindernis herum. Nachdem ihre Sperre umrundet war und die Rus erneut auf ihre Hauptstadt zusteuerten, ließen die Byzantiner sich auf einen Friedensvertrag ein, in dem es weitgehend um Handelskonzessionen ging. Dies zeigt deutlich, wie wichtig den Wikingern und den Rus der Handel war. Eine interessante Klausel

OBEN: Der Ladogasee lud die Wikinger zur Expansion ein. Über den See und die damit verbundenen Flüsse konnten sie ins Landesinnere Russlands vordringen. Expansion und Besiedelung stießen allmählich immer weiter ins Land vor, auch ohne große Expeditionen.

aber gibt es: Die Rus erhielten das Recht, in Konstantinopel ein Bad zu nehmen, wann immer sie dorthin kamen.

Die Kiewer Rus waren also mächtig genug, um einen Friedensvertrag mit dem Oströmischen Reich abzuschließen, und blieben auch nach dem Ende der Wikingerzeit in der ostslawischen Region eine bestimmende Kraft. Doch irgendwann hatten die Rus aufgehört, Wikinger zu sein, sodass man sie höchstens als Staat betrachten darf, in dem die wikingische Kultur einen gewissen Einfluss ausübte. Und dieser Prozess sollte sich um diese Zeit in anderen Gebieten wiederholen.

Unten: Gegen Ende des 10. Jahrhunderts kontrollierten die Rus Nowgorod und Kiew. Ihre slawisch-wikingische Gesellschaft gilt den meisten als Abbild der Wikingergesellschaft im Allgemeinen, doch gab es zwischen den Wikingern in Skandinavien, Grönland oder in der Rus immer kulturelle Differenzen.

Die Königreiche in Skandinavien

Ein vereinigtes Königreich in Skandinavien entstand erst nach einer vergleichsweise blutigen Zeit, in der Gudrod Halfdansson oder Gudrod der Jäger das benachbarte Königreich Agdir ausradierte und die Königstochter Asa entführte, um sie zu seiner Frau zu machen. Von Gudrod ist aus den historischen Quellen nicht viel zu erfahren, über seine Nachkommen jedoch ist mehr bekannt. Vermutlich lag sein Königreich in der norwegischen Provinz Vestfold.

Gudrod wurde 840 ermordet, seine Frau kehrte mit ihrem Sohn Halfdan nach Agdir zurück. Seine Abstammung gab ihm das Recht auf Gudrods Königreich, und 860 forderte er seine Hälfte von seinem Halbbruder Olaf Geirstada-Alf ein. So hatte Halfdan ein Machtzentrum errichtet, von dem aus er kleinere

Die Wikingerroute nach Konstantinopel

➤ Wikingische Handelsrouten

KARTE: Flüsse und Seen erlaubten den Transport größerer Mengen Güter, als dies über den Landweg möglich gewesen wäre. Die lange Reise nach Konstantinopel beispielsweise war zwar gefährlich, aber immer lohnend.

EUROPÄISCHES NORDMEER

FINNISCHE VÖLKER

NORWEGEN

Hladir

Kaupang

SCHWEDEN

Uppsala

Birka

KÖNIGREICH DER ORKNEYS

NORDSEE

Staraya Ladoga (Aldeigjuborg)

Nowgorod (Holmgard)

KIEWER RUS

OSTSEE

BALTISCHE VÖLKER

SLAWEN

Kiew

NORTHUMBRIA

York

DANELAG

WALI-SISCHE STAATEN

WESSEX

London

Roskilde

Lund

DÄNEMARK

Hedeby

Bremen

POLEN

Krakau

Köln

Aachen

Frankfurt

OSTFRÄNKISCHES REICH (DEUTSCHLAND)

NORMANDIE

Paris

Orléans

Lorch

Nitrava

UNGARN

Mosapurc

PETSCHENEGEN

WESTFRÄNKISCHES REICH (FRANKREICH)

HOCH-BURGUND

Besançon

Lyon

NIEDER-BURGUND

Bordeaux

Bayonne

NAVARRA

ARAGON

Avignon

Nizza

Fraxinelum

Genua

Mailand

Venedig

KÖNIGREICH ITALIEN

Kirchenstaat

KROATIEN

SERBIEN

Nish

BULGARIEN

Philippopolis

Presov

Donau

SCHWARZES MEER

Hadrianopolis

Konstantinopel (Byzanz)

ADRIA

Barcelona

MUSLIMISCHES REICH

Tarragona

Balansiyah

KORSIKA

Neapel

Provinz Benevento

Barium

Thessaloniki

ÄGÄIS

Smyrna

OSTRÖMISCHES REICH

Cartagena

BALEAREN

SARDINIEN

Panormus

SIZILIEN

MITTELMEER

Chandax

KRETA

MALTA

Sétif

Tunis

Kairawan

RUSTAMIDEN

ABBASIDEN (AGHLABIDEN)

Tripolis

0   400 km
0   400 Meilen

Die Königreiche in Skandinavien

OBEN: Die Schlacht am Hafrsfjord war die größte ihrer Zeit in der norwegischen Geschichte. Von da an war das Königreich Norwegen geeint. Harald Schönhaars Sieg machte jeden ernsthaften Widerstand zunichte.

Königreiche erobern konnte. Andere unterwarfen sich seiner erstarkenden Macht freiwillig. Halfdan, der bald den Beinamen „der Schwarze" erhalten sollte, war ein mächtiger Mann, aber trotzdem nur Herrscher über eines der Kleinkönigtümer Norwegens. Seine Länder lagen alle an der Küste, waren jedoch voneinander durch andere Reiche getrennt.

Möglicherweise wurde Asa, die Mutter Halfdans des Schwarzen, in Oseberg beigesetzt. Jedenfalls fand man dort ein großes Bootsgrab, in dem eine sehr reiche und hochgestellte Frau bestattet worden war. Das Alter der archäologischen Fundstücke jedenfalls passt zu dem, was sich über sie in den Sagas findet, daher gibt es guten Grund für die Annahme, dass dies das Grab Königin Asas war. Das

würde auch den Reichtum der Grabbeigaben von einem guten Schiff zu Schlitten, Truhen mit Kleidern, kostbarer Seide usw. erklären, denn Königin Asa war die Großmutter des ersten Königs über ein vereintes Norwegen.

König Harald

Asas Sohn Halfdan starb mit etwa 40 Jahren irgendwann zwischen 870 und 880. Er ertrank, als sein Pferd auf einem zugefrorenen See einbrach, und hinterließ einen Sohn namens Harald. Die Legende will es, dass eine Seherin Haralds Aufstieg zur Macht vorhersagte, doch diese Geschichte ist vielleicht erst später entstanden. Wir wissen nur, dass

Harald im Alter von zehn Jahren das Königreich seines Vaters erbte und sich sofort gegen andere Könige zur Wehr setzen musste, die versuchten, ihm sein Erbe streitig zu machen.

Haralds Reich blieb intakt, und er suchte sich eine Braut: Prinzessin Gyda aus Hordaland. Die Dame lehnte ab, was Konsequenzen für die Weltpolitik hatte. Harald griff nämlich nicht zur selben Taktik wie sein Großvater Gudrod, sondern schwor stattdessen, er werde sein Haar nicht schneiden, bis er nicht ganz Norwegen erobert habe.

Das war eine Großtat, die ganz sicher jede zukünftige Braut beeindrucken würde. Und der Eid hatte einige Tragweite, denn eine gepflegte Erscheinung war den Wikingern wichtig. Und so wurde Harald im nächsten Jahrzehnt „Harald Struwwelkopf" genannt. Damit wurde er wohl noch am ehesten unseren Vorstellungen von einem wüsten Wikinger gerecht. Er überzog die kleinen Königreiche in Norwegen, die sich ihm nicht unterwerfen wollten, mit Krieg und nahm eines nach dem anderen ein. Als Herrscher über ganz Norwegen gewann er Gydas Gunst und ließ sich endlich die Haare schneiden. Das muss seine äußere Erscheinung enorm verbessert haben, denn von nun an nannte man ihn „Harald Schönhaar".

Haralds Eroberung Norwegens vertrieb viele Wikinger aus dem Land. Manche zogen in die Ferne, weil sie sich ihm nicht angeschlossen hatten und nach seinem Sieg dafür nicht bestraft werden wollten, andere, weil sie ihre Unabhängigkeit bewahren wollten. Sie gründeten Siedlungen und plünderten die Küstenhandelsschiffe aus. Daraufhin sandte Harald Schiffe aus, um die Seeräubernester auf den

Inseln vor Schottland auszuräuchern. Auch mit Kleinkönigen und Jarlen, die ihre Schiffe aus den tiefen Fjorden Norwegens heraus auf Plünderfahrt schickten, führte er weiter Krieg.

Für Harald war die Kontrolle des Seehandels vor der norwegischen Küste ein politisch und wirtschaftlich zentrales Anliegen. Doch natürlich gaben seine Gegner nicht so einfach klein bei. Ein Bündnis aus kleineren Stammesführern war die letzte große Bedrohung für Harald Schönhaars Herrschaft, doch auch diese besiegte er in der Schlacht am Hafrsfjord, in der Nähe des heutigen Stavanger. Das geschah um 890 n. Chr, obwohl die Schlacht gerne auf das Jahr 872 datiert wird.

Neben Prinzessin Gyda hatte Harald Schönhaar zahlreiche Konkubinen und

Unten: Die „Schwerter im Berg" sind eine Skulptur aus den Achtzigerjahren des letzten Jahrhunderts, die an die Schlacht am Hafrsfjord erinnern soll. Das größte Schwert steht für König Harald, die kleineren für seine Feinde.

SCHWÖRE NIE EINEN MEINEID, DENN GRAUSAM UND GRIMMIG IST DIE STRAFE FÜR DEN, DER SEINEN SCHWUR BRICHT.

andere Frauen. Er zeugte viele Kinder. Die Sagas sind, was diese Dinge angeht, nicht immer eine verlässliche Quelle, weil sie ja erst Jahrhunderte nach den historischen Ereignissen niedergelegt wurden, doch im Falle Haralds heißt es, er habe 20 Söhne gehabt. Zwölf von ihnen wurden zu Königen ernannt, bekamen aber meist nur einen kleinen Herrschaftsbereich zugesprochen. Nur zwei durften über Haralds geeintes Norwegen herrschen.

Harald Schönhaar starb 933 im Alter von über 80 Jahren. In seinen letzten Jahren herrschte er gemeinsam mit seinem Lieblingssohn, Erik Blutaxt. Seine anderen Sprösslinge bekamen Lehen zugewiesen, die sie als Machtbasis für ihre Streitigkeiten nutzen konnten. Seinen jüngsten Sohn Haakon schickte Harald aber an den englischen Königshof, war es bei den Wikingern doch durchaus üblich, Kinder zur Pflege außer Haus zu geben. In diesem Fall aber zog dieses Vorgehen entscheidende Konsequenzen nach sich: Während er beim englischen König Aethelstan lebte, wurde Haakon Christ.

Erik Blutaxt

In der Zwischenzeit war also Erik Blutaxt von seinem Vater zum König gemacht worden. Erstaunlicherweise finden sich über ihn nur wenige historische Aufzeichnungen, auch hier müssen wir wieder auf die Welt der Sagas zurückgreifen.

Augenscheinlich hat sich Erik seinen Namen auf traditionelle Wikingermanier „verdient". Er war als Seeräuber offensichtlich sehr erfolgreich und plünderte sich an der Nord- und Ostseeküste durchs Leben. Sogar auf dem russischen Fluss Düna versuchte er sein Glück. Nach dem Tod seines Vaters wurde er König von Norwegen und begann als Erstes damit, die Reihen seiner möglichen Rivalen zu lichten. Dazu gehörten natürlich auch einige seiner Brüder bzw. Halbbrüder. So verlor er schon bald die Unterstützung der Jarle und der Bevölkerung, die ihm den Beinamen „Blutaxt" verliehen.

Eriks Halbbruder Haakon kehrte nach Norwegen zurück und wurde von Eriks Gegnern freudig begrüßt. Da seine Streitmacht nun in der Unterzahl war, floh Erik und nahm, einigen Quellen zufolge, sein Seeräuberleben wieder auf. Am Ende landete er in Northumbria, wo er für kurze Zeit wieder König wurde. In dieser Zeit erneuerte er seine Verbindung zum Isländer Egil Skallagrimsson, dem Helden der *Egils-Saga*. Egil war von Erik geächtet worden, als dieser noch in Norwegen lebte. Die beiden lagen in Blutfehde miteinander, und Egil hatte mehrere Verwandte Eriks getötet. Bevor Egil Norwegen verließ, soll er versucht haben, mit einem Fluchstab die Landgeister gegen Erik aufzubringen. In England aber versöhnten sich die beiden.

Egil erlitt Schiffbruch, wurde gefangen und vor Erik Blutaxt gebracht, der über ihn richten sollte. Erik wollte Egil zum Tode verurteilen, doch Egil verfasste ein Preisgedicht zu seinen Ehren, das den König so beeindruckte, dass er seinem alten Feind vergab und ihm die

Freiheit schenkte. Ob das nun wirklich passiert ist, ist allerdings nicht gesichert. Wenn es eine Erfindung des Dichters der Egils-Saga sein sollte, dann zeigt es zumindest, wie vielschichtig der wikingische Charakter war. Es ging ihnen um „große Taten". Egil gewann seinen Erzfeind durch ein Gedicht für sich, doch auch Eriks Vergebung kam einer Großtat gleich.

Egil ging seiner Wege, und Erik ereilte 954 bei Stainmore der Tod. Die Umstände sind nicht klar, doch offensichtlich hatte man ihn in Northumbria vom Thron vertrieben und ihn dann im Verlauf eines Rückzugsgefechts mit seinen Verfolgern getötet.

UNTEN: Einer der beiden großen Runensteine von Jelling (Jütland) wurde von Harald Blauzahn gestiftet, um an seine Eroberung Dänemarks und Norwegens zu erinnern. Dargestellt ist Jesus. Es handelt sich um eines der ersten Schriftzeugnisse mit seinem Namen in Dänemark.

Vom Graufell zu Knut

In der Zwischenzeit hatte Haakon sich den Beinamen „der Gute" redlich verdient, musste sich aber ständig gegen Eriks Söhne zur Wehr setzen, was er durchaus erfolgreich tat. 961 erlitt er allerdings bei einem Überraschungsangriff auf seinen Königssitz in Fitjar eine tödliche Verwundung. Haakon war ein guter König, aber mit einem Vorhaben scheiterte er gründlich. Er hatte zeit seines Lebens versucht, seine neuen Untertanen zum Christentum zu bekehren, doch als er starb, dichtete man ihm zu Ehren ein Preisgedicht, in dem man ihn in den Reihen der tapferen Krieger in Walhall sah, obwohl er ja eigentlich Christ gewesen war.

Nach Haakons Tod wurde Harald Graufell, Sohn von Erik Blutaxt, König eines norwegischen Reiches, das mittlerweile deutlich geschrumpft war. Er durfte auf die Unterstützung von Harald Blauzahn von Dänemark zählen, zumindest zu Beginn. Harald Graufell besiegte einige seiner Rivalen und gewann so die Kontrolle über die wichtigen Küstenhandelsrouten zurück. Als seine Macht wuchs, lockerte er die Beziehungen zu Harald Blauzahn, was diesem offensichtlich missfiel. Von nun an unterstützte der Dänenkönig Haakon Sigurdsson, den Jarl von Lade. Haakon wollte Rache für den Tod seines Vaters, der von Graufells Truppen getötet worden war. Im Gegenzug ließ dieser Graufell ermorden und wurde zum König von Norwegen, doch als Vasall Harald Blauzahns.

Harald Blauzahns Herrschaft begann 958 mit dem Tod seines Vaters Gorm des Alten. Er war aber auch schon vorher auf Abenteuerfahrt

OBEN: Sven Gabelbart kommt in England an. Die Darstellung weist jedoch viele anachronistische Züge auf. Die Rüstungen und Schiffe tragen eher mittelalterliche Züge.

LINKS: Knut erbte den Thron von England von seinem Vater Sven, der gerade lange genug lebte, um sich nach einer erfolgreichen Invasion zum König krönen zu lassen. Seine Armee bezahlte er mit den Schutzgeldern der Engländer.

gegangen, die ihn u. a. in die Normandie geführt hatte. 960 bekehrte er sich zum Christentum und wurde der erste christliche Wikingerkönig. Nachdem Harald Graufell getötet worden war, leistete dessen Nachfolger Haakon auf Harald Blauzahn den Treueeid, was Harald Blauzahn zum König über Dänemark und Norwegen machte.

Harald Blauzahn soll das Danewerk gebaut haben, aber vermutlich fügte er ihm nur einige Befestigungsanlagen hinzu. Der lange Wall sollte Invasoren aus dem Süden von Dänemark fernhalten, doch 974 wurde Harald Blauzahns Armee dort von germanischen Stämmen besiegt. Neun Jahre später gewann er die Region zurück, aber nun war seine Macht als König geschwächt. 974 verlor er die Kontrolle über Norwegen, 985 oder 986 wurde er von seinem Sohn Sven Gabelbart abgesetzt.

Sven Gabelbart erneuerte das Bündnis seines Vaters mit dem Jarl von Lade, welcher damals Haakons Sohn Erik war. So herrschte Sven vom Jahr 1000 an wieder über Norwegen. Im Jahr 1002 begann er seinen Krieg gegen England, der jedoch hauptsächlich finanziell motiviert war. Er brauchte Geld, und traditionell hieß das bei den Wikingern, dass man sich wieder ans Plündern machte. Die Engländer beschlossen, Sven Danegeld zu zahlen, was ihm viel Gold und Silber einbrachte.

Trotz Danegeld – oder gerade wegen, denn mit diesem Geld konnte er nun eine richtige Invasionsarmee ausrüsten – griff er 1013 England an. Er vertrieb König Aethelred ins Exil und übernahm die Herrschaft über das Land. Wenige Wochen, nachdem er Weihnachten 1013 zum König von England gekrönt worden war, starb Sven Gabelbart. Svens Sohn Harald wurde

Wikingerkriege in Irland

- ▨ (gelb) Wikinger in und um Dublin (aktiv von 917 – 1014)
- ▨ (orange) Wikingersiedlungen
- ▲ Wikingerlager
- ★ Wikingerüberfälle und -schlachten (795 – 902)
- ➡ Wikingereinfälle in Irland
- ⇢ Von Irland ausgehende Wikingerfahrten
- ➡ (blau) Feldzüge Brian Borus mit Datum

1. Erster Wikingerüberfall, 795
2. Nach York, 920 – 940
3. Nach Schottland, 866 – 870
4. Einnahme von Dublin, 841
5. Ankunft der Dänen, 851 und 875
6. Nach Schottland, 918

Aus Iona

N

Rathlin

Lough Foyle
Ailech
Derry
1006
Maghera
Fertas Camsa
1005
Raith Mor
Connor
Bangor
Moville
Strangford Lough
Downpatrick

NORTHERN UÍ NÉILL
ULAID

Assaroe
Inishmurray
Devenish
Clogher
Armagh
1007
1005
1010
1010
Carlingford

CONNACHT

AIRGIALLA
SOUTHERN UÍ NÉILL
Louth
Annagassan
Monasterboice
Slane
Holmpatrick

Baslick
1006
983
993
988
983 988
998
Lough Ree
988
Duleek
Clonard
1002 1012
Durrow
Clondalkin
Glenn Máma (999)
Clontarf (1014)
Dublin

Roscam
Clonfert
997
Clonmacnoise
1001
1000
999 1000 1014
Leixlip
Kildare
Glendalough

Lorrha
Terryglass
1002
Birr
Roscrea
1013
1013
Kilcullen

Iniscaltra
998 1002
Kincora
1005
Castledermot
Leighlin
Arklow

Inis Cathaig (977)
977
983
Limerick
991 996 998 1003
1013
983 984
Ferns

977
978
984
982
1013
Cashel
985

Killeedy
Emly
987
Belach Lechta (978)
Brigown
985
Waterford
Wexford

MUNSTER
Innisfallen
Lismore
LAIGIN

Sceilg Mhichil
Cork
Cloyne
Youghal

Ross Carbery

0   20 km
0   20 Meilen

KARTE: Die Wikinger spielten in Irland eine ganze Zeit lang eine bedeutende Rolle, doch Eroberungen andernorts waren ihnen immer wichtiger. So gelang es ihnen nie ganz, Irland unter ihre Kontrolle zu bringen.

König in Dänemark, der jüngere Sohn Knut König von England. Harald regierte als Harald II. vier Jahre lang, dann folgte ihm sein Bruder Knut auf den Thron.

Irland und der Westen

UNTEN: Obwohl der irische König Brian Boru bei der Schlacht von Clontarf 1014 starb, war danach die Macht der Wikinger in Irland gebrochen. Sie blieben zwar noch länger dort, hatten aber keinen Einfluss mehr.

Um 830, vielleicht schon früher, begann die Expansion der Wikinger nach Westen. Die Wikinger landeten auf den schottischen Inseln und errichteten dort Siedlungen und Stützpunkte für ihre Plünderfahrten. Das ging so, bis sie zu den Hebriden kamen, von wo aus sie nach Irland übersetzten. Die ersten

Wikingersiedlungen in Irland sollten wohl nur kurzfristig Bestand haben, doch irgendwann entwickelten sie sich zu befestigten Städten, von denen aus die Seefahrer ihre Raub- und Handelsfahrten unternahmen. Zu diesen Städten gehört zum Beispiel Dublin, das um 840 oder 841 gegründet worden ist. Dublin diente den Wikingern als Ausgangspunkt für ihre Expansion in Irland, aber auch nach Schottland und England.

Eine Reihe von Wikingerführern ernannte sich zum König von Dublin, wobei ihre Herrschaft recht unterschiedlich weit reichte. Die Iren versuchten immer wieder, die Nordmänner von ihrer Insel zu vertreiben, doch obwohl sie dabei durchaus Erfolge erzielten, gelang es ihnen nicht, die Wikinger ganz loszuwerden. Zu Beginn des 10. Jahrhunderts kam eine weitere Welle von wikingischen Siedlern nach Irland, was deren Macht dort vergrößerte. Erneut wurde eine Reihe von Städten gegründet, zu denen beispielsweise Limerick und Waterford gehörten. Doch die Kolonisierung Irlands war nur ein Teil der wikingischen Expansionsbestrebungen, und so konzentrierten die Wikinger immer wieder ihre Kräfte auf Eroberungen in England und konnten sich in Irland nicht fest verwurzeln.

997 zum Beispiel gründete König Sigtrygg Seidenbart in Dublin eine Münzanstalt, doch die Münzen wurden hauptsächlich zum Handel außerhalb von Irland verwendet. Irische Wikinger-Handelsschiffe segelten bis nach Skandinavien oder brachten ihre Waren ins Königreich Jorvik (York). Das mag an den ständigen Konflikten mit den streitbaren Iren gelegen haben. 980 wurden die Wikinger

bei der Schlacht von Tara vernichtend geschlagen, was ihre Machtposition jahrzehntelang schwächte. Um 1014 waren die Wikinger in Irland kein Thema mehr, sogar ihre Stadt Dublin war in Gefahr. Brian Boru, der Hochkönig von Irland werden wollte, begehrte die Stadt zur Hauptstadt seines Reiches. Seine Truppen stellten die Wikinger, die ein Bündnis mit dem aufrührerischen König von Leinster geschlossen hatten. Die Wikinger-Allianz wurde besiegt, doch König Brian fand in der Schlacht den Tod. Daraufhin unternahm niemand mehr ernsthaft den Versuch, die Wikinger aus Irland zu vertreiben, doch die Nordmänner spielten in der komplexen politischen Lage in Irland keine Rolle mehr.

Ganz anders lief es in Island, wo den Siedlungsbestrebungen der Wikinger nichts entgegengesetzt wurde. Die ersten Siedler kamen um 870 dorthin, und innerhalb von 50 Jahren entwickelte sich Island zu einem der Stammlande der Wikinger. Dorthin flohen die Norweger, die nicht unter der Herrschaft von Harald Schönhaar leben wollten. Einige von Haralds Feinden hatten zunächst auf den Inseln vor der schottischen Küste Zuflucht gesucht, doch als Harald später seine Truppen dorthin schickte, wanderten sie nach Island aus. Island war damals fern von Norwegen und wurde für diese neue Einwandererwelle zur neuen Heimat.

Demokratie in Island

Die Wikinger waren kleinteilige Herrschaftssysteme gewohnt. Als daher Harald Schönhaar Norwegen einen wollte, erregte er damit den Unwillen

vieler. Die Isländer errichteten stattdessen eine funktionsfähige repräsentative Demokratie. Die Macht hatten die Goden, politische Führer und Priester, deren Einfluss ganz davon abhing, ob sie die Bevölkerung hinter sich hatten. So hieß es von den Isländern bald, sie hätten keinen König außer dem Gesetz. Möglicherweise war dies ja die Reaktion auf Harald Schönhaars Aufstieg in Norwegen.

Das zentrale demokratische Instrument in Island war das *Althing*, zu dem sich die Goden aus allen Teilen des Landes einmal im Jahr trafen. Dort hatte jeder freie Mann eine Stimme und konnte seine Anliegen vortragen. Auf dem Althing machten die Goden und ihre Berater die Gesetze, nach denen in Island gelebt wurde. Es wurde 930 eingerichtet und machte Island, das bislang nur eine Wikinger-Siedlungsstätte gewesen war, zur Nation mit eigenen Regeln.

Das Christentum kam ab 1000 nach Island, meist ohne größere Konflikte. Anfangs mögen die Wikinger den Gott der Christen als Ergänzung zu ihrem eigenen Pantheon gesehen haben, aber mit der Zeit verdrängte der christliche Glaube die altnordische Religion. Die erste christliche Diözese wurde 1056 gegründet, doch sollte es ein halbes Jahrhundert dauern, bis eine zweite entstand. Da war die Wikingerzeit bereits vorüber, und Island ging seinen eigenen Weg in die Zukunft.

OBEN: Lange Zeit existierte das Christentum neben der altnordischen Religion weiter, bis es diese am Ende völlig verdrängte. Die Frommen ersetzten Thors Hammer durch ein Kruzifix, aber nicht wenige trugen noch lange beides.

Fahrt in die Katastrophe

Von Island aus wagten die Entdecker sich
weiter nach Westen vor und sichteten
dabei eine Landmasse, die später Grönland genannt wurde. Der Name sollte
Siedler anziehen und war auch nicht
gänzlich falsch gewählt. Die Besiedlung
erfolgte während der sogenannten Mittelalterlichen Warmzeit, doch selbst
damals waren nur kleine Regionen Grönlands bewohnbar. In den geschützten
Lagen der südlichen Fjorde konnte man
Landwirtschaft und Viehzucht betreiben,
obwohl die Sommer kurz waren und das
Leben entbehrungsreich.

Bekannt war Grönland vermutlich
schon um 900, als ein Wikingerschiff
vom Kurs abkam und die Küste eines
unbekannten Landstrichs entdeckte.
Das offizielle Datum der Entdeckung gibt
man mit 980 an, als Erik der Rote die

Insel erkundete. Doch schon 978 soll
eine erste Expedition dorthin geschickt
worden sein. Das ging vermutlich auf
eine Hungersnot in Island zurück, doch
diese Erkundungsfahrt entwickelte sich
zur Katastrophe.

Die Siedler landeten an der Ostküste
Grönlands, die unbewohnbar war. Weil
das Wetter so schlecht war, konnten sie
die Rückfahrt nicht mehr antreten. Der
harte Winter führte zu Zwistigkeiten,
bei denen viele Siedler getötet wurden.
Daher wurde Grönland erst ab 984 wirklich besiedelt.

Die Reise in das neue Land war
anstrengend und die Bedingungen selbst
für die wenig verwöhnten Isländer hart.
Nur 14 von ursprünglich 25 Schiffen
erreichten ihr Ziel. Trotzdem wuchs die
Bevölkerung auf 3000 bis 5000 Menschen an. Die Grönländer waren von der
bewohnten Welt weit genug entfernt, um

eine eigene Nation gründen zu können. Es gab einfach niemanden, der sich einmischen konnte.

Infolge des Klimawandels wurde es auf Grönland immer kälter. Um 1300 war ein Überleben fast unmöglich geworden. Treibeis ließ jede Überfahrt zum gefährlichen Unterfangen werden. Aber die Grönländer hatten ohnehin wenig, womit sie handeln konnten. Die meisten verließen die Insel und gingen nach Neufundland. Wer blieb, starb an Kälte oder Unterernährung.

Doch lange vor diesem tragischen Ende entdeckten die grönländischen Wikinger Amerika, wo sie sogar eine Siedlung errichteten. Jahrhunderte bevor die europäischen Seefahrer den Kontinent „entdeckten", lebten schon Wikinger in Kanada, wenngleich nur auf einem schmalen Küstenstreifen.

Völkern. So fand man in den Siebzigerjahren des vorigen Jahrhunderts eine geschnitzte Holzpuppe im Eskimostil, die einen Mann mit einem langen Mantel darstellt, der ein Amulett mit einem Kreuz trägt. Beides gehörte damals zur Tracht der Wikinger. Der Fund bestätigt die Erzählungen der Sagas, die von Wikingerschiffen in Helluland berichten. Auf der ersten Fahrt gab es jedoch allem Anschein nach noch keine Kontakte zur einheimischen Bevölkerung.

Nachdem Baffin Island Leif Eriksson wohl nicht sonderlich zugesagt hatte, segelte er weiter an die Küste von Labrador. Dort war es schon besser, zumindest beschrieben spätere Besucher weiße Sandstrände, die man *Furdustrandir* oder „Wunderstrand" nannte. Doch für Leif waren die Wälder wichtiger und so nannte er die Gegend Markland oder „Waldland".

Die Reise nach Amerika

Die Entdeckung Amerikas fällt in das Jahr 986, einige Jahre, nachdem Grönland gesichtet wurde. Doch es sollte noch 15 Jahre dauern, ehe Leif Eriksson eine Erkundungsfahrt dorthin wagte. Wo er landete und was er erkundete, ist nicht gesichert. Scheinbar entdeckte man Helluland, das „Felsenland". Dieser Name zeigt schon, dass die Wikinger von ihrem ersten Landeplatz wohl wenig begeistert waren. Man lokalisiert ihn heute auf Baffin Island.

Helluland wurde zum Zwischenstopp auf den Fahrten von Grönland zu den Wikingersiedlungen in der Neuen Welt. Vermutlich trieben die Wikinger bei späteren Reisen Handel mit den dortigen

LINKS: Die Wikinger, die Amerika entdeckten, sollen bei ihrer dritten Landung wilde Trauben vorgefunden haben. Daher tauften sie das Land „Vinland". Doch es gibt auch andere Erklärungen für diesen Namen.

Von Markland segelte man weiter und stieß auf eine Insel, wo man an Land ging. Von dort aus folgte man einem Strom ins Landesinnere. Eine kurze Erkundungsfahrt klärte schnell, dass der Ort ideal für eine Siedlung wäre. Es gab massenhaft Fisch in den Flüssen und das Gras wuchs dort nicht so spärlich wie in Grönland. Als man auch noch wilde Trauben fand, so heißt es, habe Leif das Land *Vinland* genannt, also „Rebenland", doch eine bessere Übersetzung wäre „das Land der Wiesen".

WER KANN SCHON SAGEN, WELCHE SORGEN EINEM SCHEINBAR SORGLOSEN MENSCHEN BIS ZU SEINEM LEBENSENDE BEGEGNEN WERDEN?

1001 verbrachten Leifs Männer den Winter dort. Vermutlich befanden sie sich an der Nordküste von Neufundland, doch die Landestelle könnte auch weiter südlich gelegen haben. Die Wikinger erkundeten das Land, so weit es ging, und kehrten dann nach Grönland zurück. Ihr Lager wurde von der nächsten Expedition unter der Leitung von Leifs Bruder Thorvald erneut genutzt. Auch diese Gruppe überwinterte in Neufundland, doch diesmal kam es zu Konflikten mit den ortsansässigen Stämmen.

Zwistigkeiten und Handel

Die Wikinger wussten, dass die Neue Welt von anderen Stämmen bevölkert war. Sie hatten in Grönland Boote und Werkzeuge gefunden, die im Vergleich zu den ihren primitiv waren, aber offensichtlich ihren Benutzern ermöglicht

hatten, im rauen Klima der Insel zu überleben. Die Wikinger nannten diese Völker Skraelinger, was so viel bedeutet wie „Schwächling" oder „hässlicher Mensch". Und natürlich kam es zum Kampf, als sie diesen zum ersten Mal leibhaftig begegneten. Dabei wurde der Großteil der Skraelinger getötet, die Überlebenden aber kamen mit Verstärkung zurück und griffen das Wikingerlager an. Dies war zwar in der Zwischenzeit befestigt worden, dennoch wurde Thorvald von einem Pfeil getroffen.

Man rüstete noch eine Expedition aus, die von Leifs Bruder Thorstein geführt wurde. Denn trotz der Anwesenheit feindlicher Stämme bot Vinland einige Vorteile. Zum einen würde es dem Wortberühmtheit bringen, der hier als Erster siedelte, zum anderen schien es gutes Land zu geben, so weit das Auge reichte. Und Vinland hatte dank seines Waldreichtums viel Holz zu bieten, das in Grönland fehlte.

1009 oder 1010 erfolgte noch eine Expedition unter der Leitung von Thorfinn Karlsefni, der zur Eriksson-Familie gehörte. Thorfinn war ein isländischer Händler, der in Grönland überwintert und die Schwiegertochter von Erik dem Roten zur Frau genommen hatte. Wie alle guten Wikinger wollte er seine Chancen nutzen. Doch Leif Eriksson wollte den Ruhm, als Erster in Vinland eine Siedlung angelegt zu haben, nicht preisgeben und so übertrug er Thorfinn das Recht auf sein Lager dort nur leihweise. Thorfinn landete mit drei Schiffen, sechzig Männern und fünf Frauen, darunter auch seine neue Braut. Während ihres dreijährigen Aufenthalts hatten Thorfinn und Gudrid einen Sohn

mit Namen Snorri. Snorri Thorfinnsson war das erste Kind europäischer Eltern in Amerika.

Die Wikingersiedler trieben Handel mit den Indianern, die sie immer noch Skraelinger nannten und zutiefst verachteten. Sie betrogen sie, wo sie nur konnten, und brachten so kostbare Pelze an sich. Schließlich griffen die Skraelinger Thorfinns Lager an, aber die Wikinger hielten stand.

Sie waren den Indianern nämlich überlegen, was die Kriegstechnik anging. Sie hatten Stahlwaffen aus Europa und

Rüstungen, wodurch sie der schieren Übermacht zunächst ebenbürtig waren. Doch die Skraelinger griffen zu anderen Mitteln und machten den Wikingern das Leben zur Hölle. Nach drei Jahren schließlich zogen sie ab. Die Indianer gehören also zu den wenigen Völkerschaften, die von sich behaupten dürfen, dass sie die Wikinger zum Teufel geschickt haben.

1015 wurde die Wikingersiedlung in Amerika aufgelöst, wobei es möglich ist, dass es weitere Handelsexpeditionen von Island oder anderen Wikingerländern aus

OBEN: Obwohl die Wikinger besser bewaffnet waren, hielten sie der Wildheit der amerikanischen Ureinwohner nicht stand. Die Siedler dort zogen sich bald ganz zurück, was für die Kolonisten in Grönland schwerwiegende Konsequenzen hatte.

OBEN: Die Wikinger-
kolonie in L'Anse aux
Meadows, hier als mo-
derne Rekonstruktion.

gab. Als die Europäer in der Neuen Welt
landeten, waren jedoch auch diese zum
Erliegen gekommen, was erklärt, warum
sie in Nordamerika nicht auf Norwegisch
sprechende Menschen stießen.

Wo das Wikingerlager in Neufundland lag, darüber streiten die Gelehrten. Tatsächlich gibt es sogar Annah-
men, dass die Wikinger noch viel weiter
südlich siedelten, zum Beispiel in Maine.
Doch solche Spekulationen werden nur
für Neufundland von archäologischen
Funden erhärtet. Tatsächlich grub man
in L'Anse aux Meadows an der Nord-
spitze Neufundlands eine Siedlung aus
und datierte sie auf etwa 1000 n. Chr.

Doch muss es sich dabei nicht um das
Lager von Leif Eriksson handeln, auch
wenn eine gewisse Wahrscheinlichkeit
besteht. Die Übersetzung von Vinland
als „Land der Reben" würde auf eine süd-
lichere Landestelle verweisen, da so hoch

im Norden keine Weinreben gedeihen.
Doch mit „Land der Wiesen" ist Neu-
fundland gut beschrieben, und in der
Saga ist ja die Rede von einer Halbinsel.

Ob L'Anse aux Meadows nun die
Hauptkolonie der Wikinger darstellt oder
nur einen der kleineren Stützpunkte, die
um dieselbe Zeit errichtet wurden, bleibt
offen. Aber dass die Wikinger dort gelebt
und von dort aus die Gegend erkundet
haben, ist sicher. Andere „Funde" von
Wikinger-Artefakten in Nordamerika
sind häufig mehr als fragwürdig, wenn sie
nicht gleich als Fälschung zu erkennen
sind.

Die Wikinger trieben mit der ortsansässigen Bevölkerung Handel, daher ist
es durchaus vorstellbar, dass Objekte aus
ihrem Besitz weiter nach Süden oder ins
Landesinnere gelangten, ohne dass ein
Wikinger je auch nur einen Fuß dorthin gesetzt hätte. Andererseits reichen

mehrere Flüsse, zum Beispiel der Sankt-Lorenz-Strom, ins Landesinnere, und wir kennen ja die Gewohnheit der Wikinger, ihren Erkundungen auf See solche auf Binnengewässern folgen zu lassen. Möglicherweise sind also durchaus Nordmänner ins Landesinnere von Amerika gelangt.

Britannien und Nordeuropa

Die Wikinger hatten schon vor dem Vorfall von 789 und dem Überfall auf Lindisfarne 793 Fuß auf die britische Insel gesetzt. Siedlungen auf den Shetland- und den Orkney-Inseln wurden bald darauf gegründet. 865 aber landete das Große Heidnische Heer auf der britischen Hauptinsel. Dabei handelte es sich nicht um eine bloße Plünderungsfahrt, sondern um einen Eroberungsfeldzug, der zur Gründung des wikingischen Königtums mit der Hauptstadt York führte. Diese wurde in Anlehnung an ihren alt-englischen Namen Eoforwic auf Dänisch Jorvik genannt.

Um 875 teilten Halfdan Ragnarsson und sein Bruder Guthrum das Heer und offensichtlich auch das Land der Wikinger in England unter sich auf. Halfdan führte seine Männer, die zur ursprünglichen Großen Armee gehört hatten, nach Northumbria. Dort schlugen sie ihr Lager am Fluss Tyne auf und führten eine Streitmacht nach Strathclyde, um die Königtümer der Pikten zu erobern.

Halfdan hatte im Wikingerkönig von Dublin einen Verbündeten gefunden, der seine Streitmacht mit der seinen vereinte. Die beiden Königreiche arbeiteten eng zusammen, bis das in Dublin

an Einfluss verlor. Doch der Feldzug gegen die Pikten erwies sich als Desaster. Danach hatten Halfdans Männer die Nase erst einmal voll vom Krieg.

Da sie nicht mehr ständig kreuz und quer durch England ziehen und gegen alle möglichen Völkerschaften kämpfen wollten, ließen sich die Wikinger in York und Umgebung nieder. Einige bildeten dort eine kampferprobte Elite heraus, andere bestellten einfach ihr Land. Halfdan genügte beides nicht. 877 fand er den Tod bei einem Gefecht auf See, als er versuchte, die Vorherrschaft der Wikinger über Dublin zurückzugewinnen.

Halfdan und ein kleiner Teil des vormaligen Großen Heidnischen Heeres waren bemüht, Irland zu unterwerfen. Sein Bruder Guthrum versuchte einmal mehr, mit seiner Hälfte der Großen Armee Wessex an sich zu bringen. Seine Männer waren immer noch beutehungrig, entstammten sie doch hauptsächlich dem Ersatzheer, das im Sommer nach England gekommen war.

UNTEN: In den Sechzigerjahren des letzten Jahrhunderts leiteten Anne Stine Ingstad und ihr Mann Helge Ingstad die Ausgrabungen, die belegten, dass L'Anse aux Meadows tatsächlich eine Wikingersiedlung war.

Das Große Heidnische Heer wurde 878 vom angelsächsischen König Alfred dem Großen besiegt. Bis dahin aber hatte es die politische Landschaft in England verändert. Die Wikinger hatten Northumbria erobert, Mercia und East Anglia. Und sie hatten außerhalb von Skandinavien mehrere Königreiche gegründet.

Der Friedensvertrag zwischen Alfred und Guthrum legte die angelsächsischen bzw. wikingischen Einflusszonen in England fest. Das Gebiet unter der Herrschaft der Wikinger (die Zeitgenossen als „Dänen" bezeichneten) nannte man „Danelag". Guthrum hatte zwar nicht ganz England erobert, doch war es ihm gelungen, dass die Wikingerherrschaft im Danelag von den anderen Herrschern akzeptiert wurde.

Der Friedensvertrag bestimmte außerdem, dass Guthrum zum Christentum übertreten musste, König Alfred adoptierte ihn als Sohn. Die Beziehungen zwischen Guthrums Königreich in East Anglia und Alfreds in Wessex blieben während Guthrums Herrschaft friedlich. Diese allerdings endete 890 mit seinem Tod.

Jorvik

Im Königreich Jorvik weiter im Norden kamen weitere Siedler an. Da York seit jeher das wirtschaftliche Zentrum der Region war, war es nur logisch, dass die Stadt, in der schon die Römer und die Angeln geherrscht hatten, auch die Hauptstadt des neuen Wikingerreiches wurde. Die Stadt war zudem leicht zu verteidigen und lag günstig an verschiedenen Verkehrswegen.

Die Jorvik-Wikinger nutzten, was ihre Vorgänger hinterlassen hatten. Die Römer hatten die Stadt befestigt, die Angeln diese Befestigungen weiter ausgebaut. Die Angeln wiederum hatten die alte Römerfestung beim York Minster genutzt, und die Wikinger taten es ihnen vermutlich nach.

Unter der Herrschaft der Wikinger blühte und gedieh die Stadt, sodass sich ihre Bevölkerung auf 30 000 Einwohner verdoppelte. Die Ouse sicherte den Zugang zur Nordsee und von dort aus nach Europa. Bald war York eines der wichtigsten Wirtschaftszentren in Europa und Nadelöhr für den britischen Handel mit Skandinavien. Der Einfluss der Wikinger schlägt sich noch heute in den Orts- und Straßennamen der Region nieder. Alles, was auf „-gate" endet, geht auf das wikingische *gaeta*, „Straße", zurück.

Das Königreich Jorvik umfasste nicht ganz Northumbria, war aber groß genug, um einigen Einfluss zu entwickeln. Doch natürlich vermischten sich auch wikingische und anglische Kultur. Diese Entwicklung lässt sich überall beobachten, wo die Wikinger sich niederließen. Als die Wikinger York übernahmen, setzte die alteingesessene Bevölkerung ihr

UNTEN: Jorvik war ein Zentrum von politischer und wirtschaftlicher Bedeutung. Dort wurden Waren aus Europa und Skandinavien umgeschlagen, die über den Seeweg kamen. Hier eine Prägemünze. Münzen von verlässlicher Qualität vereinfachten den Handel enorm.

gewohntes Leben fort und den Mädchen mochten die gepflegten, gut gekleideten und im Allgemeinen wohlhabenden Wikinger wohl besser gefallen haben als ihre ungewaschenen Rivalen unter den Angeln.

Kulturenmix

In der gesamten wikingischen Welt lässt sich dasselbe Phänomen beobachten: eine Verschmelzung der Kulturen. In Russland wurden Wikingerhäuser von slawischen Handwerkern im lokalen Stil gebaut, was bestimmte Fragen über den eigentlichen Einfluss der Wikinger aufwarf. Natürlich kann man daraus, dass es wenig „echte" Wikinger-Artefakte oder -Gebäude gibt, schließen, dass die Wikinger nicht in großer Zahl dort siedelten, doch dieser Eindruck geht letztlich fehl.

Dasselbe gilt für England: In Jorvik bezahlten Wikinger lokale Handwerker, ihre Häuser zu errichten und Kunstgegenstände für sie anzufertigen. Diese Kunstgegenstände spiegeln den Einfluss der Wikinger wider, doch auch hier vermischen sich die Stile. Die Kunstwerke, Bauten und Alltagsobjekte in Jorvik entwickelten letztlich einen dezidiert wikingisch-anglischen Stil, war doch auch das Königreich kein skandinavischer Ableger, sondern ein eigenständiges Reich.

Politische Veränderungen

Die Präsenz eines starken Wikingerkönigreiches an der Ostküste Englands hat die Plünderer aus Skandinavien möglicherweise ferngehalten. Falls dem so war, dann lag dies aber an der Streitmacht von Jorvik und nicht an der Tatsache,

OBEN: Die Landung des Großen Heidnischen Heeres in England war keine Plünderung, sondern eine Invasion. Sie veränderte den Lauf der englischen Geschichte.

dass dort entfernte Verwandte der skandinavischen Wikinger herrschten. Diese hatten sich schließlich unverdrossen gegenseitig überfallen und sich wegen kleiner Kränkungen die Kehle aufgeschlitzt. Dass also die Plünderungen eingestellt wurden, weil dort jetzt Wikinger herrschten, ist eher unwahrscheinlich.

Die Plünderungen gingen zurück, weil es einige politische Veränderungen gegeben hatte. Die Jarle und die kleinen Königreiche verschmolzen zu größeren Einheiten, die solche Raubzüge zum Mittel der Politik machten. Nun gab es plötzlich Königtümer, denen man Danegeld (Schutzgeld) bezahlen konnte. Dies bot den Opfern eine Chance auf eine Atempause, wenn der König seine Krieger im Zaum halten konnte. Das Danegeld machte die Könige reich und verlieh ihnen so mehr Macht, wodurch sie umgekehrt wieder mehr Schutzgeld einziehen konnten. Das war ein System, das sich selbst am Laufen hielt.

DER TAPFERE MANN WIRD KÄMPFEN UND GEWINNEN, WIE STUMPF SEIN SCHWERT AUCH IMMER SEIN MAG.

Doch mittlerweile wussten die Opfer sich auch besser vor Plünderern zu schützen. Die Wikinger hatten ihre Raubzüge aber aus gutem Grund unternommen. Man strebte nach Ruhm, Gewinn oder Rache. Rache war weiterhin ein treibendes Motiv, denn der soziale Druck war so groß, dass man nicht zögerte, auch gut geschützte Objekte anzugreifen. Ansonsten aber war das Plündern unattraktiv geworden, entweder weil das Ziel zu gut befestigt war oder unter dem Schutz des Königs stand, und ein Angriff hätte für den Wikinger Ächtung bedeutet.

Raubzüge in Europa

Die Wikinger verlegten ihre Aktivitäten immer weiter nach Europa, wo sie seit jeher ihre Enklaven gehabt hatten, die meist als Stützpunkt für Plünderungen dienten. Von einem solchen Stützpunkt, vermutlich an der Loire, machten sich Björn Eisenseite und ein anderer Wikingerführer namens Hastein auf ins Mittelmeer. Möglicherweise waren beide Söhne von Ragnar Lodbrok. In diesem Fall würde dessen Familie zu den einflussreichsten der Menschheitsgeschichte gehören.

Wer auch immer ihr Vater war, Björn und Hastein waren erfolgreiche Wikingerführer, die 857 Paris geplündert hatten. Von dort aus segelten sie mit mehr als 60 Schiffen Richtung Meer. Dort plünderten sie sich die französische und iberische Küste hinab bis ans Mittelmeer. Nur etwa ein Drittel der Schiffe überstand das Wagnis, denn die Flotte musste sich auf ihrem Weg zahllosen Kämpfen stellen.

Trotz verschiedener Rückschläge gelang es Björn und Hastein, viele Städte auf der europäischen wie der afrikanischen Seite zu plündern. Sie fielen sogar auf den Balearen ein. Einige Quellen geben an, dass sie eine Stadt angriffen, die sie für Rom hielten. Dabei taten sie so, als wolle ihr sterbender Führer zum Christentum übertreten und ein christliches Begräbnis erhalten. Die Geschichte, wie die „Leiche" plötzlich von der Bahre sprang und der Trauerzug Schwerter unter dem Gewand hervorzog, passt zur Mentalität der Wikinger, denen keine Religion heilig war, nicht einmal ihre eigene. Doch sehr wahrscheinlich klingt diese Geschichte nicht.

Die Legende will es, dass die Wikinger Luna plünderten und alle Einwohner töteten, als sie merkten, dass es sich nicht um Rom handelte. Die moderne Archäologie allerdings hat keine Belege für diesen Angriff gefunden. Die Stadt, wie sie beschrieben wird, existierte um 860 noch nicht. Tatsächlich gab es am angegebenen Ort eine verfallene Ortschaft, doch diese hätte man kaum für Rom halten können.

Dabei waren Björn und Hastein nicht die ersten Wikinger, die bis ans Mittelmeer kamen. 844 wurde zum Beispiel Sevilla erfolglos angegriffen. Doch „Wortberühmtheit" gewannen die beiden mit ihrer Reise genug (selbst wenn sie Luna nicht geplündert haben sollten), denn Björn Eisenseite und Hastein gingen dadurch in die Annalen der Geschichte ein. Manche Quellen berichten, die Flotte sei bis nach Alexandria in

Ägypten vorgedrungen, habe dann kehrtgemacht und sich den Weg durch die von den Mauren kontrollierte Meerenge von Gibraltar erkämpft, um schließlich wieder die Loire hinaufzusegeln.

In Europa nahm Hastein an mehreren Feldzügen teil, wobei er manchmal auf der Seite der Europäer kämpfte, zum Beispiel für Salomon von der Bretagne, dann wieder für sich selbst. Die Wikinger bildeten mittlerweile einen Teil des europäischen Machtgefüges und viele Herrscher schlossen Bündnisse mit ihnen wie mit jedem anderen Staat. Doch dieses Machtgefüge begann allmählich, sich aufzulösen. Die traditionelle Macht der Kirche ließ nach, u. a. wegen der Wikingerangriffe auf ihre heiligen Stätten. Städte mussten Befestigungsanlagen errichten, die sie in der Folge nicht nur vor Wikingerangriffen schützen konnten. Eine gut befestigte Stadt konnte ihren

UNTEN: Aldwych an der Themse war eine angelsächsische Siedlung in der Region, die unter den Römern als Londinium bekannt war. Dass die Wikinger dorthin kamen, ist kein Wunder, denn die Themse mündet direkt in die Nordsee.

bisherigen Herrschern trotzen. Bald gab es neue Allianzen. Die Wikinger trugen ihren Teil zur Zerstörung der alten Ordnung bei, waren aber keineswegs die Einzigen, die das Gemenge zum Gären brachten. Ihr Eingreifen brachte labile Strukturen nur früher zum Einsturz.

885 beschlossen die Wikinger, einmal mehr Paris zu plündern. Manche Städte wurden mehrfach geplündert, doch Paris hatte nun mehrere Jahre lang Atem schöpfen dürfen. Das hieß, dass dort vielleicht wieder etwas zu holen war. Also griffen mehr als 700 Wikingerschiffe die Stadt an. Wie immer gelang es den Wikingern nicht, sie auf den ersten Streich einzunehmen. Es kam zur Belagerung. Paris erwies sich als Stolperstein für das Vordringen der Wikinger ins Frankenreich.

Der westfränkische König Karl III. zog eine mächtige Armee zusammen und ließ die Wikinger seinerseits einschließen. Offensichtlich hatte er von seinen römischen Vorfahren gelernt, die Belagerer zu belagern. Als klar war, dass die Lage der Wikinger nicht unbedingt die beste war, bot er ihnen Schutzgeld für ihren Abzug an. Die Wikingerarmee war an diesem Punkt vermutlich froh, so glimpflich davonzukommen. Darüber hinaus bot Karl ihnen ein Winterquartier in Burgund an – nicht ohne eigennützige Interessen, da die Burgunder damals gegen den König rebellierten. So hinderte König Karl III. die Wikinger nicht nur an der Plünderung von Paris und des nördlichen Frankreich, sondern machte sie zu einer Trumpfkarte in seinem politischen Spiel.

Unten: Angriff der Wikinger auf Paris 885. Sie setzten Belagerungsmaschinen und andere technische Finessen ein, zum Beispiel trieben sie Gänge unter die Festungsmauern, damit diese einstürzten.

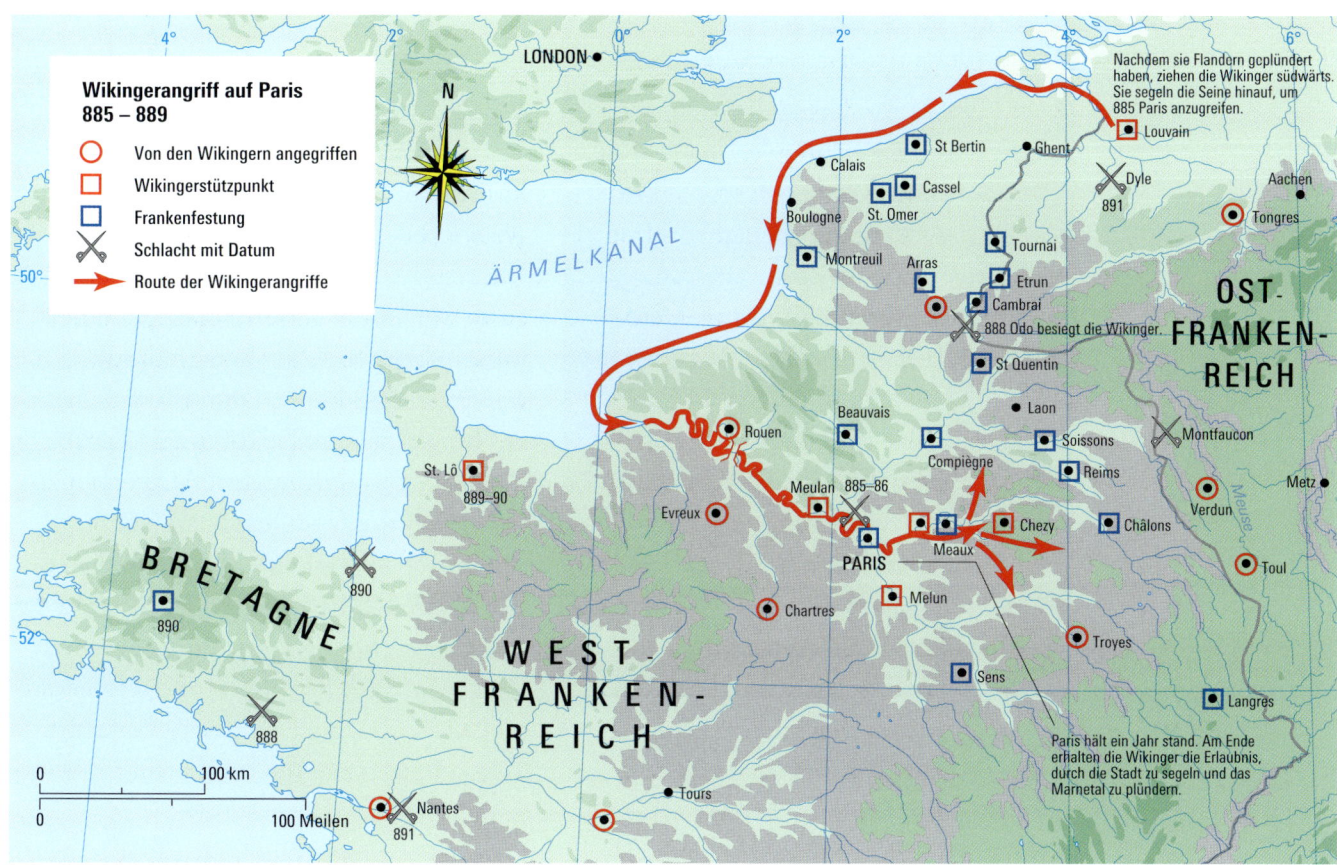

**Wikingerangriff auf Paris
885 – 889**

○ Von den Wikingern angegriffen

□ Wikingerstützpunkt

□ Frankenfestung

✕ Schlacht mit Datum

→ Route der Wikingerangriffe

LONDON

N

ÄRMELKANAL

Calais
St Bertin
Ghent
Cassel
Boulogne
St. Omer
Montreuil
Arras
Tournai
Etrun
Cambrai
888 Odo besiegt die Wikinger.
St Quentin

Nachdem sie Flandern geplündert haben, ziehen die Wikinger südwärts. Sie segeln die Seine hinauf, um 885 Paris anzugreifen.

Louvain

Dyle
891

Aachen

Tongres

OST-
FRANKEN-
REICH

St. Lô
889–90

Rouen
Beauvais
Laon
Soissons
Reims
Meulan 885–86
Compiègne
Chezy
Châlons
Evreux
PARIS
Meaux
Melun
Chartres
Sens
Troyes
Langres

Montfaucon
Verdun
Metz
Meuse
Toul

BRETAGNE
890
890

WEST-
FRANKEN-
REICH

888

Nantes
891

Tours

Paris hält ein Jahr stand. Am Ende erhalten die Wikinger die Erlaubnis, durch die Stadt zu segeln und das Marnetal zu plündern.

0   100 km
0   100 Meilen

Invasion in England

Hastein nahm an dem Einfall in England von 892 oder 893 teil, denn zu jener Zeit war er schon der bedeutendste der wikingischen Heerführer. Das Wikingerheer war gewaltig, doch das Zeitalter, in dem die Wikinger nach Belieben plündern konnten, war unwiderruflich vorüber. Ende des 9. Jahrhunderts hatte Europa sich längst gewappnet. Im Süden Englands verteidigte König Alfred der Große seine Küste mit einer Flotte und seine Städte durch ein ausgeklügeltes militärisches System. Er regierte mit harter Hand, durchlebte viele Krisen und musste sich kurz vor seinem Tod 899 noch einmal einer Wikinger-Invasion stellen.

Wie das Große Heidnische Heer davor waren die Wikinger nun eine gut organisierte Armee, die viel Erfahrung bei der Plünderung Europas gewonnen hatte. 892 versammelten sich die Invasoren in Boulogne und setzten mit den zwei Flotten über den Ärmelkanal. Eine Flotte segelte die Themse hinauf, die andere landete an der Südküste von Kent. Die Absichten der Wikingerführer waren wohl unterschiedlicher Natur. Manche ihrer Leute wollten Land erobern, andere einfach nur plündern. Vermutlich hoffte man auch auf Schutz- und Lösegeld für eventuelle Geiseln.

Doch diesmal schlug der Plan fehl. Die Männer aus Wessex kämpften nicht zum ersten Mal gegen die Wikinger und hatten ein System entwickelt, dem Heer die Wege abzuschneiden. Außerdem konnte Alfred der Große eine gewaltige Armee auf die Beine stellen. Beide

OBEN: Größere Heere erlaubten den Wikingern, auch im Binnenland zu plündern, doch auch hier nutzten sie die Flüsse als Fortbewegungsmittel. Festungen an den Flüssen geboten ihnen Einhalt, konnten die Angriffe aber nicht vollständig aufhalten.

RECHTS: Karl II. der Kahle (er war in Wirklichkeit nicht kahl) bestach die Wikinger quasi, um sie für seine Zwecke einzusetzen.

Wikingerheere wurden besiegt und zogen sich in Stellungen zurück, die sie verteidigen konnten. Vermutlich hofften sie darauf, dass man sie mit Danegeld zum Rückzug bewegen würde. Doch es kam zu keinem Friedensvertrag. Die Wikinger wurden nacheinander aus allen Stellungen vertrieben. Sie verloren nicht jede Schlacht, wurden aber bei diesem Feldzug so dezimiert, dass die Invasion 896 als gescheitert gelten konnte.

Vom Räuber zum Reichsgründer

Von den Überlebenden schlossen sich einige den bereits bestehenden Wikingerreichen in England an, andere kehrten nach Europa zurück und schlossen sich Rollo an, dem ebenso erfolgreichen Führer der

NIEMAND SOLLTE HEUTE BILLIGEN, WAS IHM MORGEN LEIDTUN WIRD.

Seine-Wikinger, dessen Herkunft bis heute ungeklärt ist. Manche sehen in ihm den Hrolf der Sagaliteratur, der so groß war, dass kein Pferd ihn tragen konnte. In diesem Fall wäre er in Norwegen geächtet worden und über die Orkney-Inseln nach Frankreich gekommen. Vielleicht gehörte er zur Großen Heidnischen Armee. Jedenfalls führte Rollo eine Truppe an, die 911 in Chartres besiegt wurde. Der Westfrankenkönig Karl III., den man auch Karl den Einfältigen nannte, beschloss, in die Fußstapfen seiner Vorgänger zu treten und sich die Wikinger dienstbar zu machen. In der bereits beschriebenen wenig feierlichen Zeremonie gab Karl III. Rollo das Land zu Lehen, das dessen Männer ohnehin schon besetzt hielten, und machte ihn zum Fürsten der Normandie.

Dies war eine der effektivsten Maßnahmen, die je gegen ein Wikingerheer ergriffen wurden. Karl III. hatte dadurch eine Horde kampferprobter Wikinger unter seinen Fahnen, die seine Küsten gegen neue Invasoren verteidigen würden. Dies läutete in gewisser Weise das Ende des Wikingerzeitalters ein. Rollos Ernennung zum Fürsten der Normandie setzte der Zeit der Plünderungen ein Ende. Es kam noch gelegentlich zu Plünderungsaktionen, doch nun begannen die Wikinger, sich Reiche aufzubauen.

Rollo war jetzt Fürst der Normandie, die Wikingerkönige konnten ihre Macht in Jorvik und East Anglia festigen, Harald Schönhaar war König in Norwegen. Seine Gegner besiedelten Island und die Inseln vor Schottland, bis zur Besiedlung Grönlands sollten noch 70 Jahre vergehen.

All diese Ereignisse waren eng miteinander verknüpft. Erik Blutaxt zum

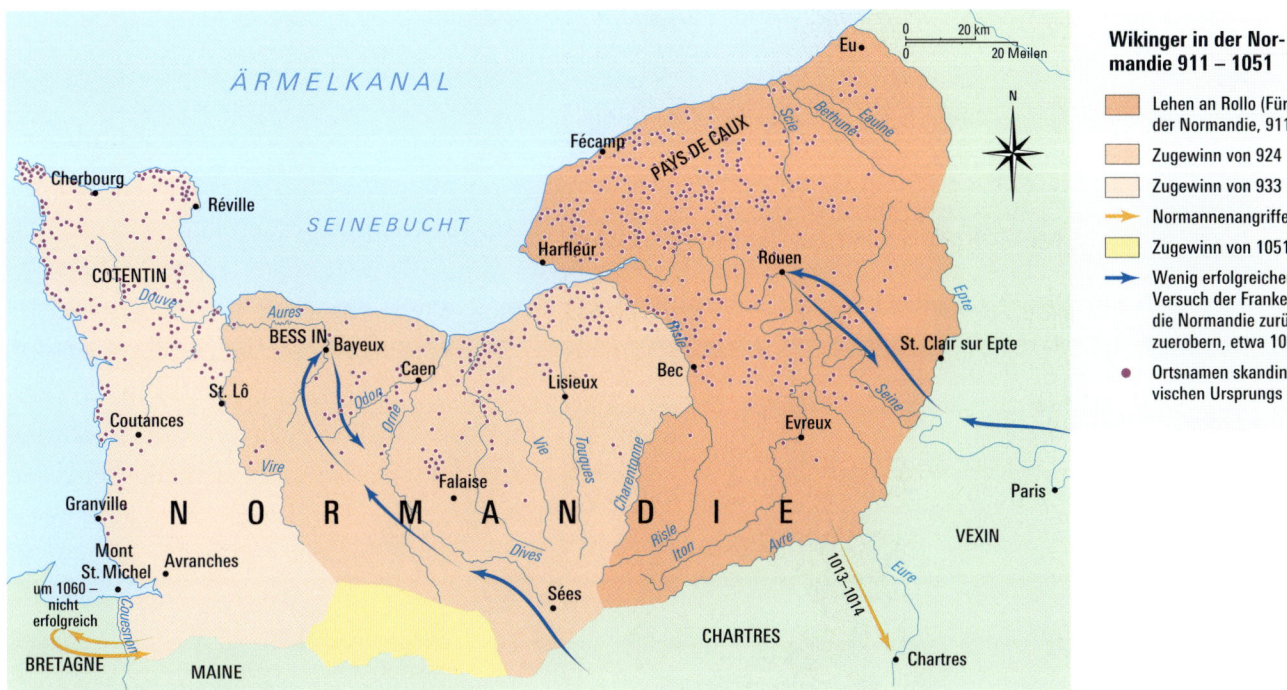

Wikinger in der Nor-
mandie 911 – 1051

- Lehen an Rollo (Fürst der Normandie, 911)
- Zugewinn von 924
- Zugewinn von 933
- → Normannenangriffe
- Zugewinn von 1051
- → Wenig erfolgreicher Versuch der Franken, die Normandie zurück-zuerobern, etwa 1070
- • Ortsnamen skandina-vischen Ursprungs

Beispiel, der aus Norwegen vertriebene Sohn von Harald Schönhaar, herrschte eine Weile über Jorvik. Harald Hardrade, der letzte Wikingerkönig, diente in der Waräger-Garde, die gegründet wurde, nachdem die Wikinger ihre Kampfkraft bei den Angriffen auf Konstantinopel unter Beweis gestellt hatten.

Der Einfluss der Wikinger im Mittelmeerraum war gering im Vergleich zu anderen Regionen. Um 960 wurden dort Plünderungen durchgeführt, doch ist dies kein Vergleich mit dem Einfall der Wikinger im nördlichen Europa. Selbst arabische Staaten schickten Delegationen nach Skandinavien, um diplomatische Beziehungen zu den Wikingern zu knüpfen. Doch wenn arabische Münzen nach Skandinavien gelangten, dann geschah dies meist über den Umweg über Russland, weniger über das Mittelmeer. Dort kannte man die Wikinger eigentlich nur vom Hörensagen.

OBEN: Die Errichtung eines Wikingerreiches in der Normandie war ein politisches Meisterstück. Gleichzeitig markiert sie auch den Übergang der Wikinger von Plünderern zu Reichsgründern.

LINKS: Diese Darstellung von Rollo ist typisch für das Bild, das sich spätere Generationen von den Wikingern machten. Bewaffnung und Rüstung sind historisch nicht korrekt.

9

DAS ENDE DER WIKINGERZEIT

Meist wird das Jahr 1066 als das Ende der Wikingerzeit genannt, doch in Wirklichkeit ging ihre Ära nicht überall zur selben Zeit zu Ende. Die Kolonie in Vinland wurde 1015 aufgegeben. In Grönland schlugen sich die Siedler noch bis nach dem Ende der Wikingerzeit durch, waren aber längst keine Wikinger mehr, sondern Grönländer.

geografisch und historisch weit voneinander entfernt, doch Skandinavien, Nordeuropa und Britannien waren durch ein Netz von Bündnissen und Dynastien verbunden, was schließlich zu einer großen Schlacht in England führen würde und zum Ende der Wikinger-Ära.

Überall entwickelte sich die Gesellschaft der Wikinger durch Austausch mit anderen Kulturen weiter. Die Entstehung von Wikingerreichen und das erstarkende Christentum führten dazu, dass die traditionellen Plünderungsfahrten immer seltener wurden. Und die Wikingerreiche waren eben anglo-wikingisch bzw. slawisch-wikingisch. Das war vermutlich unvermeidlich, denn schließlich ist der Wandel das einzig Konstante in dieser Welt.

Gegen Ende der Wikingerzeit waren die Schicksale der Wikingerreiche an der Nordsee eng miteinander verzahnt. Island, Grönland und Russland waren

Die Normannen

Dass Rollo das Land in der Normandie akzeptiert hatte, brachte einige bedeutende Veränderungen mit sich. Rollos Wikinger wurden nämlich Normannen und waren künftig gefürchtet, weil sie starke Krieger zu Pferde waren. Doch zuerst einmal mussten die Wikinger ums Überleben kämpfen. Andere Wikinger-Enklaven entstanden in Nordeuropa, doch es kam nicht zur Ausbildung stabiler Herrscherdynastien.

GEGENÜBER: Wilhelm von der Normandie war Nachfahre eines Wikingergeschlechts, das sich von seinen Wurzeln wegentwickelt hatte. Er war ein christlicher Feudalherr, kein Jarl. Die Männer, die er befehligte, waren Berufssoldaten und keine Teilzeit-Krieger mehr.

RECHTS: Wilhelm Lang-
schwert war ein erfolg-
reicher Herrscher, der
wusste, wann er zum
Schwert greifen muss-
te und wann nicht. Sein
Ableben wäre fast zum
Todesstoß für die sich
gerade entwickelnde
Normandie geworden.

Rollos Männer durchliefen eine Zeit
sozialer Umstrukturierung. Ihr eher loses
Herrschaftssystem nahm fränkische Züge
an. Die Wikinger verstanden sich so,
dass sie ihre Loyalität freiwillig auf einen
Anführer übertrugen, der ihrer wert war.
Doch diese Treuepflicht war nicht bindend. Sie konnten ihre Unterstützung
jederzeit auf jemand anderen übertragen.
Als sie sich jedoch zu Normannen wandelten, unterwarfen sie sich einem System, in dem den Mächtigen das Recht zu
herrschen zustand und die Untertanen
ganz bestimmte Pflichten hatten.

Damit wurden die Normannen selbst
zum Werkzeug des Wandels, der 1066
mit der Invasion in England zum Ende
der Wikingerzeit führen sollte. Doch vor-
erst musste Rollo sich in der Normandie
durchsetzen. Sein Sohn wurde Wilhelm
Langschwert genannt, was auch nicht
gerade auf eine friedliche Herrschaft hin-
deutete. Er wurde 942 ermordet, doch
zu jener Zeit hatte er das Reich seines
Vaters durch geschickte Diplomatie und
Kriegsführung bereits ausgebaut.

Danach herrschte bis 996 Wilhelms
illegitimer Sohn Richard Ohnefurcht,

der das nach dem Tod seines Vaters auf-
geteilte Herzogtum wieder vereinte.
König Ludwig IV. nahm den jungen
Richard gefangen und besetzte die Normandie, wurde jedoch von Richard und
seinen Verbündeten besiegt. 947 konnte
Rollos Nachkomme erneut die Herrschaft über die Normandie übernehmen.
Auch Richard knüpfte kluge Bündnisse
und stärkte seinen Herrschaftsbereich. Er
schuf den Staat, der so mächtig war, dass
er es 1066 wagen konnte, nach England
einzumarschieren.

Richard II. von der Normandie setzte
diese Politik fort. Er ging ein Bündnis
mit dem König von Frankreich und später mit dem englischen König ein. Seine
Schwester Emma heiratete Aethelred II.
von England, wodurch die Dynastie
einen Anspruch auf den englischen
Thron erhielt. Richard II. starb 1026
und wurde von Richard III. beerbt, der
jedoch bald darauf starb. So wurde dessen
Bruder Robert Herzog der Normandie.
Dieser knüpfte zahlreiche internationale
Beziehungen und erwog ernsthaft, ob er

UNTEN: Als die Nor-
mannen 1066 in Eng-
land einfielen, bestand
die Haupttruppe längst
aus bewaffneten Rei-
tern. Diese wurden von
Fußvolk und Bogen-
schützen unterstützt.

in England einmarschieren sollte. 1035 begab er sich auf Pilgerfahrt ins Heilige Land, wo er umkam. Er hatte seinen illegitimen Sohn Wilhelm als Erben eingesetzt, den man zunächst „Wilhelm den Bastard" nannte. Bis er den Plan seines Vaters wahr machte und in England einmarschierte. Von da an nannte man ihn nur noch Wilhelm den Eroberer.

LINKS: Amlaib Cuaran ist auch als Olaf Sigtryggsson oder Olaf Cuaran bekannt. Er war ein Vollblut-Wikinger, ein echter Abenteurer, der mehrfach Throne eroberte und wieder verlor.

Ärger in Jorvik

Während sich die Normandie vom eroberten Territorium zum Feudalstaat wandelte, hatte das Königtum Jorvik schwere Zeiten zu überstehen. König Aethelstan, Enkel von Alfred dem Großen, eroberte York und wehrte alle Versuche der Wikinger ab, die Stadt zurückzugewinnen. Dass er das letzte Wikingerreich auf englischem Boden aufgelöst hatte, brachte ihm den Titel „König der Engländer" ein. Er hatte gute Beziehungen zu König Harald Schönhaar von Norwegen und nahm dessen jüngsten Sohn Haakon an seinem Hof auf.

Als Aethelstan von Harald Schönhaars Tod hörte, gab er Haakon Schiffe und Männer, um dessen Bruder Erik Blutaxt abzusetzen, der Haralds Nachfolger geworden war. Haakon vertrieb Erik aus Norwegen und nahm seinen Platz ein. Erik floh auf die Orkney-Inseln und dann nach Jorvik. Dort wurde er 947 zum König ausgerufen. Die Ereignisse, die dazu führten, sind heute nicht mehr ganz zu klären, doch es scheint, dass sich Northumbria vom Königreich England losgesagt hatte und seit Aethelstans Tod 939 unabhängig war.

Olaf Guthfrithson eroberte York für die Wikinger zurück. Sein Vater hatte über York und Dublin geherrscht und starb 941. Sein Nachfolger war Olaf Sigtryggsson, den man auch als Olaf Cuaran oder Amlaib Cuaran kannte. Seine Lebensgeschichte spiegelt die Wirren auf den Britischen Inseln jener Zeit wider. Olaf Cuaran gewann und verlor den Thron von Jorvik ebenso wie den von Dublin, und zwar nicht nur einmal.

Die Stellung der Wikinger in York war schwach, als Erik Blutaxt 947 dort zum König ausgerufen wurde. Offensichtlich hielt man ihn für den starken Mann, den das Reich in diesem Moment brauchte. Er sollte jedoch nicht lange herrschen. Zunächst einmal musste er sich mit dem schiffbrüchigen Egil aus der Egils-Saga auseinandersetzen. Doch Egil kaufte sich gleichsam frei, indem er ein Preisgedicht auf Erik verfasste. Daraufhin sprach dieser ihn von jeglicher Blutschuld frei, die er durch die Ermordung von Eriks Verwandten auf sich geladen hatte. Das mag heute großmütig scheinen, doch Egil hatte Erik im Gegenzug etwas ungleich Wertvolleres geschenkt:

Wortberühmtheit und damit Unsterblichkeit.

Gerade rechtzeitig, denn 948 wurde Erik abgesetzt. Die Engländer griffen unter ihrem neuen König Eadred York an und verwüsteten das Wikingerreich, wo sie nur konnten. Diese eigentlich wikingische Strategie hatte Erfolg. Die Northumbrier beschlossen, Erik Blutaxt abzusetzen.

Sein Nachfolger wurde Olaf Sigtryggsson oder Olaf Cuaran, der wieder mal von Irland kam und auf den Thron von York gelangte. Da er der Patensohn von König Edmund, Eadreds unmittelbarem Vorgänger, war, fand diese Wahl vermutlich die Billigung des englischen Königs. Doch unter auch diesmal unklaren Umständen kehrte Erik Blutaxt auf den Thron zurück. Man weiß, dass zu jener Zeit die Schotten in Northumbria einfielen, doch wer damals gegen wen kämpfte, ist heute nur noch schwer auszumachen.

Erik gelang es nochmals, sich den Thron zu erobern, wurde jedoch 954 ein zweites Mal abgesetzt. Den Tod fand er in der Schlacht von Stainmore, wo er vermutlich noch einmal gegen seine übermächtigen Feinde in den Kampf zog.

Danach blieb Jorvik Stammland der englischen Krone. England konnte sich unter einer Reihe fähiger Herrscher weiterer Plünderungen erwehren und es gab kein Wikingerheer mehr, das eine Invasion wagen konnte. Die Zeit der Wikingerreiche auf englischem Boden war endgültig Geschichte.

Æthelred der Unberatene

978 bestieg dann der erst zehnjährige Aethelred den Thron. Man gab ihm den Beinamen „the Unready", was von „redeless", also „unberaten", kommt. Offensichtlich hatte der Junge keine guten Ratgeber. Um 980 erschienen wieder Wikingerschiffe vor der englischen Küste und unternahmen neuerlich Raubzüge in England.

991 griff Olaf Tryggvasson die englische Küste mit 93 Schiffen an. Ealdorman Brythnoth trat ihm bei Maldon entgegen. Wegen der anfänglichen Pattsituation bot Olaf an, er würde sich gegen Schutzgeldzahlung zurückziehen. Brythnoth lehnte ab und bestand auf einer kriegerischen Auseinandersetzung, weil er den Damm besetzt hielt, den die auf einer Insel gelandeten Wikinger überschreiten mussten, um ins Binnenland vorzudringen.

Doch die Wikinger trickzten den edlen Brythnoth aus. Ließe er die Wikinger zumindest über den Damm, würden

LINKS: Olaf Tryggvasson bläute seinen Untertanen das Christentum mit dem Schwert ein: eine sehr wikingische Art, die Religion der Nächstenliebe zu üben.

UNTEN: Byrhtnoths Kampf gegen die Wikinger brachte ihm Wortberühmtheit, aber auch den Tod. Ein pragmatischerer Ansatz hätte ihm vielleicht den Sieg gesichert.

sie sich jederzeit einer fairen Schlacht stellen. Und Brythnoth befahl seinen Truppen tatsächlich, den Wikingern die paar Fußbreit Boden zu überlassen. Bei dem folgenden „fairen" Kampf konnten die Wikinger ihre zahlenmäßige Überlegenheit voll ausspielen und besiegten die Engländer.

Brythnoth war tödlich verwundet, die meisten seiner Männer flohen. Seine Leibgarde allerdings verteidigte den sterbenden Heerführer bis zum letzten Blutstropfen. Vermutlich hat das die Wikinger durchaus beeindruckt, aber der leichte Sieg hat ihnen vermutlich noch mehr zugesagt.

Im Endeffekt aber hatte das Heldentum der Schlacht von Maldon wenig bewirkt. Aethelred der Unberatene bot den Wikingern, die da so zahlreich seine Gestade plünderten, Geld für ihren Abzug an. Das war vermutlich das erste Mal, dass Zeitgenossen das Schutzgeld als „Danegeld" bezeichneten, doch der Begriff wurde später auch für in früherer Zeit erfolgte Zahlungen an die Wikinger gebraucht.

In den nächsten Jahren wurde immer mehr Danegeld fällig, was Olaf Tryggvasson erlaubte, seine Macht und sein Heer zu vergrößern. Aethelred versuchte, den Teufelskreis zu durchbrechen, indem er die Wikingerflotte angriff, doch sein Plan wurde an die Wikinger verraten, und so musste er den Nordmännern erneut haufenweise Gold in den Rachen werfen, um wenigstens ein bisschen Ruhe zu haben.

994 wurde die Lage für die Engländer noch schlimmer, denn Olaf Tryggvasson verbündete sich mit Sven Gabelbart, dem König von Dänemark. Es kam zu neuen Plünderungen, die jedoch nicht immer erfolgreich verliefen. Aethelred musste noch mehr Geld bezahlen, hatte nun aber wenigstens Olaf Tryggvasson vom Hals. Dieser trat 994 zum Christentum über und segelte mit dem Großteil seiner Truppen zurück nach Norwegen.

OBEN: Die Geiselnahme des Erzbischofs von Canterbury zeigte, wie schwach die Engländer mittlerweile waren. Sein Tod allerdings stärkte die englische Seite wieder, weil nun selbst einige Wikinger zu ihnen überliefen.

Armee seiner Gegner besiegt. Olaf selbst soll gefochten haben, bis sein Flaggschiff geentert wurde, dann sprang er über Bord und ward nie wieder gesehen. Sein Königreich fiel an die Dänen.

England im Kampf

Für Aethelred hatte sich die Lage in der Zwischenzeit nicht unbedingt verbessert. Sven Gabelbart erpresste immer größere Summen, und die dadurch erkauften Friedenszeiten fielen immer kürzer aus. Aethelred versuchte, seine Lage durch die Heirat mit Emma von der Normandie zu verbessern, doch sein Problem bestand vor allem darin, dass er in England immer wieder mit Verrat zu kämpfen hatte, wofür er die dänischen Siedler auf englischem Boden verantwortlich machte.

Am 13. November 1002, dem St. Brices' Day, ging Aethelred gegen die dänischen Siedler vor. Es war Samstag, der Tag, an dem die Wikinger gewöhnlich badeten und wuschen. Sein Heer metzelte alles nieder, auch englische Frauen, die Dänen geheiratet hatten. Unter den Getöteten war eine Schwester von König Sven Gabelbart, womit dieser einen Vorwand hatte, erneut gegen die Engländer loszuschlagen.

Die englische Reaktion kam, will man der Angelsächsischen Chronik glauben, zu spät. Aethelred bot Danegeld immer erst an, wenn der Schaden schon groß war. Das Militär scheint auch immer am falschen Ort gewesen zu sein. Man schloss Verträge, die nicht eingehalten wurden, und die Wikinger plünderten nach Gutdünken.

In dieser Zeit geschah es (vermutlich um 1010), dass Olaf Haraldsson,

Das Danegeld verwendete Olaf, um seinen Anspruch auf den norwegischen Thron zu untermauern – mit Erfolg. 995 wurde er König von Norwegen und gründete 997 Trondheim, wohin er seinen Regierungssitz verlegte. Er bekehrte seine Untertanen zum Christentum, was ihm viele Feinde eintrug. Er soll sogar Leif Eriksson getauft haben. Unter ihm erreichte das Christentum auch die westlichen Ausläufer der Wikingerkultur.

Olafs Herrschaft endete 1000 n. Chr., als er bei einer Seeschlacht in der Ostsee besiegt wurde, obwohl er das größte und mächtigste Schiff der Wikingerwelt besaß, die „Lange Schlange". Olafs elf Schiffe wurden von der zahlenmäßig überlegenen

RECHTS: König Knut erbte mehrere Landstriche, die nicht verbunden waren. Dass er nicht alle halten konnte, war vermutlich unvermeidlich. Schließlich waren die anderen Anwärter ebenfalls echte Wikinger.

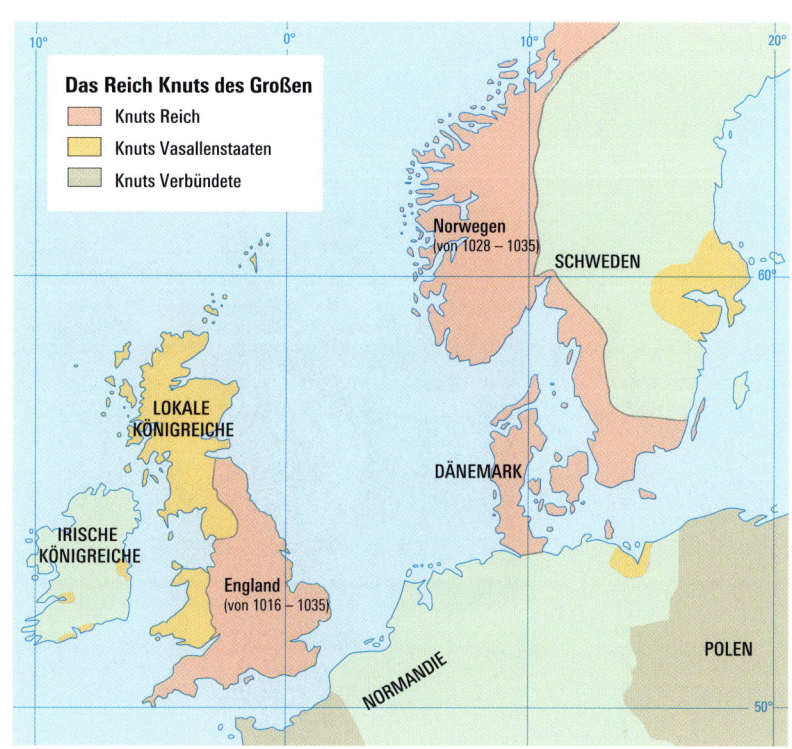

Das Reich Knuts des Großen
- Knuts Reich
- Knuts Vasallenstaaten
- Knuts Verbündete

der spätere König Olaf II. von Norwegen, zum ersten Mal eine befestigte Brücke einriss, die London hätte schützen sollen. Befestigte Brücken hatten sich eine ganze Zeit lang als sehr nützlich erwiesen, wenn es gegen die Wikinger ging, doch das Ereignis muss traumatisch gewesen sein. Noch heute ist in englischen Kinderliedern die Rede vom „Fall der Londoner Brücke".

1011 nahmen die Wikinger den Erzbischof von Canterbury als Geisel, was ein entscheidender Schlag war. Doch obwohl ein hohes Lösegeld bezahlt wurde, brachten es die Wikinger irgendwie fertig, ihn im Suff zu töten. Die Zeit, da die Wikinger ungestraft christliche Kleriker ermorden konnten, war ein für allemal vorüber. Nun schlugen sich selbst Wikinger auf die Seite Englands.

Trotzdem wankte die englische Krone. 1013 unternahm Sven Gabelbart eine Invasion. Die Northumbrier kämpften auf seiner Seite, doch der Angriff auf London wurde abgewehrt. Sven und sein Sohn Knut überrannten Wessex und Mercia, Aethelred floh in die Normandie. Sven Gabelbart hielt England – für genau fünf Wochen, denn Anfang 1014 verstarb er. Der junge Knut übernahm das Oberkommando und beschloss, nach Dänemark zurückzukehren. Im folgenden Jahr allerdings unternahm er einen weiteren Angriff auf England, wohin Aethelred inzwischen zurückgekehrt war. 1016 marschierte er zur entscheidenden Schlacht auf London zu, als die Nachricht eintraf, dass Aethelred gestorben war.

König Knut

Knut verdiente sich seinen Beinamen „der Große", obwohl er durch eine Anekdote berühmt geworden ist, die ihn zunächst einmal dumm aussehen ließ. Offensichtlich hatte er der Flut geboten, draußen auf dem Meer zu bleiben, aber natürlich hat das die Flut nicht gekümmert. Was auf den ersten Blick wie eine Narretei wirkt, war eine Predigt, mit der er seinem englischen Volk zeigen wollte, dass der größte König nichts vermochte gegen die Gewalt Gottes. Nach diesem Tag soll er nie wieder eine Krone getragen haben.

Dies zeigt deutlich, wie sehr sich die Wikinger verändert hatten, denn Knuts Vorfahren hätten sich vermutlich

PRAHLE NICHT MIT DEINEN VERDIENSTEN, DENN WENN SIE DES PREISENS WÜRDIG SIND, WERDEN ANDERE DEIN LOB SINGEN.

Rechts: Knut der Große zeigt, wie unbedeutend der Mensch gegenüber Gott ist. Dieser Akt der Frömmigkeit hätte seine Vorfahren vermutlich gegen ihn aufgebracht.

im Grab umgedreht. Knut schenkte England Frieden und Wohlstand, nicht zuletzt, weil die hohen Danegeldzahlungen aufhörten. Er heiratete Aethelreds Witwe Emma, um seinen Thronanspruch zu festigen. Mithilfe der Kirche gelang es ihm, das Land zumindest ansatzweise zu einen. Nach Jahrzehnten der Kämpfe zwischen Wikingern und Angelsachsen bemühte Knut sich darum, Bande zwischen den Bevölkerungsgruppen zu knüpfen.

Wie erfolgreich er dabei war, können wir vielleicht daran ablesen, wie wenig seine Herrschaft in den Chroniken erwähnt wird. Plünderungen, Schlachten und Beleidigungen schaffen es stets in die Geschichtsbücher, doch während Knuts Herrschaft scheint England davon verschont geblieben zu sein.

1019 starb Knuts Bruder Harald, der nach dem Tod von Sven Gabelbart den dänischen Thron bestiegen hatte. Nun war Knut König über Dänemark und England. In der Zwischenzeit hatte Olaf Haraldsson, von dem möglicherweise die Londoner Brücke zerstört worden war, die Dänen aus Norwegen vertrieben und herrschte dort als Olaf II.

Olaf hatte den norwegischen Thron etwa so lange inne, wie Knut in England herrschte, doch 1028 fiel Knut in Norwegen ein und vertrieb Olaf mithilfe des norwegischen Adels. Olaf, der sich viele der Adligen im Land zum Feind gemacht hatte, floh in die Kiewer Rus. Zwei Jahre später versuchte er, den Thron zurückzuerobern, wurde aber einmal mehr besiegt.

Nun war Knut König über Norwegen, Dänemark und England. Das war selbst für ihn eine zu große Aufgabe. 1035 vertrieb Magnus der Gute, ein illegitimer Sohn Olafs II., Knuts Regenten aus Norwegen. Knuts Tod 1035 schuf ein Machtvakuum, in dem Knuts Sohn Hardiknut den Thron von Dänemark und später den von England erbte. Norwegen verlor er an Magnus den Guten, der später auch zum dänischen König gekrönt wurde, als Hardiknut 1042 starb.

Letzter Akt

Hardiknuts Tod bedeutete das Ende der Dänenherrschaft in England. Der Thron ging an Edward, Aethelreds Sohn, der den Beinamen „der Bekenner" erhielt. Seine Herrschaft war stabil und erfolgreich, doch die königliche Macht litt. Edward starb 1066, ohne einen Erben eingesetzt zu haben. Dies war das Vorspiel für den letzten Akt im Drama der Wikinger.

Es gab mehrere Anwärter auf den englischen Thron. Herzog Wilhelm von der Normandie hatte einen Anspruch, weil

Aethelred der Unberatene mit Emma von der Normandie verheiratet gewesen war. Doch die englischen Adligen entschieden sich für Harold Godwinson und krönten ihn am 6. Januar 1066 zum König. Einige normannische Quellen geben an, Harold habe geschworen, Wilhelm im Kampf um die Thronfolge zu unterstützen. Daher war die Krönung offensichtlich ein Treuebruch, doch möglicherweise hatte Wilhelm der Eroberer diese Geschichte auch nur erfunden. Anfangs fand Wilhelm nur wenige Unterstützer, was seinen Thronanspruch anging. Als sich jedoch die Geschichte verbreitete, Harold Godwinson habe seinen Treueeid gebrochen, änderte sich die Lage. Wilhelm begann, seine Invasionsflotte zu bauen. Interessanterweise nutzte auch hier ein Wikingerführer die Kirche für seine Zwecke.

Harold Godwinson stammte ebenfalls aus wikingischem Geblüt. Sein Vater Godwin war ein Söldner gewesen, der sich in England niedergelassen hatte. Während der von vielerlei Wirren bestimmten Herrschaft von Aethelred dem Unberatenen dehnte Godwin seine Macht aus und unterstützte in der Folge Edward den Bekenner bei der Thronbesteigung. Godwins Bevorzugung seiner normannischen Freunde jedoch führte am Ende zum Zwist mit dem König.

Edward schickte Godwin ins Exil, doch er war mittlerweile so mächtig, dass er zurückkam und die Wiedereinsetzung in frühere Rechte forderte. Godwins Sohn Harold führte das Werk seines Vaters fort. Tatsächlich scheint man ihn 1064 in die Normandie geschickt zu haben, um die englische Thronfolge mit Wilhelm zu diskutieren.

WENN MÄNNER IHREN FEINDEN IM KAMPF ENTGEGENTRETEN, IST EIN STARKES HERZ WICHTIGER ALS EIN SCHARFES SCHWERT.

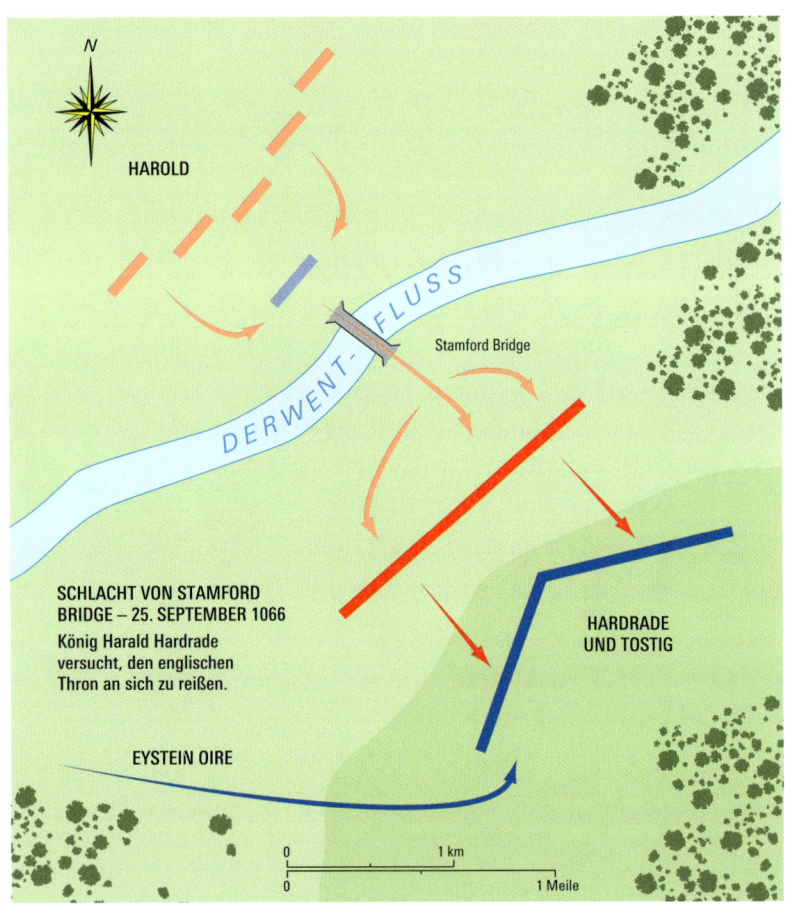

SCHLACHT VON STAMFORD
BRIDGE – 25. SEPTEMBER 1066
König Harald Hardrade
versucht, den englischen
Thron an sich zu reißen.

OBEN: Die Armee
von Harald Hardrade
wurde bei Stamford
Bridge von den schnell
heranrückenden Eng-
ländern unter Harold
Godwinson überrascht.
Haralds Tod besiegelte
die Niederlage der Wi-
kinger.

Der letzte echte Wikinger-könig

Harold Godwinson führte seine Armee
auf die Isle of Wight, um die Flotte Wilhelms abzufangen, doch als sie sich im
September immer noch nicht gezeigt
hatte, zog er sich nach London zurück.
In der Zwischenzeit wurde nämlich eine
zweite Bedrohung sichtbar. Harald Hardrade war der Halbbruder Olafs II. von
Norwegen und hatte viele Jahre im Exil
verbracht. In dieser Zeit war er zum
Kommandeur der Waräger-Garde auf-
gestiegen und verdingte sich auch als
Söldner. Das Vermögen, das er in dieser Funktion ansammelte, verwendete er,
um den norwegischen Thron für sich zu
erobern.

1042 verließ Harald Hardrade Byzanz
und schloss ein Bündnis mit den Gegnern
von Magnus dem Guten. 1046 führte er
Plünderungsfahrten in der Ostsee durch
und unterstrich so seinen Herrschaftsan-
spruch. Magnus erklärte sich einverstan-
den, die Herrschaft mit Harald zu teilen.
Als er dann 1047 starb, war Harald einziger König von Norwegen. Er regierte
mit harter Hand, was ihm den Beinamen
„Hardrade", „der Harte", eintrug. Doch
seine Herrschaft brachte Norwegen Stabilität und Wohlstand.

Harald III. von Norwegen bekriegte
Dänemark und versuchte, auf den dänischen Thron zu gelangen. 1064 gab er
diesen Anspruch auf, doch 1066 lud man
ihn ein, den Thron Englands zu besteig-
gen. Die Einladung kam von Tostig Godwinson, Harold Godwinsons Bruder, der
sich auf die Seite des Norwegerkönigs
stellte. Mit dieser Unterstützung, seinen
Finanzen und den Verwandtschaftsver-
hältnissen hätte Harald gute Chancen
auf den Thron gehabt. Daher landete er
im September 1066 im Nordosten Englands.

Er hatte gut 9000 Männer auf 300
Schiffen bei sich. Sie verwüsteten die
Ostküste und segelten den Humber hinauf Richtung York. Englische Truppen
stellten sie bei Fulford, wo es zur Schlacht
kam. Anfangs hatten die Engländer Erfolge zu verzeichnen, weil sie angriffen,
solange die Wikinger noch Aufstellung
nahmen. Bald aber kam Verstärkung für
die Wikinger und die Engländer wurden
besiegt.

York ergab sich kampflos unter der Bedingung, dass die Stadt nicht geplündert
würde. Man tauschte Geiseln aus. Die Wikinger schlugen ihr Lager bei Stamford

Bridge auf und verhandelten weiter über die Übergabe von York. Dort nun griffen Harold Godwinsons Truppen an. Harold war, nachdem er Nachricht von der Niederlage der englischen Truppen erhalten hatte, sofort losgezogen. Er traf viel eher ein, als die Wikinger erwartet hatten. Während die Wikinger noch ihre Rüstungen anlegten, waren die Engländer schon über ihnen.

Die Wikinger lieferten einen guten Kampf, und der Ausgang der Schlacht war ungewiss, bis ein Pfeil in den Hals Harald Hardrade tötete. Er war seinen Männern vorausgeeilt und hieb links und rechts auf seine Feinde ein. Der Sieg war nahe, als der König fiel, der wohl der letzte echte Wikingerkönig war.

Doch damit war die Schlacht noch nicht vorüber. Harold Godwinsons Truppen drangen auf die Wikinger ein, die mittlerweile Verstärkung von den Schiffen erhielten. Aber es war zu spät. Als

die Schlacht vorüber war, hatten nur so viele Wikinger überlebt, dass sie von den 300 Schiffen insgesamt 24 bemannen konnten.

Wilhelm von der Normandie setzt Segel

Zwei Tage nach der Schlacht bei Stamford Bridge setzte Wilhelm Segel Richtung England. Er landete mit etwa 10 000 Mann und konnte, ohne auf Gegenwehr zu stoßen, an Land gehen. Man beobachtete ihn und schickte – vermutlich mit Signalfeuern – Botschaften an Harold. Anscheinend hatte Harold sich sicher gefühlt, nachdem er Harald Hardrade besiegt hatte und lange Zeit kein normannisches Segel gesichtet worden war. Die neue Herausforderung gerade in der Stunde des Sieges war wohl ein harter

LINKS: Die Wikinger wären vermutlich schon früher überrannt worden, aber angeblich hielt ein einzelner Wikinger mit seiner Axt die Engländer an dieser Brücke auf. Die Legende will es, dass er von einem Speer getötet wurde, den ein in einem halben Fass unter der Brücke durchgondelnder Engländer warf.

Schlag. Doch er ließ sich nicht entmutigen.

Harolds Armee war von London nach Yorkshire marschiert, nun nahm sie denselben Weg zurück. Harold machte in London kurz Rast, um dort weitere Truppen auszuheben, dann ging es flott weiter. Vielleicht hätte er seine Männer ausruhen lassen sollen, vielleicht mehr Soldaten anmustern, doch seine Eile hatte ihren Grund. Man wusste, wo Wilhelms Armee stand und Harold wollte seinem Gegner nicht hinterherziehen müssen.

Außerdem war der Landeplatz der Normannen bei Hastings ein natürlicher Engpass, dort konnte man die Eindringlinge vermutlich gut in Schach halten. Wenn man Wilhelms Armee dort einschließen könnte, würde es ihm wohl bald an Nachschub fehlen. Dann müsste er sich entweder zurückziehen oder der harte Winter würde seinen Männern, die über den Ärmelkanal hinweg versorgt werden mussten, entsprechend zusetzen.

Am 14. Oktober 1066 ließ Harold Godwinson seine Armee am Senlac Ridge aufmarschieren. Sie zeigte eindeutig wikingische Züge. Schwer gerüstete Axtkämpfer fochten wie einst ihre Vorfahren, geschützt von einem Schildwall und zahllosen Speerschleuderern. Die Normannen hingegen hatten sich von der traditionellen Kriegskunst der Wikinger emanzipiert und waren mit drei spezialisierten Truppenteilen aufmarschiert. Da waren zunächst die Bogenschützen, die gleich zu Anfang Löcher in die Linien des Feindes reißen sollten. Dort sollte nun die kettengerüstete Haupttruppe, die Kavallerie, mit Lanzen und Langschwertern angreifen und sich nach Möglichkeit einen Pfad bahnen. In der Zwischenzeit würden die Fußsoldaten die Haupttruppe des Feindes in die klassischen Zweikämpfe verwickeln.

Die Schlacht von Hastings

Harald Hardrades Kämpfer waren noch echte Wikinger gewesen. Die Truppen aber, die sich bei Hastings gegenüberstanden, waren beide wikingischer Abstammung. Dort wurde entschieden, wer künftig die Annalen der Geschichte weiterschreiben würde. Die englische Armee hatte einen Stellungsvorteil, weil sie auf dem Senlac Ridge, einem Hügel, angetreten war. Sie konnte sich erlauben, zunächst einmal rein defensiv zu kämpfen. Konnte Harold Godwinson eine Niederlage vermeiden, würde sich das Blatt zu seinen Gunsten wenden. Das war vor allem wichtig, weil seine Armee gegen die Bogenschützen und die mobile Reitertruppe der Normannen auf freiem Feld chancenlos war. Die Normannen ihrerseits brauchten einen Sieg und mussten daher angreifen.

Die englische Linie hielt bis zum Abend unter dem Hagel der Pfeile, den Angriffen der Reiter und Fußsoldaten. An einem bestimmten Punkt schienen sich die normannischen Reiter zurückzuziehen, was die Engländer veranlasste, den Schildwall zu öffnen, um zur Verfolgung ansetzen zu können. Es ist verständlich, dass an diesem Punkt die Schlachtordnung aufgegeben wurde. Die englische Armee war den ganzen Tag beschossen und von den Reitern attackiert worden. Nun dürsteten Harolds

Links: Harold Godwinson wurde angeblich von einem Pfeil getroffen und dann von einem Schwert niedergemäht. Wie bei der Schlacht von Stamford Bridge wendete der Tod des Heerführers das Schlachtenglück.

Engländer nach Rache. Doch dies war kein kluger Schachzug. Sobald der Schildwall offen war, ritten die normannischen Reiter die englischen Einheiten nieder.

Möglicherweise war der Rückzug der normannischen Kavallerie eine Kriegslist, allerdings gehört der fingierte Rückzug zu den schwierigsten Manövern überhaupt. Fast alle historischen Beispiele haben sich am Ende als tatsächlicher Rückzug erwiesen, der unbeabsichtigt das Schlachtenglück wendete.

Harold und seine Mannen kämpften, bis am Ende der König fiel. Der Teppich von Bayeux, der nach der Schlacht von den Normannen, den Siegern, angefertigt wurde, zeigt Harold, wie er von einem Pfeil ins Auge getroffen und dann von einem normannischen Krieger mit dem Schwert erschlagen wird. Was davon stimmt, ist letztlich eine rein akademische Frage, denn nach Harolds Tod

und den weitreichenden Verlusten brach die englische Armee letztlich zusammen.

Der Sieg bei Hastings 1066 ebnete Wilhelm von der Normandie – nun Wilhelm der Eroberer – den Weg zur englischen Krone. Dies war die letzte Invasion in England, die von einem Wikinger-Nachfahren unternommen wurde. Das letzte „echte" Wikingerheer war von einem anderen Nachfahren bei Stamford Bridge besiegt worden. Man kann in Wilhelms Sieg allerhand hineininterpretieren, doch sollte man nicht vergessen: Ohne die Wikingerinvasion im Norden hätte Wilhelm England vielleicht nicht erobert.

Die Frage, was geschehen wäre, wenn Harald Hardrade Wilhelm nicht unabsichtlich beigestanden hätte, ist letztlich nur durch Spekulation zu beantworten. Die Normannen blieben siegreich, festigten ihre Kontrolle über das Land und errichteten einen neuen Staat. Der letzte Wikinger war gefallen, ihr Zeitalter war

10

DAS ERBE DER WIKINGER

Das Ende der Wikinger-Ära ist letztlich ein von den Historikern willkürlich gesetztes Datum, das uns helfen soll, die vielfädige Tapisserie der Geschichte besser zu verstehen. Für die Menschen in Norwegen und Island mag die Niederlage von Harald Hardrade Konsequenzen gehabt haben, doch man hat sie wohl kaum als Ende einer Ära betrachtet. Das Leben dort ging weiter wie immer.

Europa und Russland übernahmen das Feudalsystem, das sich während der Wikingerzeit herausgebildet hatte. Im Gefolge dieser Entwicklung zog das Mittelalter herauf, das in die Renaissance mündete und schließlich in die moderne Welt, die wir kennen. Wann aber haben die Wikinger aufgehört, die Geschichte zu prägen? Im Grunde nie.

Schon ihre Idee der Wortberühmtheit, der Unsterblichkeit, die ein Mensch durch die Kunst der Dichter findet, sichert einzelnen Wikingern ein Weiterleben: Egil, Erik Blutaxt, Harald Hardrade und Harald Schönhaar. Die Männer, die 793 Lindisfarne stürmten, sind uns unbekannt, ihre Taten nicht. Doch damit erschöpft sich ihre Wirkung nicht. Die Taten der Wikinger veränderten die Welt, in der sie lebten, zum Guten wie zum Schlechten. Die Städte, die sie gründeten, die Versepen, die sie schrieben, die sozialen Werte, nach denen sie lebten, wurden noch lange nach Ende der Wikingerzeit an die Nachfahren weitergegeben. Sie prägten die Entwicklung in Europa und Russland, ja ein klein wenig sogar in Amerika.

Im Spiegel

Natürlich wirkt vieles von der Wikingergesellschaft im Spiegel der Nachgeborenen verzerrt. Die Walküren waren ursprünglich ältere Priesterinnen, die

Verurteilte und Gefangene einem grausamen Tod überantworteten. Alte Hexen und nicht junge, wunderschöne Schildmaiden, wie sie sich das 19. Jahrhundert ausmalte. Die gehörnten Wikingerhelme stammen sicher aus derselben Quelle: In einer Zeit, die sich das klassische Griechenland und Rom als Beispiel nahm, versuchte man, die Wikinger „klassisch" auszustaffieren.

Andere Begriffe wurden so lange und so häufig gebraucht, dass die ursprüngliche Bedeutung verloren ging. Dies gilt vor allem für die Berserker: Waren sie

ein Kriegerstamm, der ob seiner Wildheit gefürchtet war? Oder barbrüstige Psychopathen, die in der Schlacht vollends den Verstand verloren? Vielleicht doch eher eine Elitetruppe, die ohne Rücksicht auf Verlust ihrer Armee zum Sieg verhelfen wollte? Wir wissen es nicht. Selbst die Schreibweise einzelner Wörter und Namen ist verwirrend, weil sie von Region zu Region abweicht, was an den verschiedenen Dialekten und dem Runenalphabet liegt, das zur Schreibung verwendet wurde.

In Wirklichkeit werden wir die wahre Geschichte der Wikinger wohl nie kennenlernen. Wir wissen nur, dass sie sich selbst nie so nannten. Sie waren

UNTEN: Wilhelm der Eroberer zieht in London ein. Die normannische Eroberung Englands markiert das Ende der Wikingerzeit und den Beginn einer neuen Ära.

Oben: Eine Wikinger-Grabstätte. Die Geschichte hat das, was die Wikinger einst waren, vergessen oder verzerrt. Die Schöpfer der Wikingerkultur mögen tot und begraben sein, ihr Erbe aber ist heute noch lebendig.

Nordmänner, Dänen, Isländer, Grönländer, Rus, Männer von Grimnirs Kriegertruppe, die Nachkömmlinge von Ingrod dem Alten ... also einfach nur „wir". Und in gewisser Weise sind sie das noch. Die Welt, in der wir heute leben, ist von vielen Einflüssen geprägt worden. Ganze Nationen können ihre Geschichte oder einzelne Teile davon auf das Wirken der Wikinger zurückführen. Und diese Nationen übten wiederum Einfluss auf andere aus. In den Ländern der Wikinger kam es zu tief greifenden religiösen Veränderungen, was sich auch auf Menschen in fernen Ländern auswirkte, die noch nie ein Langschiff gesehen hatten.

Die Wikinger waren keineswegs die Einzigen, die diese Zeit prägten. Andere haben dies vor ihnen und nach ihnen getan. Doch sie spielten ohne jeden Zweifel einen wichtigen Part in dem Prozess, an dessen Ende die moderne westliche Welt steht, unsere jetzige Gesellschaft. Tausend Jahre nach dem Ende der Wikingerzeit ist ihr Einfluss immer noch greifbar. Das ist zwar nicht ganz dasselbe wie Wortberühmtheit, aber ein Erbe, auf das die Wikinger sicher stolz wären.

REGISTER

Kursiv gestellte Seitenzahlen verweisen auf Illustrationen.